Keith Sherwood
Die Kunst spiritueller Liebe

Keith Sherwood

Die Kunst spiritueller Liebe

Karmischen Ballast erkennen und Energieblockaden lösen

Aus dem Amerikanischen
von Anja Brandl

Lüchow

Hinweis des Verlages
Die Inhalte dieses Buches sind alle sorgfältig recherchiert und erarbeitet worden. Dennoch können weder der Autor noch der Verlag für alle Angaben im Buch eine Haftung übernehmen. Bei allen medizinischen Fragen ist der Rat Ihres Arztes maßgeblich.

Originalausgabe

Umschlaggestaltung: Margret Russer
Umschlagfoto: © Thinkstock / Fotosearch
Satz: Dominik Staudacher
Druck und Bindung: Clausen & Bosse, Leck
Printed in Germany

ISBN 3-363-03102-5
ISBN 978-3-363-03102-7
www.luechow-verlag.de

KAPITEL 1

Der Titel klang verlockend: »Die Metaphysik der Liebe.« Avril nahm das Buch aus dem Regal und ging zu dem gemütlichen Café hinüber, das sich in einer Ecke des riesigen Buchladens befand. Sie legte das Buch auf einen Tisch und ging zum Tresen, um sich einen Cappuccino zu bestellen.

Nachdem sie ihre Tasche auf den Sitz neben sich gelegt hatte, öffnete sie das Buch in der Mitte und begann zu lesen:

»... Nur wenige Menschen würden bezweifeln, dass das Verlangen nach Liebe und Intimität eine bezwingende Kraft ist, die den Einzelnen und manchmal eine ganze Bevölkerungsgruppe motiviert. Liebe und Intimität können jedoch nur hervortreten, wenn ein Mensch sich selbst erkennt und authentisch lebt. Trotz all der Informationen, die heute zur Verfügung stehen, haben bisher leider nur wenige Menschen einen Weg zu sich nach Hause gefunden. Und noch Wenigeren ist es gelungen, die Schatzkiste des Vergnügens, der Liebe, Intimität und Freude zu öffnen, die in ihnen existiert.

Tatsächlich wissen nur wenige Menschen, warum sie an einem Tag Liebe empfinden und an einem anderen nicht, warum sie für eine kurze Zeit Intimität erfahren, diese jedoch nie lange anhält, warum sie sich zu jemandem hingezogen fühlen, aber dies nicht ausdrücken können, oder warum sie das Sehnen nach einer Intimität empfinden, der sie sich jedoch nie lange hingeben können.

Außer der großen Bedeutung, die Beziehungen, der Selbstwahrnehmung und Intimität heutzutage beigemessen wird, gibt es große Missverständnisse darüber, was ein Mensch tun oder vermeiden muss, um in einer Beziehung Intimität erfahren und aufrechterhalten zu können.

Man muss sich klar machen, dass Beziehungen, die als gemeinsames Intim-Sein erfahren werden, im Zentrum des menschlichen Daseins stehen. In eine Beziehung wird man schon hineingeboren, und auch für den Rest des Lebens funktioniert man mehr oder weniger im Kontext von Beziehungen. Sie sind körperliche, psychologische, ökonomische und selbst spirituelle Notwendigkeiten für jedes menschliche Wesen.

Leider können ständige Schocks und Traumata im Leben zu Anspannungen führen, die das freie Ausstrahlen der Energie behindern, die

für eine andauernde Intimität unabdingbar ist. Es ist daher die Aufgabe eines jeden Menschen, diese Anspannungen und die daraus entstehenden zerstörerischen Gedankens- und Verhaltensmuster zu überwinden.
Anspannung kann in einer Beziehung immer dann entstehen, wenn Energie daran gehindert wird, frei zwischen den Partnern auszustrahlen. Wenn die freie Ausstrahlung von Energie eingeschränkt wird, kann Anspannung die Fähigkeit, sich auszudrücken, sich in den Partner einzufühlen oder offen und frei in einer intimen Beziehung miteinander umzugehen, massiv beeinträchtigen.
Das bedeutet, dass Liebe und Intimität nicht garantiert sind, selbst wenn ein Mensch alle anderen Ziele in seinem Leben erreicht hat. Wenn es Partnern nicht gelingt, Energie in ihrer Beziehung frei auszustrahlen, wird es schwierig, wenn nicht sogar unmöglich, Vergnügen, Liebe, Intimität und Freude in der Beziehung zu erfahren und miteinander zu teilen. Wenn man das weiß, überrascht es nicht, dass man erst die Blockaden im eigenen Feld überwinden muss, um Intimität aufrechtzuerhalten; denn diese Blockaden sind die Ursache von Anspannungen, und sie beschränken die Fähigkeit, miteinander authentisch zu sein.«

Avril legte das Buch nieder und starrte über ihren dampfenden Cappuccino hinweg. Sie war sich nicht sicher, ob sie alles verstand, was sie da über ihr persönliches Feld, über Energie und wie Anspannungen Beziehungen stören, gelesen hatte. Sie wusste nicht allzu viel darüber, wie Energie funktionierte. Sie wusste, dass es sowohl physische als auch nicht-physische Energie in der Nahrung gab, die sie zu sich nahm, und dass ihr Energielevel von anderen beeinflusst werden konnte. Am meisten erregt war sie jedoch nicht über das, was sie gerade über Energie gelesen hatte. Endlich war ihr ein Buch in die Hände gefallen, das erklärte, dass Blockaden Anspannungen verursachen und diese ihre Fähigkeit, in einer Beziehung Liebe und Intimität zu erfahren, stören konnten.

Wie die meisten Frauen, die sie kannte, sah Avril das Leben durch die Beziehungslupe. Liebe und Intimität waren ihre höchsten Prioritäten. Sie hatte jedoch nie gewusst, dass Energieblockaden Anspannungen in ihr verursachen konnten und dass diese ihre Fähigkeit, Liebe und Intimität zu erfahren, beeinflussten. Jahrelang hatte ihr Ex-Mann Mark ihr vorgeworfen, verschlossen zu sein, doch sie verwarf seine Beschwerden als eigennützig. Selbst jetzt versteifte sie sich noch, wenn sie sich daran erinnerte, wie er es hartnäckig ablehnte, jegliche Verantwortung für seine eigenen Unzulänglichkeiten zu übernehmen. Die Beschwerden ihres gegenwärtigen Partners Dieter waren jedoch sehr ähnlich und nicht so leicht abzuweisen. Dieter war älter, und er war stärker als Mark darum bemüht, ihre Beziehungsprobleme zu lösen.

Avril kaufte das Buch und kehrte ins Büro zurück. Nach ihrem letzten Termin um halb sechs fuhr sie nach Hause. Dieter kam erst zwei Stunden später von einem Coaching-Seminar. Er sah erschöpft aus, aß eine Kleinigkeit und ging gleich zu Bett.

Avril jedoch konnte nicht schlafen. Sie machte sich bettfertig und las bis spät in die Nacht »Die Metaphysik der Liebe«. Als sie das Buch schließlich beiseite legte, war sie davon überzeugt, dass sie so lange in alten Beziehungsmustern feststecken würde, bis sie etwas gegen die Blockaden in ihrem persönlichen Feld unternahm, die die Ursache ihrer Anspannungen waren.

Seit mehr als drei Jahren lebte sie jetzt mit Dieter zusammen. Trotzdem war sie von der Idee, mit Dieter zusammenzuziehen, nie überzeugt gewesen. Wie würde es ihr erst in einem Jahr damit gehen? Avril ließ den Gedanken los. Sie wusste, es war nutzlos, darüber zu grübeln. Stattdessen nahm sie noch einmal das Buch, das sie auf den Nachttisch gelegt hatte, und blätterte durch die letzten Seiten. Unter einer kurzen Biographie des Autors, Alex Truman, fand sie seine Email-Adresse. Im Veranstaltungskalender auf Trumans Web-Seite entdeckte sie, dass in weniger als einer Woche ein Vortrag Trumans in ihrer Nähe stattfinden würde. Veranstaltungsort war das Tagungszentrum in der Stadt Portland, das nur eine kurze Autofahrt von ihrem Zuhause entfernt lag.

Am Tag der Veranstaltung verließ sie zeitig das Büro und erreichte das Tagungszentrum mehr als pünktlich. Truman war noch nicht eingetroffen. Der Konferenzraum war bereits im Voraus von einer geschäftigen Frau in dunklen Hosen und einem attraktiven, orientalisch wirkenden schwarzen Oberteil arrangiert worden. Sie kassierte das Geld von Avril und händigte ihr ein Ticket aus.

Auf der großen weißen Tafel hinter dem Rednerpult standen zwei Zitate. Das erste lautete: »»… Ich bin der Meister meines Schicksals, ich bin der Kapitän meiner Seele‹, William Ernest Henley.« Das zweite war kleiner geschrieben und lautete: »›Die Menschen bekommen immer, was sie wollen, auch wenn sie mit den Konsequenzen nicht immer zufrieden sind‹, Alexander Thomas Truman.«

Avril nahm im hinteren Teil des Raumes Platz und strich sich ihr langes, rotbraunes Haar aus dem Gesicht. Sie war größer als die meisten Frauen, hatte volle Lippen und einen festen Blick, was sie eindrucksvoller erscheinen ließ, als sie sich selbst fühlte. Nachdem sie sich zurückgelehnt und ihren seidenen Faltenrock geglättet hatte, sah sie dabei zu, wie sich der Raum schnell füllte – hauptsächlich mit Frauen ihres Alters. Zehn Minuten später traf Truman ein. Er war groß, schlaksig und hatte tiefblaue Augen, die seinem schmalen Gesicht Charakter verliehen. Sein dichtes, sandfarbenes Haar ließ nicht erahnen, dass er bereits 52 Jahre alt war. Er war offen und freundlich. Zu ihrer Überraschung schien er sich nicht darum zu kümmern, welchen Eindruck er hinterließ. Das war gut daran zu erkennen, auf welche Weise er sein Publikum herausforderte. Nachdem er vorgestellt worden war, stürzte er sich direkt in sein Thema und erklärte, wie Menschen sich bei Beziehungen in ihren Mustern verlieren, Kraft einbüßen, dem Anderen für ihren Zustand die Schuld zuschieben und dann die Vergebung benutzen, um die Verantwortung abzuwälzen. Er nannte es das Schuld-Spiel. Er betonte, dass das Schuld-Spiel nur eines der Muster sei, die durch besagte Anspannungen verursacht würden, die wiederum Intimität beeinträchtigten und so Menschen voneinander getrennt hielten.

Trumans Vortrag dauerte etwas mehr als eine Stunde. Doch schon vor seinem Ende hatte Avril beschlossen, was zu tun war. Als sie nach Hause zurückkehrte, schrieb sie Truman eine Email. Zwei Tage später erhielt sie eine Antwort und das, worauf sie gehofft hatte: eine Verabredung mit dem Autor eine Woche später.

Am Tag ihres Treffens mit Truman verließ Avril früh ihre Arbeit. Sie hatte keine Schwierigkeiten, Trumans Büro zu finden. Es befand sich in einem renovierten Backsteingebäude des Pearl-Bezirks, einer regen Geschäftsgegend, die sie oft beruflich aufsuchte. Sie traf pünktlich ein und wurde von Truman begrüßt, der an der Tür stand und einen Wollpullover zu einer marineblauen Hose trug. Trumans Büro befand sich im Dachgeschoss, hatte hohe Decken und Fenster zu beiden Seiten. Es gab weder eine Sekretärin noch eine Empfangstheke und für einen so großen Raum sehr wenig Möbel. In einer Ecke stand ein Schreibtisch. In der Mitte des Raumes war ein orientalischer Teppich, der geschmackvoll zwischen zwei gepolsterten Stühlen und einer mit Rohseide bezogenen Couch lag. Dazwischen befand sich ein Kaffeetisch mit Kaffee, Tee und einer Auswahl an Gebäck. Truman führte Avril zu einem der Stühle. Er selbst setzte sich auf die Couch und hörte aufmerksam zu, als sie sich vorstellte. Nachdem sie erläutert hatte, was ihre Motivation für dieses Treffen war, erklärte Avril: »Ich bin sicher, Sie hören das oft, Herr Truman, aber ich bin es ehrlich gesagt leid, immer wieder die alten Muster zu wiederholen – ganz besonders mit meinem Freund Dieter.«

Truman schenkte ihr ein beruhigendes Lächeln: »Muster können überwunden werden. Dazu braucht es nur Zeit und Verpflichtung. Aber zunächst«, sagte er, lehnte sich nach vorn und deutete auf das Tablett mit dem Gebäck, »versuchen Sie eins von den Runden, sie sind mit Käse gefüllt und sehr gut.« Avril zögerte einen Moment und bediente sich dann.

Einige Momente später begann Truman mit seiner Erklärung: »In Mustern festzustecken kann frustrierend sein, besonders wenn sie die Beziehung und Intimität beeinträchtigen.«

»Das können sie ganz sicher«, stimmte Avril zu.

»Haben Sie irgendeine Vorstellung davon, woher diese Muster kommen?«

»Aus Ihrem Vortrag weiß ich, dass Blockaden Menschen dazu bringen, sich anzuspannen, und wenn sie angespannt sind, verfangen sie sich in Mustern. Darüber hinaus weiß ich jedoch nicht viel.«

»In Ordnung, warum fangen wir dann nicht damit an, die Muster zu untersuchen?«

Für einen Moment fühlte sich Avril verletzlich und bloßgestellt. Während seines Vortrags hatte Truman nämlich eine unheimliche Fähigkeit bewiesen, die Muster seiner Zuhörer aufzudecken und sie so zu den Blockaden hinzuführen, die ihre Anspannungen verursachten. Sie fragte sich, ob er sie genauso leicht durchschauen konnte. Falls er es konnte, zeigte er es nicht. Er lächelte lediglich besänftigend und erklärte: »Egal, wie Sie sie nennen – ob Muster, Neurosen, Syndrome oder Verknotungen, wenn Sie mit den Auswirkungen der Blockaden zu tun haben, dann haben Sie mit dem Karma zu tun, das diesen Blockaden zugrunde liegt.«

Avril wusste über Karma ein wenig aus ihrem Yoga-Unterricht. Es gefiel ihr, dass sie sich auf bekanntem Terrain befand.

»Karma – ich glaube, ich weiß aus meiner Yoga-Gruppe ein bisschen was darüber«.

»Fahren Sie fort«, ermunterte sie Truman.

»Es ist das Prinzip, welches besagt, dass man ernten wird, was man sät.«

»Das stimmt, aber Karma manifestiert sich ebenso als Energie mit Eigenschaften …«

»Eigenschaften … ?«

Truman hielt seine Hand hoch, und für einen Moment fragte sich Avril, ob er mit dieser simplen Geste ihrer Verwirrung ein Ende setzen konnte. »Karma ist nicht nur das Prinzip, welches besagt, dass man ernten wird, was man sät, sondern auch eine energetische Substanz, die Eigenschaften wie Dichte, Masse und Polarität besitzt. Diese Energie mit Eigenschaften bringt Menschen mehr als alles andere dazu, sich anzuspannen. Diese eigenschaftsbehaftete Energie, karmischer Ballast, den ein Mensch von einem Leben in das nächste mit einschleppt, und die Muster, die dieser Ballast erschafft, stören menschliche Beziehungen, Intimität und selbst das körperliche Wohlbefinden.«

»Sie meinen, Karma kann einen krank machen?«

»Das stimmt.«

»Aber ich dachte, Karma wäre lediglich ein Konzept …«

»Das ist eine verbreitete Fehlannahme. Tatsächlich ist Karma eine feinstoffliche Substanz, die sowohl einen Willen als auch eine Absicht manifestiert. Karma bringt Menschen dazu sich anzuspannen. Karma erschafft eine Polarität zwischen Ursache und Wirkung, die man mit der Gravitation vergleichen könnte. Sie sorgt für die Entstehung einer Anziehungskraft zwischen Menschen und Objekten oder Energiefeldern oder Lebewesen und bindet diese aneinander.«

»Also ist es Karma, das Anhaftungen verursacht …?«

»Ja, das ist richtig. Die durch Karma verursachten Anhaftungen führen zu Abhängigkeit, Unsicherheit und in extremen Fällen auch in die Obsession.«

Avril sah verwirrt aus und wollte ihn gerade unterbrechen, als er erklärte: »Avril, vielleicht ist das schwer zu glauben, aber wir leben in einem Universum, das sowohl aus physischen als auch nicht-physischen Dimensionen besteht. In diesem weiten multidimensionalen

Universum, in dem wir leben, gibt es nicht-physische Substanzen, wie Karma, die sich auf Menschen auswirken.«

Avril hörte weiter aufmerksam zu, aber Truman wusste bereits, dass sie noch nicht wirklich verstanden hatte.

»In Ordnung, lassen Sie mich Ihnen eine Frage stellen.« Truman lehnte sich nach vorn und fuhr fort, »Haben Sie Schmetterlinge im Bauch und weiche Knie, wenn Ihnen jemand Attraktives begegnet, und ziehen sich bei Ihnen Schultern und Kehle zusammen, wenn Sie gestresst sind?«

»Das mit der Kehle kenne ich nicht, die anderen Dinge schon.« Avril kicherte und lehnte sich zurück. Sie fühlte sich ertappt und war etwas peinlich berührt.

»Genau das meine ich. Wenn Sie auf jemanden Attraktives reagieren oder Ihr Körper auf Stress reagiert, haben Sie eine karmische Reaktion, denn das Karma in Ihrem Feld zwingt Sie dazu, sich anzuspannen. Eine kleine Anspannung wird Verlegenheit verursachen, eine größere eher Verspannung, Unwohlsein und in extremen Fällen Schmerz. Ihr Problem ist, und nebenbei gesagt ist es kein seltenes, dass Sie nicht erkennen, dass Ihr Karma Sie veranlasst, auf eine bestimmte Art zu reagieren. Ohne entsprechenden Kontext bzw. eine kohärente Struktur, die physische und nicht-physische Energiefelder beinhaltet, sind Sie nicht in der Lage, Ihre Erfahrungen zuzuordnen.«

»Sie sagen also, wenn ich Verspannungen in meinen Schultern spüre, spüre ich eigentlich Karma?«

»Das ist richtig. Verspannungen in den Schultern zu spüren, wenn Sie gestresst sind, ist nur eine von hunderten von karmischen Empfindungen, die Sie tagtäglich erfahren, aber bisher nie in eine zusammenhängende Struktur einordnen konnten. Wie hätte Ihnen das auch glücken sollen, wenn Sie das Ursache-Wirkungs-Verhältnis zwischen den Empfindungen, die Sie haben, und dem Karma in Ihrem Feld bisher nicht erkennen konnten? Denken Sie darüber nach, Avril. Wenn es da etwas in Ihnen gibt, das einen Willen aufstellen und Eigenschaften manifestieren kann, dann muss es real sein, selbst wenn es nicht-physisch ist.«

»Was Sie da sagen, ergibt Sinn. Trotzdem bin ich, um ehrlich zu sein, immer noch nicht sicher, ob ich verstehe, wie eine nicht-physische Substanz Auswirkungen auf meinen physischen Körper und meine persönlichen Beziehungen haben kann.«

»Hat Ihnen Ihre Yogalehrerin jemals von den Jainisten erzählt und über das, was sie über Karma zu sagen hatten?«

»Nein, hat sie nicht.«

»Nun, obwohl ihre Religion schon seit mehr als 2000 Jahren existiert, sind die Jainisten außerhalb Indiens nicht sehr bekannt. Nichtsdestotrotz leisteten die Jainisten einen wichtigen Beitrag für unser Verständnis von Karma und dessen Auswirkungen auf menschliche Beziehungen.«

Avril wollte unbedingt mehr darüber erfahren und lehnte sich in ihrem Stuhl nach vorn.

»Die Jainisten waren unter den Ersten, die erkannten, dass jeder Mensch ein Energiefeld hat, das seinen physischen Körper durchdringt. In diesem Feld kann sich Karma ansammeln und zu Anspannungen bei den Menschen führen. Sie erkannten auch, dass diese Anspannungen die Fähigkeit des Menschen einschränken können, sich frei auszudrücken und andauernde Intimität zu erfahren.«

»Ich muss zugeben, all das ist neu für mich.«

»Das überrascht mich nicht«, sagte Truman, bevor er hinzufügte: »Den Jainisten nach kann die Art von Karma, die sich im menschlichen Feld ansammelt und die ich karmischen Ballast nenne, den Menschen auf acht Arten blockieren:

- Sie kann den Verstand vernebeln,
- sie kann die Wahrnehmung beeinträchtigen, und die Fähigkeit die Umgebung zu beobachten,
- sie kann unauthentische Empfindungen, Gefühle und Emotionen verursachen, wie auch Begierde und Angst,
- sie kann verhüllen oder verbergen, was authentisch ist,
- sie kann den Menschen in Raum und Zeit festhalten.«

»Sie meinen, dass der Mensch z. B. an der Vergangenheit hängt?«

»Vergangenheit oder Zukunft. Ein Mensch, der durch karmischen Ballast an der Vergangenheit festhält, wird stets auf eine bessere Zukunft hoffen. An der Zukunft festzuhalten kann ebenfalls Störungen verursachen, denn um intim zu werden, muss der Mensch gegenwärtig sein.«

Avril nickte und fügte hinzu: »Ich glaube, langsam verstehe ich.«

»Gut, denn es geht noch weiter. Die Jainisten erkannten auch, dass karmischer Ballast

- Menschen in psychologischen Mustern festhalten,
- ihre persönliche Kraft beeinträchtigen und
- sie in Statusansprüche verwickeln kann.

Alle acht Funktionen des Karmas können die Fähigkeit des Menschen, Intimität zu erfahren, einschränken.«

»Das ist ganz schön viel, was ich verdauen muss«, sagte Avril atemlos, »und um ehrlich zu sein, bin ich auch nicht sicher, ob ich all diese Verflechtungen verstehe.«

»Zu den Verflechtungen kommen wir später. Wichtig ist zu erkennen, dass Karma real ist und dass karmischer Ballast den Menschen dazu bringt, sich anzuspannen, und zwar indem er die Fähigkeit beeinträchtigt, Energie frei auszustrahlen und zu teilen. Wie dem auch sei, wahrscheinlich fragen Sie sich, wie Karma Ihre Beziehungen beeinflusst hat.«

Avril schluckte schwer und fragte sich, ob sie so ertappt aussah, wie sie sich fühlte.

»Zu Beginn haben Sie erwähnt, dass Sie sich in einer intimen Beziehung mit jemandem namens Dieter befinden, ist das richtig?«

»Das hängt davon ab, wie Sie Intimität definieren.«

»Nun«, fuhr Truman mit einem bekräftigenden Lächeln fort, »ich definiere Intimität als ein gemeinsames Eins-Sein zweier Menschen innerhalb einer Beziehung.«

»Nun, Dieter und ich befinden uns irgendwie außerhalb Ihrer Definition, aber wir sind immer noch zusammen und wir arbeiten daran.« Avril rutschte etwas unruhig auf ihrem Stuhl hin und her. Es war noch nie einfach für sie gewesen, über ihr Privatleben zu sprechen, nicht einmal mit Freunden. Sie war sich nicht sicher, ob das bei Truman leichter werden würde.

»Es ist nicht schwierig zu erkennen, dass Sie und Dieter einige Probleme haben.«

»Deshalb habe ich Sie angerufen. Ihr Buch hat mich zu Ihrer Vorlesung letzte Woche geführt, und als ich hörte, wie Sie über das Schuld-Spiel sprachen, gab es bei mir eine Resonanz.«

Avril konnte die Fragezeichen in Trumans Augen erkennen und erbleichte in Erwartung der nun kommenden Frage.

»Also Sie glauben, Sie würden mit Dieter das Schuld-Spiel spielen, ist es das?«

»Nicht nur mit Dieter, ich denke, ich spiele dieses Spiel schon weitaus länger.«

»Das Schuld-Spiel ist nur eines der Muster, die Beziehungen stören können. Es gibt noch viele andere.«

»Dessen bin ich mir sicher, und genau deshalb muss ich etwas dagegen tun, und ich will es jetzt tun.«

»Viele Menschen spüren denselben Drang wie Sie«, erwiderte Truman, »doch bevor wir fortfahren, möchte ich, dass Sie sich etwas klar machen.«

Avril fragte sich, was Truman damit meinte. Bevor sie jedoch ihre Gedanken in Worte fassen konnte, sagte Truman:

»Im Gegensatz zu anderen Menschen, die in karmischem Ballast verfangen sind und es ablehnen, Verantwortung für die Muster zu übernehmen, die sie kreieren, haben Sie erkannt, dass Sie nach Innen schauen müssen, um eine Lösung zu finden. Das ist eine sehr wichtige Einsicht, denn nur, wenn Sie nach Innen schauen, finden Sie das Karma, das Ihren Mustern zugrunde liegt, und einen Weg, es aufzulösen.«

»Ich bin hier, weil ich diese Arbeit machen will.«

»Ich bin sicher, dass Sie das wollen, aber eins möchte ich klarstellen – die Arbeit, die ich mache, ist keine Krisenbewältigung. Es ist ein Prozess. Innerhalb dieses Prozesses werden Sie karmische Anhaftungen auflösen, die Sie zu schätzen gelernt haben, obwohl sie Ihre intimen Beziehungen stören. Wie dem auch sei, erinnern Sie sich an das Zitat, das ich während meines Vortrags benutzte?«

»Ja, das mit den Konsequenzen – daran musste ich gerade denken.«

»Dieses Zitat drückt eine universelle Wahrheit aus.«

»Dieselbe Wahrheit, auf die Sie gerade anspielen?«

»Ja, genau. Es sagt aus, dass es etwas gibt, das der Mensch unbedingt haben will oder meint zu brauchen – irgendein Ziel, das er meint erreichen zu müssen, selbst wenn sein Handeln oder Nicht-Handeln diesbezüglich Leid und Schmerz zur Folge haben. Es muss für ihn wichtiger sein, wenn auch unbewusst, als eine intime Beziehung.«

»Sie meinen, dass Menschen ihre Beziehungen unbewusst unterwandern – und zwar deshalb, weil sie an karmischem Ballast angehaftet sind?«

»Genau das meine ich. Ich sage jedoch nicht, dass Menschen intime Beziehungen bewusst ablehnen. Was ich meine, ist, dass Menschen Ziele verfolgen, die auf ihren karmischen Ballast zurückzuführen sind, und dass sich diese Ziele meist in Opposition befinden zu ihrer Absicht, eine intime Beziehung einzugehen.« Truman lehnte sich nach vorn und nahm sich einen Teebeutel. »Vielleicht möchten Sie ein wenig darüber nachdenken, während ich mir einen Tee mache.«

Avril tat ihr Bestes um herauszufinden, was sie mehr wollen könnte als Intimität, aber nach einigen vergeblichen Ansätzen gab sie auf und sagte: »Um ehrlich zu sein, ich habe keine Ahnung, was ich mir mehr wünschen würde als eine intime Beziehung, und je mehr ich versuche …«

Truman setzte seine Teetasse ab.

»Avril, Sie werden die Antwort nicht finden, indem Sie es nur versuchen.«

»Hm, wie soll ich es denn dann herausfinden?«

»Indem Sie ihre Wahrnehmungsorgane nach Innen richten. Wenn Sie das tun, werden Sie in der Lage sein, den karmischen Ballast zu beobachten, der für Ihre Muster verantwortlich ist.«

»Mein Karma beobachten, ist das möglich?«

»Es ist nicht nur möglich, es ist unabdingbar. Nur wenn Sie Ihr Karma und dessen Eigenschaften beobachten, werden Sie in der Lage sein, die Wurzel Ihrer Muster zu finden.«

Truman sah Avril auf eine Weise an, dass ihr mulmig wurde.

»Ich soll also jetzt nach Innen schauen? Ich bin mir nicht sicher, ob ich weiß, wie man das macht.«

»Es ist nicht so schwer, wie Sie denken. Sie wissen doch auch, wie Sie Ihre Wahrnehmungsorgane benutzen, um Ihre Umwelt zu beobachten, richtig?«

»Ja, natürlich.«

»Nun, dieselben Wahrnehmungsorgane können Sie benutzen, um Ihr eigenes Feld zu beobachten.«

Avrils Gefühl der Mulmigkeit wich einer noch größeren Aufregung – der Entschlossenheit, etwas Konkretes tun zu können, das ihr Leben veränderte.

»Wahrscheinlich ist Ihnen nicht bekannt, dass das, was die Leute den sechsten Sinn nennen, in Wahrheit überhaupt kein sechster Sinn ist. Es ist die Fähigkeit, wahrzunehmen, was in Ihrem Energiefeld vor sich geht, indem Sie Ihre Wahrnehmungsorgane, Ihren Seh- und Gehörsinn, Geschmacks- und Geruchsinn und Ihr Fühlen nach Innen verlagern.«

»Sie meinen, ich soll in meinen physischen Körper schauen?«

»Ja, das könnten Sie tun. Karmischer Ballast ist jedoch nicht physisch. Ihre Wahrnehmungsorgane auf der physischen Ebene nach Innen zu richten nutzt also nicht viel. Besser wäre, Sie würden Ihre Absicht dazu benutzen, Ihre Wahrnehmungsorgane auf der nichtphysischen Ebene nach Innen zu richten.«

»Das klingt interessant – die Vorstellung, kühn dorthin zu gehen, wo noch keine Frau vorher gewesen ist.«

»Ich dachte mir schon, dass Sie so denken würden.«

»Das einzige Problem ist nur, ich weiß nicht genau, was Sie mit Absicht meinen.«

Truman lehnte sich zurück und lächelte. »Das ist kein Problem. Wir benutzen die Absicht, um den Verstand zu programmieren, damit einzelne Felder aus karmischem Ballast beobachtet werden können. Die Absicht ist eins von drei Werkzeugen, die man dafür benutzen kann. Die beiden anderen sind der persönliche Wille und das Verlangen. Leider jedoch sind der persönliche Wille und das Verlangen meist in denselben Feldern aus karmischem Ballast verfangen, die die Anspannungen verursachen. Das macht sie unzuverlässig.«

»Und die Absicht ist niemals verfangen?«

»Nicht, wenn Sie Ihre Absicht klar ausdrücken, ohne sich dabei zu sehr zu bemühen oder mit Ihrem individuellen Verstand und Ego versuchen nachzuhelfen.«

Obwohl ihre Aufregung schon beinahe in Angst umschlug, setzte Avril ein tapferes Gesicht auf und erklärte: »In Ordnung, ich werde mein Bestes tun.«

»Dann ist ja alles bereit.« Truman stand auf und ging zu seinem Schreibtisch. Dann drehte er sich um und sagte: »Folgen Sie den Instruktionen auf der besprochenen Kassette.«

»Muss ich irgendetwas Besonderes tun?«

»Nein, folgen Sie einfach den Anweisungen und entspannen Sie sich.«

Truman schenkte Avril ein bekräftigendes Nicken und legte das Band in den Kassettenrekorder. Das Erste, was Avril hörte, war das Geräusch von fließendem Wasser.

Avril beobachtet ihr Feld

Dann vernahm sie Trumans Stimme: »Wenn Sie es bequem haben, schließen Sie Ihre Augen und beginnen Sie, tief durch die Nase zu atmen, ohne Unterbrechung zwischen Ein- und Ausatmung.« Nach einer kurzen Pause fügte er hinzu: »Um fortzufahren, zählen Sie langsam von fünf bis eins rückwärts. Während Sie rückwärts zählen, wiederholen und visualisieren Sie jede Zahl drei Mal für sich selbst. Nehmen Sie sich Zeit und lassen Sie Ihren Verstand (Geist) so kreativ sein, wie er möchte.«

Es war nicht schwer, den Anweisungen zu folgen, und Avril ließ sich mit jeder absteigenden Zahl tiefer in ihren Sitz sinken.

»Wenn Sie bei eins angelangt sind, wiederholen Sie für sich folgende Affirmation: Ich bin jetzt tief entspannt und fühle mich besser als zuvor.«

Avril wiederholte den Satz. Nach einer weiteren Pause erhielt sie die Anweisung, von zehn bis eins rückwärts zu zählen und zu bekräftigen: »Jedes Mal, wenn ich auf diese Bewusstseinsebene gelange, bin ich in der Lage, meine Wahrnehmungsorgane nach Innen zu richten und mein nicht-physisches Feld klar zu beobachten.«

Avril wiederholte die Aussage und hörte aufmerksam zu, als Truman fortfuhr: »In vielen Fällen erschwert die körperliche Anspannung, die in den Muskeln gespeichert ist, das Erkennen des nicht-physischen Feldes. Um diese Spannung in der Muskulatur zu lösen, müssen Sie diese zunächst anspannen und zusammenziehen und anschließend wieder entspannen.

- Beginnen Sie nun einzuatmen und spannen Sie die Muskeln Ihrer Füße so stark wie nur möglich an. Verharren Sie drei Sekunden in dieser Anspannung. Nach drei Sekunden atmen Sie aus und entspannen Ihre Fußmuskeln.
- Atmen Sie wieder tief ein, und wiederholen Sie den Vorgang diesmal mit Ihren Fußknöcheln und Waden.
- Setzen Sie die Übung fort und wiederholen Sie den gleichen Ablauf mit folgenden Körperteilen: Oberschenkel, Gesäß und Becken,

Mittel- und Oberbauch, Brustkorb und Schultern, Hals, Arme und Hände.

- Nachdem Sie jedes dieser Körperteile getrennt voneinander gelockert haben, atmen Sie ein, quetschen Sie Ihre Gesichtsmuskeln zusammen und verharren Sie etwa fünf Sekunden. Dann entspannen Sie sie wieder und sagen Sie beim Ausatmen ›ahh‹.
- Nach dem nächsten Einatmen öffnen Sie Ihren Mund, strecken Ihre Zunge heraus und dehnen Ihre Gesichtsmuskeln so weit es geht und verharren fünf Sekunden. Dann lockern Sie Ihre Gesichtsmuskeln und sagen wieder ›ahh‹ beim Ausatmen.
- Um den Ablauf – der Standardmethode genannt wird – abzuschließen, spannen Sie Ihren ganzen Körper und ihre Gesichtsmuskeln an und halten dabei den Atem an. Nach fünf Sekunden lassen Sie Ihren Atem durch die Nase ausströmen und entspannen Sie sich.«

Nachdem Avril ihre Muskeln angespannt und gelockert hatte, fühlte sich ihr Körper an, als schwebe er schwerelos in einem großen leeren Raum. Es quälten sie keine Gedanken mehr, das Gefühl der Unsicherheit, das sie vorher empfunden hatte, war vollständig verschwunden.

»Jetzt, wo Sie entspannt sind, sind Sie bereit, Ihre Wahrnehmungsorgane nach Innen zu richten, indem Sie mit Hilfe einer mentalen Affirmation bekräftigen: Es ist meine Absicht, den karmischen Ballast in meinem Feld zu beobachten, der mich daran hindert, intim zu sein.«

Avril wiederholte die Affirmation und erblickte einen großen Hohlraum an der Stelle, die normalerweise von ihrem physischen Körper eingenommen wurde. Sie vermutete, dass dieser Hohlraum wohl ihr Energiefeld sein musste, gab die Idee jedoch auf, da er vollkommen leer zu sein schien. Kurz darauf konnte sie plötzlich ihr eigenes Feld nicht nur mit ihren eigenen Augen sehen, sondern auch in sich fühlen. Erst jetzt bemerkte sie die Klumpen, die das Feld umgaben. Einige dieser Klumpen waren lang und dünn, andere eher rundlich. Jeder hatte eine andere Beschaffenheit. Die meisten bewegten sich nicht, wenngleich einige leicht auswichen, sobald Avril ihre Aufmerksamkeit auf sie richtete. Sie versuchte, weiterhin fokussiert zu bleiben, doch nach kurzer Zeit wurde sie von Gedanken abgelenkt.

Während sie noch mit ihren Gedanken rang, hörte sie wieder Trumans Stimme: »Sie können jetzt in Ihren normalen Bewusstseinszustand zurückkehren, indem Sie von eins bis fünf zählen. Sobald Sie bei der Zahl fünf angekommen sind, öffnen Sie Ihre Augen. Sie werden sich hellwach fühlen, vollkommen entspannt und besser als zuvor.«

Nachdem Avril bis fünf gezählt hatte, öffnete sie ihre Augen und war überrascht, dass Truman sie gespannt anschaute.

»Wie ist es gelaufen, haben Sie den ›Film Ihres Verstandes‹ genossen?«

»Hm, den ›Film meines Verstandes‹ – es war interessant. Ich kann jedoch nicht sagen, dass ich es wirklich genossen hätte.«

»Das Wichtigste ist, dass Sie Ihre Wahrnehmungsorgane nach Innen gerichtet und Ihr nicht-physisches Feld beobachtet haben.«

»Das war aufregend, aber tatsächlich bin ich immer noch verwirrt ...«

»Sie sind verwirrt, weil Sie nicht genau wissen, was Sie beobachtet haben oder was es bedeutet.«

Avril wusste, dass Truman Recht hatte, und lächelte unbeholfen.

»Das ist vollkommen normal. Was Sie jetzt tun müssen, ist, Ihrer Wahrnehmung zu vertrauen.«

»Das ist ein guter Punkt – ich habe meiner Wahrnehmung nicht immer getraut, aber das habe ich nicht gemeint.«

Truman sah Avril mit wachsendem Interesse an.

»Das Problem war, dass mir immer Gedanken in den Kopf geschossen sind, sodass ich nicht fokussiert bleiben konnte.«

»Das ist der innere Dialog. Dieses Problem wird nicht von langer Dauer sein, wenn Sie weiterhin üben, was Sie gelernt haben. Jetzt ist es erst einmal wichtig, konsequent weiterzumachen – bleiben Sie fokussiert auf das, was Sie tun, und üben Sie fleißig.« Truman lehnte sich nach vorn und rieb seine Hände aneinander.

»Hat Sie noch etwas anderes gestört?«

»Nein, nicht wirklich.«

»Gut, dann lassen Sie uns fortfahren, denn auch was Sie beobachtet haben, ist sehr wichtig.«

Avril beschrieb den Hohlraum, den sie gesehen hatte, und wie sich einige der Klumpen bewegten. Truman hörte aufmerksam zu und nickte hin und wieder zustimmend.

»Jeder der Klumpen hatte eine andere Form und einige waren dichter als andere«, erklärte Avril. »Tatsächlich fühlten sich einige gar nicht wie Klumpen, sondern eher wie dicke Wolken an.«

»Als Sie diese anfokussierten, sind da irgendwelche Gedanken oder Gefühle aufgetaucht?«

»Einige der Klumpen schienen Gefühle zu verursachen, wenn Sie das meinen. Sie alle waren allerdings nicht gerade angenehm.«

Truman setzte sich zurück und betrachtete Avril einen Moment lang eingehend. Dann lächelte er und sagte: »Der Hohlraum, den Sie sahen, war Ihr persönlicher Körperraum.«

»Und die Klumpen ...?«

»... sind Teil Ihres karmischen Ballasts. Sie werden manchmal Energieblockaden genannt. Sie tragen sie schon seit langer Zeit mit sich herum.«

»Ich vermute, ich hätte besser auf meine Innenwelt achten sollen, als ich heranwuchs.«

»Avril, sein Sie nicht zu hart zu sich selbst. Niemand hat Sie bisher darum gebeten, Ihre Wahrnehmungsorgane nach Innen zu richten.«

»Das stimmt«, sagte Avril aufgebracht.

»Nun denn, wenn man bedenkt, dass das Ihr erster Versuch war, nach Innen zu schauen, haben Sie es recht gut gemacht.«

»Meinen Sie?«

»Ja, das meine ich. Sie haben Ihre Wahrnehmungsorgane nach Innen gerichtet und karmischen Ballast beobachtet. Sie haben sogar einige der individuellen Eigenschaften erfahren, die daraus auftauchen. Das Einzige, was Sie noch nicht herausgefunden haben, ist, dass die Klumpen aus karmischem Ballast, die Sie beobachtet haben, ihre Eigenschaften zusammenschließen und gemeinschaftlich Ziele erschaffen können, die sich Ihrer Absicht – nämlich intim zu sein – entgegenstellen. Aber darum habe ich Sie auch nicht gebeten, nicht wahr?

»Was haben die Klumpen mit meinen Zielen zu tun?«

»Alles. Sie haben gesagt, die Klumpen haben Gefühle verursacht, richtig?«

»Ja, das stimmt.«

»Nun, es gibt auch andere Klumpen, die Sie nicht gesehen haben und die in der Lage sind, Empfindungen, Überzeugungen, Glaubensvorstellungen und Meinungen hervorzurufen. Wenn die Klumpen, die Sie gesehen haben, ihre Eigenschaften mit dem restlichen karmischen Ballast vereinen, entsteht ein gefälschter Verstand, den man den individuellen Verstand und das Ego nennt. Durch diesen individuellen Verstand und das Ego tauchen die Ziele auf ...«

»… die sich einer intimen Beziehung entgegenstellen.«

»Das ist richtig.«

»… und wenn ich an diesen Zielen anhafte, kann ich mich von Beziehungen und Intimität verabschieden.«

»Auch das stimmt. Sobald Sie an Gefühlen, Einstellungen und Empfindungen anhaften, die aus karmischem Ballast auftauchen, werden Sie sich anspannen und nicht mehr in der Lage sein, mit Ihrem Partner wahrhaftig intim zu sein.«

»Und meine eigentliche Absicht – was passiert damit?«

Truman zeigte mit dem Daumen nach unten.

»Alles klar«, sagte Avril.

»Jetzt, wo Sie mir erklärt haben, wie mein Leben durch karmischen Ballast vermasselt wurde, wären Sie so freundlich, mir zu verraten, was ich dagegen tun kann?«

»Es gibt vieles, das Sie tun können. Sie müssen jedoch mit einer soliden Grundlage beginnen. Ich werde Ihnen das Band mitgeben, dem Sie zugehört haben, und etwas Lesestoff.«

Truman ging zum Schreibtisch hinüber, nahm das Band aus dem Kassettenrekorder und griff nach einem großen Umschlag, der daneben lag. Als er sich wieder setzte, sagte er: »Wiederholen Sie die Übung auf der Kassette täglich eine halbe Stunde und legen Sie Papier und Stift bereit, damit Sie Ihre Beobachtungen aufschreiben können.«

Truman steckte die Kassette in den Umschlag und übergab ihn Avril. »Lesen Sie auch die beigefügten Unterlagen durch, und machen Sie sich Notizen, wenn Sie irgendetwas nicht verstehen. Wenn wir uns nächste Woche treffen, können wir darüber reden.«

Avrils Augen wurden ganz groß vor Begeisterung. »Sie meinen, wir können weitermachen?«

»Das ist doch das, was Sie wollen, oder nicht?«

»Natürlich.«

»Gut, wir können uns nächsten Mittwoch zur selben Zeit treffen.«

Avril war zu aufgeregt, um irgendetwas anderes hervorzubringen als ein Dankeschön.

»Gibt es noch letzte Fragen?«

Avril schüttelte den Kopf.

»Na, dann …« Truman stand auf und begleitete sie zur Tür. Nachdem sie ihren Mantel zugeknöpft hatte, schüttelte Truman fest ihre Hand und sagte dann mit wissendem Blick auf Wiedersehen. Nachdem er die Tür hinter ihr geschlossen hatte, stand Avril da, starrte auf ihre Hand und hörte ihr Herz pochen. Sie war sich nicht sicher, in was sie da hineingeraten war. Das erste Mal seit Jahren jedoch spürte sie, dass ihre Absicht ihre wahren Ziele unterstützte.

Sobald Avril zu Hause angekommen war, öffnete sie den Umschlag. Darin befanden sich die Kassette und einige Seiten Lesestoff. Nachdem sie es sich gemütlich gemacht hatte, begann sie zu lesen:

Karma, die Inside-Story

Aus alten Texten und modernen Studien wissen wir, dass Karma mehr ist als nur das Prinzip, welches besagt, dass man ernten wird, was man gesät hat. Es handelt sich hierbei um eine aktive Kraft oder Substanz, die sich im menschlichen Feld ansammeln und intime Beziehungen stören kann. Tatsächlich ist es genau diese Substanz, die dazu führt, dass sich Menschen von Objekten, Energiefeldern oder anderen Menschen angezogen fühlen, und die dafür sorgt, dass sie daran anhaften. Karma besitzt die Macht, Anhaftungen herbeizuführen und hervorzurufen, und ist somit in der Lage, die Gesundheit, das Wohlbefinden und auch die Fähigkeit des Menschen zu beeinflussen, mit einem Partner, sich selbst oder dem universellen Bewusstsein intim zu sein.

Was ist karmischer Ballast?

Karmischer Ballast ist die gesamte Menge an karmischer Energie, die sich im menschlichen Energiefeld angesammelt hat. Karma definiert sich durch seine individuellen Eigenschaften wie z.B. Größe, Form, Dichte, Polarität, Wille sowie auch unauthentische Gefühle, Emotionen, Einstellungen und Glaubenssätze, die die Funktionen des authentischen Verstandes fälschen.

Man könnte einen Menschen, der nicht mit karmischem Ballast belastet ist, mit einem makellosen Spiegel vergleichen. Wie in einem solchen Spiegel würde der authentische Verstand des Menschen sich darin ohne jegliche Verzerrung klar widerspiegeln – und die daraus hervortretende Bewusstheit, die Emotionen, Gefühle, Empfindungen und das Verlangen, die intime Beziehungen unterstützen, könnten spontan ausgedrückt werden. Karmischen Ballast hingegen könnte man mit jeder Form von Schmutz oder Unrat vergleichen, der sich auf dem Spiegel ansammelt und dadurch das Spiegelbild verschleiert und/oder verzerrt.

Wenn Partner in einer Beziehung ausreichend karmischen Ballast angesammelt haben, werden sie dadurch blockiert. Die auf diese Weise entstandenen Blockaden können Partner zwingen, sich anzuspannen. Durch diese Anspannung wird die Fähigkeit eingebüßt, Lust zu erfahren und miteinander zu teilen. Selbst die noch so kleinste Einschränkung der Fähigkeit, Lust zu geben und zu empfangen, führt zu einer Störung der menschlichen Liebe, Intimität und Freude. Ohne die Fähigkeit, Lust, Liebe, Intimität und Freude unbehindert miteinander zu teilen, können sich Partner einander entfremden und auseinander driften. An einem bestimmten kritischen Punkt, der von Paar zu Paar verschieden sein kann, wird das Vertrauen schließlich zerbrechen, und das, was an Wohlwollen noch übrig ist, wird unter dem Gewicht des gemeinsamen karmischen Ballasts beider Partner erdrückt.

Einem Menschen, der nicht viel darüber weiß, können die Auswirkungen von karmischem Ballast sowohl positiv als auch negativ erscheinen. Man muss jedoch wissen, dass auch Karma, dessen Auswirkung positiv erscheint, zu Anspannungen führt und den freien Energiefluss einschränkt. Es hindert Partner daran, miteinander wirklich intim zu sein. Es ist immer karmischer Ballast, der Anspannungen verursacht und die intime Beziehung beeinträchtigt. Er muss daher überwunden werden, um Intimität in einer Beziehung wiederherzustellen.

Der gefälschte Verstand

Handlungen, die vom individuellen Verstand und vom Ego motiviert sind, erschaffen Muster, die Anhaftungen verursachen und individuelle Felder aus eigenschaftsbehafteter Energie in das menschliche Feld eindringen lassen.

Da das größte Interesse des individuellen Verstandes und Egos die Erfüllung der eigenen Bedürfnisse und Begierden ist, wird der Mensch, der eine übermäßige Menge von karmischem Ballast in seinem persönlichen Feld angesammelt hat, unweigerlich einer Weltsicht zum Opfer fallen, die Besitztum, Kontrolle und Manipulation weit über die Erfahrung von Vergnügen, Liebe, Intimität und Freude stellt. Handlungen, die aus dem individuellen Verstand und dem Ego hervortreten, stehen im Widerspruch zu Vergnügen, Liebe, Intimität und Freude – dazu gehören Denken, Sich-Sorgen, Verurteilen, Vergleichen und auch Handlungen, die aus Vorlieben und Abneigungen für bestimmte Dinge entstehen.

Eine zu große Ansammlung an karmischem Ballast wird nicht nur den Zugang der Person zu Vergnügen einschränken, sondern auch zu Liebe, Intimität und Freude. Es wird für die Person zunehmend schwieriger, die Wahrnehmungsorgane nach Innen zu richten.
Auf der Ebene des Verstandes stört eine zu große Ansammlung aus karmischem Ballast die Konzentrationsfähigkeit, das Gedächtnis und das ausgeglichene Herleiten und Zurückführen auf Ursachen. Außerdem wird sich der Mensch im inneren Dialog verfangen (das unablässige Geschnatter des individuellen Verstandes und des Egos) und sehr reaktiv sein auf Gedanken, Ideen und Glaubenssätze, die auf sein Feld einwirken.
Eine zu große Ansammlung von karmischem Ballast auf den Gefühls- und Emotionsebenen (der Ebene der Seele), beschränkt die Fähigkeit des Betroffenen, seine authentischen Gefühle und/oder Emotionen auszudrücken bzw. sich in andere einzufühlen.
Menschen haben die Fähigkeit entwickelt, authentische Emotionen durch Schreien, Weinen und Kreischen auszudrücken ebenso wie durch ihre Augen- und Gesichtsmuskulatur. Wenn eine Emotion spontan ausgedrückt und gelöst wird, entsteht ein Gefühl der Befriedigung, das anzeigt, dass die aufgestaute emotionale Energie entladen und wieder ein gesunder Energiefluss aufgenommen wurde.
Gefühle vibrieren in einem niedrigeren Frequenz-Spektrum als Emotionen. Wenn Gefühle beschnitten werden, fühlt sich der Mensch aus sich selbst ausgesperrt, was einhergeht mit einem Verlust an Sensibilität, Selbst-Wahrnehmung und intuitiver Einsicht.
Der Verlust der intuitiven Einsicht, die oft als Bauchgefühl oder Erkenntnis erfahren wird, kann schlimme Folgen für eine intime Beziehung haben; denn ohne Intuition wird es zunehmend schwieriger, zwischen dem zu unterscheiden, was authentisch ist und aus dem authentischen Verstand auftaucht, und dem, was unauthentisch ist und aus dem individuellen Verstand und dem Ego auftaucht.
Empfindungen und körperliches Vergnügen tauchen auf der physischen Ebene auf. Wenn der Energiefluss auf dieser Ebene durch karmischen Ballast gestört ist, wird die Erfahrung körperlicher Lust beschränkt. Daraus können sexuelle Fehlfunktionen, z.B. Impotenz und vorzeitiges Ejakulieren bei Männern und Orgasmusstörungen bei Frauen, resultieren. Tatsächlich ist fast jede Form von Ablehnung gegenüber normalen sexuellen Stimulierungen und Vergnügungen

auf dieselbe Grundursache zurückzuführen – einer Störung des Energieflusses auf der physischen Ebene.

KAPITEL 2

Eine Woche war vergangen, seit Avril Truman das erste Mal getroffen hatte. Obwohl sie noch immer Probleme mit dem inneren Dialog hatte, war sie ganz angetan von ihren Fortschritten in Bezug auf das Schuld-Spiel.

Vor ihrer Begegnung mit Truman war ihr nicht bewusst gewesen, dass das Schuld-Spiel in ihrer Beziehung zu Männern eine so große Rolle spielte – obwohl ihr sowohl Mark als auch Dieter oft vorgeworfen hatten, sie würde Schuld abwälzen. Erst nachdem sie die Beziehung von Ursache und Wirkung zwischen den Klumpen in ihrem Feld und den subtilen Schwankungen in ihrer Stimmung und in ihrer Einstellung beobachtet hatte, war ihr klar geworden, wie unangemessen es ist, jemand anderen für das eigene Unbehagen verantwortlich zu machen. Insbesondere auf Dieter hatte sie die Verantwortung für ihr tagtägliches Wohlbefinden abgewälzt.

Nach ihrem letzten Geschäftstermin um halb drei fuhr sie zu Trumans Büro. Direkt gegenüber fand sie einen guten Parkplatz, lief jedoch bis zur Ecke vor, um den Pfützen eines Regenschauers auszuweichen.

Sie traf Truman an der Tür. Er trug eine dunkle Wolljacke über einem Rollkragenpullover mit passenden Cordhosen. Er schien erfreut, sie zu sehen, und begrüßte sie herzlich.

Avril setzte sich und öffnete den obersten Knopf ihrer elfenbeinfarbenen Seidenbluse, die seitlich mit kleinen Perlmutknöpfen zu schließen war und lose über einem braunen Wollrock hing.

Als sie fertig war, deutete Avril auf die große schwarz-weiße Lithographie, die an der Wand hinter Trumans Schreibtisch hing. Schon während ihres ersten Besuchs war sie ihr aufgefallen.

»Es heißt Sri Yantra«, erklärte Truman.

»Ich bin nicht die Erste, die sie bemerkt, nicht wahr?«

»Nein, sind Sie nicht. Man benutzt das Sri Yantra als Meditationshilfe, und die meisten Menschen, die es gesehen haben, sind sehr davon angetan.«

»Ich kann verstehen, warum«, sagte Avril aufrichtig. »Es zieht einen in seinen Bann. Wie dem auch sei, ich dachte, Sie würden gern erfahren, dass eine ereignisreiche Woche hinter mir liegt.«

»Das wollte ich Sie schon fragen. Berichten Sie mir zunächst einmal, wie Ihre Übungen verlaufen sind.«

»Es lief gut. Die Standardmethode mochte ich sehr – sie ist wesentlich zuverlässiger als die Techniken, die ich bisher angewandt habe.«

»Heißt das, Sie haben mehr Klumpen beobachten können?«

»Da waren Klumpen, aber da war noch etwas anderes, das aussah wie Ablagerungen. Ich hatte das Gefühl, es könnte karmischer Ballast sein.«

»War es vor dem persönlichen Körperraum?«

»Ich weiß nicht genau, was der persönliche Körperraum ist, also kann ich das schwer beantworten.«

»Nun gut, dann reden wir zuerst über den persönlichen Körperraum. Sie wissen bereits, dass Sie ein nicht-physisches Energiefeld haben, das Ihren physischen Körper durchdringt.«

Avril nickte zustimmend.

»Nun, innerhalb Ihres Energiefeldes gibt es einen großen Hohlraum.«

»Sie meinen den Hohlraum, den ich beobachten konnte, als ich meine Wahrnehmungsorgane nach Innen richtete?«

»Ja, genau. Dieser Hohlraum nennt sich der persönliche Körperraum. Er hat dieselbe Größe und Form wie ihr physischer Körper. Um den persönlichen Körperraum herum befindet sich noch eine weitere Struktur, die man Aura nennt. Die Aura ist eiförmig und dehnt sich bis zu beinahe acht Meter in alle Richtungen über den persönlichen Körperraum hinaus aus.« Truman grinste breit. »Jetzt aber zu meiner ursprünglichen Frage zurück – befanden sich die geschichteten Ablagerungen vor Ihrem persönlichen Körperraum oder trieben sie im aurischen Feld darum herum umher?«

»Sie waren vor dem persönlichen Körperraum angesammelt.«

»Dann muss es sich dabei um karmischen Ballast handeln, denn nur er sammelt sich vor dem persönlichen Körperraum an.«

Avril lächelte zufrieden und griff nach ihrer Tasche, um ihre Notizen hervorzuholen. »Nun, ich bin Ihren Anweisungen gefolgt und habe meine Beobachtungen und auch einige Fragen aufgeschrieben.«

»Das überrascht mich nicht. Haben Sie keine Schwierigkeiten, Zeit für die Übungen zu finden?«

»Ich nehme mir die Zeit«, murmelte Avril während sie ihre Liste durchging. »Kann ich beginnen?«

»Natürlich!«

»Nun denn, ich habe einige Fragen zum Thema Energie. Doch bevor ich damit anfange, würde ich gern noch etwas über den persönlichen Körperraum wissen.« Avril zuckte mit den Achseln und sagte dann: »Wenn er in mir ist, muss er dann nicht einen Sinn und Zweck haben?«

»Natürlich hat er einen Zweck – einen sehr wichtigen sogar. Leider nur erkennen die Menschen diese Bedeutung nicht, denn auf der physischen Ebene wird der Körperraum durch Ihren physischen Körper besetzt. Auf den nicht-physischen Ebenen jedoch ist genau derselbe Raum durch Ihre nicht-physischen Körper besetzt«.

Avril sah Truman an und runzelte die Stirn.

»Ich weiß, es wird etwas kompliziert. In Wahrheit sind Sie ein interdimensionales Wesen, und Sie leben und funktionieren sowohl im physischen als auch im nicht-physischen Universum. Im physischen Universum haben Sie einen physischen Körper, und in jeder Dimension des nicht-physischen Universums haben Sie einen nicht-physischen Körper, der Ihren persönlichen Körperraum einnimmt. Diese Körper durchdringen Ihren physischen Körper und dienen Ihnen in den Dimensionen des nicht-physischen Universums als Vehikel für Wahrnehmung, Ausdruck und Assimilation.«

»Heißt das, dass meine nicht-physischen Körper meinen physischen Körper wie bei einer russischen Puppe durchdringen?«

»Nicht genau – im Gegensatz zu einer russischen Puppe haben Ihre gesamten nicht-physischen Körper dieselbe Größe und Form wie Ihr physischer Körper. Wichtig ist, sich daran zu erinnern, dass nicht Ihre nicht-physischen Körper gemeint sind, wenn wir über den persönlichen Körperraum sprechen. Es ist vielmehr der Raum, den Ihre nicht-physischen Körper besetzen. Aber Information ist nicht dasselbe wie Wissen. Wissen stammt immer aus direkter Erfahrung. Die einzige Möglichkeit für Sie, mehr über den persönlichen Körperraum herauszufinden, ist, ihn direkt zu erfahren, und zwar indem Sie Ihre Wahrnehmungsorgane nach Innen richten und seine Funktionen und Strukturen selbst beobachten.«

»Kann ich das?«

»Ganz sicher. Sie können dieselbe Methode wie letzte Woche benutzen.«

»Und ich kann es selbst tun – ohne ihre Hilfe?«

»Ja, sicher.«

»Großartig, ich werde es versuchen, sowie ich zu Hause bin. Wenn es Ihnen nichts ausmacht, hätte ich noch eine weitere Frage, diesmal geht es um Energie – ist das OK?«

»Ja, natürlich – fragen Sie.«

»Nun, als ich die Klumpen in meinem Feld sehen konnte, schienen sie in einem Medium zu schweben, das keine Eigenschaften zu besitzen schien – das ist das Erste. Dann ist da noch eine Stelle im Lesestoff, den Sie mir gegeben haben. Macht es Ihnen was aus, wenn ich es Ihnen vorlese?«

Truman schüttelte seinen Kopf.

»Nun denn: ›Einem Menschen, der nicht viel darüber weiß, können die Auswirkungen von karmischem Ballast sowohl positiv als auch negativ erscheinen. Man muss jedoch wissen, dass auch Karma, dessen Auswirkung positiv erscheint, zu Anspannungen führt und den freien Energiefluss einschränkt. Es hindert Partner daran, miteinander wirklich intim zu sein.‹«

Avril lehnte sich mit einem erwartungsvollen Ausdruck in ihrem Gesicht zurück. »Aufgrund dieses Abschnitts und meiner Beobachtungen ist wohl offensichtlich, dass es noch eine andere Art von Energie geben muss, die keine Eigenschaften aufweist. Bis letzte Woche jedoch habe ich gedacht, dass jede Energie Eigenschaften hat – jetzt bin ich verwirrt.«

Truman rieb sich das Kinn, lehnte sich dann nach vorn und begann zu sprechen: »Im physischen Universum hat jede Energie Eigenschaften, aber auch im nicht-physischen Universum gibt es Energie mit Eigenschaften.«

»Wie karmischen Ballast …«

»… wie karmischen Ballast und die Klumpen, die Sie sahen. Aber es gibt noch eine andere Art von Energie, die keine Eigenschaften aufweist.«

»Das habe ich dem Text entnommen, aber ich verstehe den Unterschied noch nicht.«

»In Ordnung, darauf kommen wir gleich. Das Erste, was Sie wissen müssen, ist, dass Sie mit eigenschaftsbehafteter Energie vertrauter sind, da diese von Ihren Wahrnehmungsorganen in der physischen Welt als Licht oder Wärme und so weiter wahrgenommen werden kann. Sie können sie auch in Ihrem Energiefeld spüren, wenn Sie Angst haben oder depressiv sind. Dem Universum aus Energie mit Eigenschaften liegt jedoch ein weites Universum aus eigenschaftsloser Energie zugrunde, und es ist diese Energie, die alle Lebewesen beseelt. Tatsächlich wären Sie gar nicht hier, wenn es keine eigenschaftslose Energie gäbe.«

»Sie reden von der Lebenskraft, nicht wahr?«

»Einige Leute nennen sie so, andere nennen sie Chi. Wiederum andere sagen dazu Prana, Shakti oder Kundalini-Shakti. Doch egal wie man sie nennt, es ist immer dasselbe gemeint – nämlich eine Energie, die, wenn sie auf das menschliche Feld einwirkt, keine Spuren hinterlässt, außer ihm Leben einzuhauchen. Aber was ich bisher darüber gesagt habe, ist nur ein Teil des Ganzen. Alles Authentische in Ihnen besteht aus eigenschaftsloser Energie, einschließlich Ihres persönlichen Feldes und der Körper, die Ihren authentischen Verstand bilden. Im Gegensatz zu eigenschaftsbehafteter Energie, die nur begrenzt verfügbar ist, ist das Vorkommen eigenschaftsloser Energie unbegrenzt – und das wiederum bedeutet, dass Sie unbegrenzte Ressourcen in sich haben.«

»Das klingt großartig – aber wenn ich unbegrenzte Ressourcen aus eigenschaftsloser Energie in mir habe, wie kann es sein, dass ich mir dessen nicht bewusst bin?«

»Sie sind sich dessen bewusst – genau wie jeder andere. Nur der Wichtigkeit dieser Tatsache sind Sie sich nicht bewusst. Glücklicherweise gibt es jedoch gewisse Umstände, die ein Ignorieren der eigenschaftslosen Energie unmöglich machen ...«

»Könnten Sie mir ein Beispiel nennen?«

»Sicher – Sie erfahren eigenschaftslose Energie, wann immer Sie einen Vitalitäts- oder Kreativitätsschub haben, einen Ganzkörper-Orgasmus, in Phasen tiefer Meditation oder bei Wachträumen. Solche Erfahrungen gehen oft mit einem tiefen Gefühl von Wohlbefinden oder Zufriedenheit einher, was ein klares Zeichen für die Gegenwart eigenschaftsloser Energie ist.«

»Sie sagen, dass alles, was in mir authentisch ist, aus eigenschaftsloser Energie besteht. Wenn ich eine Bestandsaufnahme mache, finde ich jedoch nur Knochen und Körperflüssigkeiten, und alle haben Eigenschaften.«

»Sie vergessen, dass Sie kein rein physisches Wesen sind. Ihren physischen Körper habe ich auch nicht gemeint. Sie haben auch nichtphysische Körper, erinnern Sie sich? «

»Sie meinen die Körper, die meinen persönlichen Körperraum besetzen?«

»Genau die. Diese Körper bestehen auch aus eigenschaftsloser

Energie – und das ist nicht alles: Eigenschaftslose Energie fließt durch sie hindurch und versorgt sie mit Kraft und Vitalität.«

»Wenn eigenschaftslose Energie die Quelle von allem Authentischen ist, dann muss sie auch die Quelle von Vergnügen, menschlicher Liebe, Intimität und Freude sein.«

»Sie ist die Quelle von allen vieren. Wenn wir menschliche Liebe auseinander nehmen könnten, würden wir feststellen, dass sie nur auftauchen kann, wenn eigenschaftslose Energie vom menschlichen Herzen reflektiert wird, denn das menschliche Herz kann diese Energie nicht selbst hervorbringen.«

»Kann ich Sie noch etwas über eigenschaftslose Energie fragen?«

»Energie war das Thema, über das ich heute sowieso reden wollte, also nur zu!«

»In Ordnung, wenn eigenschaftslose Energie vom menschlichen Herzen reflektiert wird – was passiert dann damit? Teilen liebende Menschen sie, indem sie sie aufeinander ausstrahlen?«

»Avril, Menschen wären nicht in der Lage, Vergnügen, Liebe, Intimität oder Freude miteinander zu teilen, wenn sie nicht eigenschaftslose Energie miteinander teilen könnten.«

»Sie sagen also, dass Menschen eigenschaftslose Energie aufeinander ausstrahlen?«

»Wir tun es gerade jetzt. Zwischen uns strahlt durch unsere Energiekörper eigenschaftslose Energie. Liebespaare teilen und strahlen diese eigenschaftslose Energie in noch größerem Ausmaß aus. Aus diesem Grund sind sie auch in der Lage – zumindest vorübergehend –, den Einfluss von karmischem Ballast zu überwinden und eine gemeinsame Intimität zu erfahren.«

»Und die andere Energie, dieses Zeug mit Eigenschaften ...«

»Das ist eigenschaftsbehaftete Energie. Sie hat im Gegensatz zu eigenschaftsloser Energie die unterschiedlichsten Qualitäten.«

»Sie meinen, wie die Klumpen, die ich gesehen habe?«

»Ganz genau. Die Klumpen sind ein Beispiel für eigenschaftsbehaftete Energie ebenso wie die Ablagerung, die Sie gesehen haben. Alle diese Dinge, die Sie beobachten konnten, existieren in einem großen Feld aus eigenschaftsbehafteter Energie – es wird das kollektive Feld der Maya oder einfach Maya genannt.«

»Mein Yogalehrer hat über Maya gesprochen ...«

»Yoga lehrt, dass das Mayafeld alle Felder mit Eigenschaften einschließlich des physischen Universums beinhaltet und nur dem Anschein nach real ist.«

Avril riss überrascht die Augen auf. Bevor sie jedoch etwas sagen konnte, erklärte Truman: »Ich weiß, es klingt merkwürdig, aber die Felder aus eigenschaftsbehafteter Energie, mit ihren individuellen Qualitäten, sind nur scheinbar real, während das Feld aus eigenschaftsloser Energie, das keine individuellen Qualitäten aufweist, tatsächlich real ist; ich nenne es authentisch. Für Geschöpfe, die Teil eines Traumes sind, ist auch der Traum real – nicht jedoch für den Träumer.«

»Wenn Sie es so darstellen …«

»Avril, im Yoga beurteilt man, ob etwas authentisch ist, nicht danach, ob man es mit seinen Wahrnehmungsorganen erfahren kann. Der Test besteht vielmehr darin zu überprüfen, ob sich die Dinge verändern oder nicht …«

»Aber ich dachte, alles verändert sich …«

»Alle Dinge mit individuellen Eigenschaften verändern sich, aber eigenschaftslose Energie besitzt keine individuellen Eigenschaften und verändert sich daher auch nicht. Aus diesem Grund erfahren Sie eigenschaftslose Energie auch immer auf die gleichen vier Arten – entweder als Vergnügen, Liebe, Intimität oder Freude.«

»Ich bin heute etwas begriffsstutzig – könnten Sie mir genauer erklären, was es bedeutet, wenn Sie sagen, dass sich alles, was individuelle Eigenschaften aufweist, verändert?«

»Das ist leicht. Der physische Körper ist ein gutes Beispiel dafür: Er besitzt individuelle Eigenschaften, und wenn er altert, verändert er sich. So etwas kann eigenschaftsloser Energie nicht passieren, da sie keine Eigenschaften besitzt, die sich im Lauf der Zeit verändern könnten.«

»Das würde ja bedeuten, dass sich mein authentischer Verstand niemals verändert.«

»Ganz genau.«

»Moment – wenn jemand in seinen nicht-physischen Körpern zentriert bliebe, die ja aus Energie ohne Eigenschaften zusammengesetzt sind, was würde mit ihm geschehen?«

»Der physische Körper dieses Menschen würde sich verändern, wenn er älter wird – genau wie sein karmischer Ballast, auch der würde sich verändern. Doch wenn Sie in Ihren nicht-physischen Körpern und der eigenschaftslosen Energie, die diese Körper versorgt, zentriert blieben, dann würden sich diese nicht verändern und auch nicht auf energetische Felder reagieren, die aus dem Feld der Maya auftauchen.«

»Und wenn sie sich nicht veränderten, was dann?«

»Dann würden Sie Vergnügen, Liebe, Intimität und Freude erfahren.«

»Und wenn zwei Menschen in einer Beziehung Vergnügen, Liebe, Intimität und Freude erfahren?«

»Dann wären sie in der Lage, Vergnügen, Liebe, Intimität und Freude miteinander zu teilen.«

Avril lehnte sich in ihrem Stuhl zurück und nickte zufrieden. Nachdem sie einen Moment gezögert hatte, fügte sie hinzu: »Kann ich Ihnen noch eine weitere Frage stellen?«

»Ja, nur zu!«

»In Ordnung, wenn sich die authentische Avril niemals verändert und sie daher auch weder besser noch schlechter werden kann – lässt sich daraus nicht schlussfolgern, dass die authentische Avril perfekt ist, und zwar genau so, wie sie ist?«

»Vom Prinzip her ist das wahr, praktisch jedoch nicht, denn Avril kann nicht lange in eigenschaftsloser Energie zentriert bleiben, also hat Avril ein Problem.«

»... wegen ihres karmischen Ballasts.«

Truman nickte: »Karmischer Ballast hat Avrils Zugang zu eigenschaftsloser Energie blockiert und sorgt dafür, dass sie sich anspannt.«

»... was bedeutet, dass sich Avril von Vergnügen, Liebe, Intimität und Freude verabschieden kann.«

»Nicht zwingend. Sie müssen sich klar machen, dass Sie, selbst wenn Sie blockiert sind, Vergnügen, Liebe, Intimität und Freude nicht verlieren. Sie sind immer noch da, denn auch Ihr authentischer Verstand und das Prana, das ihn nährt, sind noch da. Was Sie verlieren, ist Ihr Zugang – das ist ein wichtiger Unterschied. Bevor wir fortfahren, müssen Sie wissen, dass Ihr Energiefeld ausschließlich aus eigenschaftsloser Energie besteht. Daher kann Energie mit Eigenschaften nicht aus ihrem Feld stammen.«

Avril wurde unruhig, wartete jedoch bis Truman fertig war, und platzte hervor: »Wenn sie nicht meinem Feld entstammt, wo kommt sie dann her?«

»Aus dem Feld der Maya, das Sie umgibt.«

Avril schauderte bei dem Gedanken so vergewaltigt zu werden und knurrte: »Sagen Sie mir, wie es in mich hineingekommen ist.«

»Felder mit Eigenschaften können Ihren individuellen Willen dazu benutzen, um sich den Weg in Ihr Feld zu erzwingen.«

»Und dann … was?«

»Dann infizieren die Eigenschaften dieses Feldes Ihr Feld, wie ein Virus die Zellen Ihres physischen Körpers infiziert. Tatsächlich können Felder mit Eigenschaften – wie ein Virus die normalen Funktionen ihres Körpers übernimmt – die Funktionen Ihres Verstandes an sich reißen und benutzen, um ihre eigenen Eigenschaften auszudrücken. Alle Menschen wurden auf diese Art mehr oder weniger infiziert. Das bedeutet, dass alle Menschen Schichten aus eigenschaftsbehafteter Energie, in Form von karmischem Ballast, in ihrem Feld tragen. Die ältesten dieser Schichten, die von Leben zu Leben mitgeschleppt werden, sehen wie Ablagerungen aus.

Im Yoga nennt man diese Schichten Samskaras. Sie bilden die Grundlage Ihres individuellen Verstandes und Egos – also des Teils von Ihnen, der denkt, sich sorgt, andere Menschen verurteilt und in der Vergangenheit oder Zukunft lebt.«

»Ist es der Teil, der mich piesackt und dafür sorgt, dass ich launisch werde oder mich unsicher fühle?«

»Der karmische Ballast kann Ihr Feld auf diese oder auch andere Arten beeinträchtigen.«

»Aber wenn das, was Sie sagen, wahr ist, warum bezeichnen sich dann die meisten Menschen als glücklich? Das verstehe ich nicht.«

»Ich weiß, was Sie meinen. Wenn man eine Umfrage macht, in der Menschen gefragt werden, ob sie glücklich sind, antwortet die Mehrheit mit Ja. Und um ehrlich zu sein, finde ich das seltsam, wenn man bedenkt, dass der karmische Ballast die Fähigkeit eines Menschen einschränkt, Vergnügen, Liebe, Intimität und Freude zu erfahren. Aber Glücklich-Sein bedeutet für verschiedene Menschen verschiedene Dinge. Glücklich-Sein ist nichts, das man exakt definieren könnte. Genau genommen ist Glücklich-Sein kein spezifischer, psychologischer Zustand. Es ist eher eine subjektive Reaktion auf äußere Umstände, die immer abhängig ist von den Erwartungen und der Reaktion des Menschen auf bestimmte Umstände, wie etwa Gesundheit, Status oder Beziehung. Außerdem muss man wissen, dass das Glücklich-Sein durch das Prinzip des Rhythmus geregelt wird.«

»Rhythmus – ich bin nicht sicher, ob ich das verstehe …«

»Rhythmus ist eines der Prinzipien, die Interaktionen zwischen Feldern aus eigenschaftsbehafteter Energie regeln.« Truman streckte seine Hand hoch, ging zum Schreibtisch und griff nach einem dicken Buch. Dann setzte er sich wieder hin und legte es auf den Tisch. »Das möchte ich richtig darstellen.« Nachdem Truman die richtige Textstelle gefunden hatte, begann er zu lesen: »Das Prinzip vom Rhythmus besagt: ›Alles fließt aus und ein, alles hat seine Gezeiten, alle Dinge steigen und fallen, das Schwingen des Pendels zeigt sich in allem, das Maß des Schwungs nach rechts ist das Maß des Schwungs nach links; Rhythmus kompensiert.‹«

»Das klingt sehr interessant, aber was hat das mit Glücklich-Sein zu tun?«

»Sie kennen doch das Sprichwort: ›Je größer der Heilige, desto größer der Sünder‹?«

»Ja, natürlich.«

»Es drückt dieselbe Wahrheit aus.«

»Sie meinen, je weiter das Pendel in Richtung Glücklich-Sein schwingt, desto weiter muss es dann auch in Richtung Unglücklich-Sein schwingen?«

»Das stimmt. Die einzige Variable dabei ist die Zeit – wie lange wird das Pendel brauchen, bis es von einem Extrem zum anderen schwingt?«

Avril rutschte zerknirscht auf ihrem Stuhl hin und her und grummelte: »Jetzt, da ich weiß, wie kläglich ich bin, fühle ich mich schon viel besser …«

»Avril, es gibt keinen Grund, niedergeschlagen zu sein. Tatsächlich wurde das Streben nach Glück in erfolgreichen Beziehungen längst von der Tagesordnung gestrichen.«

Avrils Augen weiteten sich überrascht.

»Ja, wirklich. Partner in einer erfolgreichen Beziehung erkennen intuitiv, dass Glücklich-Sein ein abstraktes Konzept ist, das viel zu groß und vage ist, um auf systematische Weise damit umgehen zu können. Anstatt also zu versuchen, das Unmögliche zu erreichen, fokussieren sie sich auf reale Themen, mit denen man systematisch umgehen kann …«

»Wie zum Beispiel … ?«

»Wie zum Beispiel, karmische Muster zu überwinden, besser miteinander zu kommunizieren, Vergnügen in Liebe und Liebe wiederum in Intimität und Freude umzuwandeln. Natürlich ist es hilfreich, wenn Partner erkennen, dass Vergnügen, Liebe, Intimität und Freude aus ihrem Feld aus eigenschaftsloser Energie auftauchen – das Glücklich-Sein hingegen nicht. Könnten Partner den grundlegenden Unterschied zwischen Energie mit und ohne Eigenschaften intuitiv erkennen, hätten sie keine übertriebenen Erwartungen aneinander. Sie würden erkennen, dass ihre Fähigkeit, Vergnügen, Liebe, Intimität und Freude zu erfahren, vom Zustand ihres Energiefeldes abhängt und nicht von den Eigenschaften, die aus dem kollektiven Feld der Maya auftauchen. Wenn sie diese Tatsache erkannt haben, können sie damit beginnen, sich das notwendige Wissen und die Fähigkeiten anzueignen, um ihr Energiefeld in den angemessenen Zustand zu versetzen, um mehr …«

»… Vergnügen, Liebe, Intimität und Freude erfahren zu können. Ich glaube, jetzt verstehe ich es.«

»Nun dann, jetzt, wo wir den Mythos vom Glücklich-Sein entzaubert haben, lassen Sie uns eine Pause machen und eine Erfrischung zu uns nehmen.«

Avril goss sich eine Tasse Kaffee ein und hielt sie zum Abkühlen in ihrer Hand. Sie wusste, dass sie sich erst ganz am Anfang ihres Prozesses befand, was sie jedoch nicht davon abhalten konnte, über die Zukunft zu grübeln. Sie nahm einen großen Schluck und seufzte dann tief. Als sie von ihrer Tasse aufblickte, sah sie den betroffenen Ausdruck auf Trumans Gesicht.

»Geht es Ihnen gut?«

Avril kicherte ertappt. »Ich wirke etwas weggetreten, nicht wahr?«

»Nur ein wenig.«

»Mein Verstand ist umhergeschweift, und ich beginne mich zu fragen, wie ich meinen karmischen Ballast überwinden und mehr Intimität erfahren kann, wenn ich nicht mal den Unterschied zwischen Energie mit und ohne Eigenschaften erkenne.«

»Sie können es, indem Sie gegenwärtig werden.«

Avril schien verwirrt auszusehen, denn Truman lächelte sie gutmütig an: »Sie werden gegenwärtig, wann immer Sie sich in Ihrem persönlichen Körperraum zentrieren.«

»… der Raum, der von meinen nicht-physischen Körpern besetzt wird?«

»Stimmt genau. Wenn Sie bereit sind, lassen Sie uns anfangen.«

»Womit anfangen?«

»Mit der heutigen Übung. Wir haben bereits über alles gesprochen, was ich heute behandeln wollte.«

Truman nickte Avril bekräftigend zu, stand auf, ging zu seinem Schreibtisch und legte ein Band in den Kassettenrekorder. Als er fertig war, drehte er sich zu ihr um und sagte: »Wenn Sie gegenwärtig werden, können Sie Ihren persönlichen Körperraum der Kontrolle des karmischen Ballasts entreißen.«

Avril lernt gegenwärtig zu werden

»Sie meinen, die Klumpen, die ich gesehen habe, können auch in den persönlichen Körperraum gelangen?«

»Ja, aber diese Technik wird Ihnen dabei helfen, sie hinauszuwerfen. Also, entspannen Sie sich, und folgen Sie einfach den Instruktionen auf dem Band.«

Nachdem er das Band gestartet hatte, hörte Avril den Klang von fließendem Wasser.

Truman wies sie an, die Augen zu schließen und tief zu atmen. Es war einfach, seinen Anweisungen zu folgen, und Avril sank immer tiefer in ihren Sitz, während sie die Stufen des Prozesses durchschritt. Nachdem sie die Standardmethode mit An- und Entspannung ihrer Muskulatur vollendet hatte, gab es eine kurze Pause. Dann sagte Truman: »Jetzt, wo Sie entspannt sind, sagen Sie bitte: Es ist meine Absicht, meine Wahrnehmungsorgane nach Innen zu richten.«

Avril folgte den Anweisungen und wurde sich wieder des großen Hohlraums bewusst, den sie jetzt als ihren persönlichen Körperraum erkannte. Ganz deutlich konnte sie Klumpen außerhalb des Hohlraums erkennen. Bevor sie diese genauer untersuchen konnte, sagte Truman: »Jetzt, wo Ihre Wahrnehmungsorgane nach Innen gerichtet sind, bekräftigen Sie: Es ist meine Absicht, im persönlichen Körperraum gegenwärtig zu werden.«

Nachdem sie Trumans Anweisungen befolgt hatte, befand sie sich in ihrem persönlichen Körperraum. Von diesem Blickwinkel aus konnte sie sowohl ihr Feld als auch die ihr Feld umgebenden Energiefelder klar erkennen. Truman gab ihr 15 Minuten, um diese Erfahrung zu genießen. Dann wies er sie an, von eins bis fünf zu zählen.

Als Avril 15 Minuten später ihre Augen öffnete, wusste sie, dass sie erfolgreich gewesen war – was ihr Selbstvertrauen stärkte. Truman nahm das Band aus dem Kassettenrekorder und steckte es in den Umschlag. Dann setzte er sich wieder und übergab ihn Avril.

»Nun, wie ist es gelaufen?«

Avril nahm sich einen Moment, um über Trumans Frage nachzudenken. »Ich glaube, ganz gut …«

»Sehr schön, denn Sie sind immer noch gegenwärtig.«

»Ja, ich weiß«, sagte Avril enthusiastisch.

»Und die Klumpen?«

»Einige der Klumpen bewegten sich ein bisschen und aus einigen tauchten Gefühle auf.«

»Sonst noch etwas?«

»Nein, nicht wirklich.«

»Nun, dann praktizieren Sie die Übung jeden Tag und wenn Sie Fragen haben, schreiben Sie sie auf.« Nachdem er sie zur Tür begleitet hatte, drehte er sich zu ihr um und sagte: »Ich sehe Sie nächste Woche um dieselbe Zeit.«

Avril grinste und sagte: »Abgemacht!«

Als sie an diesem Abend nach Hause zurückkehrte, öffnete sie den Umschlag, nahm den Text heraus und begann zu lesen.

Energie ohne Eigenschaften

Eigenschaftslose Energie besitzt keine Eigenschaften. Sie ist nicht männlich oder weiblich polarisiert und besitzt keine Masse, Dichte oder Oberflächenstruktur, die den Menschen an Objekte, Energiefelder und/oder andere Lebewesen anhaften könnte.

Sowohl das menschliche Energiefeld als auch die Organe des authentischen Verstandes bestehen aus eigenschaftsloser Energie.

Sie versorgt Menschen mit der Lebenskraft, die sie brauchen, um sich ausdrücken und eine intime Beziehung eingehen zu können. Handelt ein Mensch angeregt durch eigenschaftslose Energie, wird sie seine Tat nicht beeinflussen, sondern ausschließlich vitalisieren. Das bedeutet, dass jede Handlung, die durch eigenschaftslose Energie angeregt ist, die menschliche Erfahrung von Vergnügen, Liebe, Intimität und Freude steigert.

Wenn ein Mensch in eigenschaftsloser Energie zentriert bleibt, wird ihn das Universum in allem, was er tut, unterstützen. Zu seinem weiteren Vorteil wird er damit aufhören, auf das Ziehen und Stoßen des karmischen Ballasts und der eigenschaftsbehafteten Energiefelder zu reagieren, die aus dem Feld der Maya auftauchen.

Felder aus eigenschaftsbehafteter Energie

Alle Felder mit Eigenschaften verdanken ihre Existenz dem Feld der Maya. Im Sanskrit bedeutet Maya ›die Erscheinung von Realität‹. Felder mit Eigenschaften haben viele Formen und kommen sowohl innerhalb des menschlichen Energiefeldes als auch in dessen Umwelt vor. Innerhalb des menschlichen Energiefeldes nehmen Felder mit Eigenschaften die Form unabhängiger Klumpen an, die frei herumschweben, und von karmischem Ballast, der sich um den persönlichen Körperraum herum ansammelt.

Obwohl eigenschaftsbehaftete Felder nur scheinbar real sind, beinhalten sie alle für ein Überleben notwendigen Elemente. Sie nehmen Raum ein, haben einen eigenen Willen, drücken sich aus, reagieren auf andere Felder und entwickeln sich im Lauf der Zeit.

Auf der physischen Ebene bewirken Felder mit Eigenschaften Begierden oder Abneigungen für bestimmte Dinge oder den Drang, materielle Dinge oder andere Lebewesen haben oder kontrollieren zu müssen.

Auf der Gefühlsebene bewirken sie Unzufriedenheit; z.B. das Gefühl, unzulänglich, bedürftig oder abhängig zu sein, wie auch den Zwang, bestimmte Aspekte im direkten Umfeld oder die Menschen darin manipulieren oder kontrollieren zu müssen.

Auf der Ebene der Emotion bewirken diese Felder jede starke Emotion, die dem freien Ausdruck von Vergnügen, Liebe, Intimität und Freude entgegengesetzt ist. Es gibt viele solcher Emotionen und Passionen, wie zum Beispiel Eifersucht, Neid, Wut, Misstrauen, Verachtung usw.

Auf der Ebene des Intellekts bewirken eigenschaftsbehaftete Felder Einstellungen, Überzeugungen oder Ideologien, die sich Vergnügen, Liebe, Intimität und Freude entgegenstellen. Unter gewissen Umständen können eigenschaftsbehaftete Felder auf der Ebene des Intellekts den Verstand eines Menschen so vernebeln, dass es für ihn schwierig ist, seine Wahrnehmungsorgane nach Innen zu richten, seine Aufmerksamkeit zu fokussieren oder seinen Verstand kreativ zu nutzen.

Es muss nicht eigens betont werden, dass einzelne Felder aus eigenschaftsbehafteter Energie einen ungeheuren Einfluss auf Menschen haben können. Besonders wenn sie sich innerhalb des menschlichen Feldes befinden, wirken sie sich auf die körperliche Gesundheit und das mentale und emotionale Wohlbefinden aus. Darüber hinaus behindern oder stören sie die Wahrnehmung, den Selbstausdruck, das Unterscheidungsvermögen und die Aufnahmefähigkeit von Wissen.

Glücklich-Sein und Unglücklich-Sein

Glücklich-Sein und Unglücklich-Sein sind Eigenschaften, die wie Größe und Form aus dem Feld der Maya auftauchen. Die Motivation, glücklich zu sein und zu bleiben, kann einen Menschen zwingen, an Situationen festzuhalten, die ihn glücklich machen – um dieses Glück jedoch erneut zu erfahren, müssen sich eventuell die Bedingungen ändern. Das wiederum bedeutet, dass man, wenn man sich dem Glücklich-Sein zuwendet, auch der Hoffnung zuwenden muss. Um sich der Hoffnung zuzuwenden, muss der Mensch jedoch das ewig Gegenwärtige aufgeben – den einzigen Ort, an dem Vergnügen, Liebe, Intimität und Freude erfahren werden können. Außerdem erfordert es, dass man sich auf die Zukunft ausrichtet, in der das Glück alles andere als garantiert ist. Wenn man sich eine intime Beziehung wünscht und sein Leben auf Hoffnung aufbaut, bringt dies ernsthafte Probleme mit sich. Hoffnung versetzt den Menschen nicht nur in die Zukunft, sondern führt auch zu mehr Anhaftungen, da der Mensch sich zunehmend im Außen zentriert, anstatt in seinem persönlichen Körperraum – dem Ort, an dem Vergnügen, Liebe, Intimität und Freude auftauchen.

KAPITEL 3

Es war der 17. November, und wieder einmal saß Avril in Trumans Büro. Ihre Augen ruhten auf dem Sri Yantra. Die sich überlagernden Dreiecke schufen ein komplexes Muster, das ihre Aufmerksamkeit unausweichlich auf den Punkt im Zentrum des Diagramms lenkte.

Genau in dem Moment, als sie spürte, dass sich ihre Wahrnehmung wandelte und sie die Bedeutung der Dreiecke und des Punktes zu begreifen begann, wurde sie von Truman abgelenkt, der ein Buch aufgeschlagen hatte und es zwischen ihnen auf den Tisch legte. Er deutete auf die aufgeschlagenen Seiten und sagte: »Also dann, ich bin so weit.«

Nicht ohne Mühe zog Avril ihre Aufmerksamkeit von dem Diagramm ab. Sie strich sich mit den Fingern das Haar aus dem Gesicht und krempelte dann die Ärmel ihrer dünnen Lederjacke hoch. »Kann ich Sie etwas fragen, bevor wir beginnen?«

Truman legte das Buch beiseite und sah Avril an. Er trug ein kariertes Hemd und darüber eine Fleece-Weste. Eigentlich fehlten ihm nur der Rucksack und die Wanderstiefel, um wie ein echter Naturbursche auszusehen. Avril musste über seinen Aufzug innerlich grinsen. »Also, das Erste was ich Ihnen sagen wollte, ist, dass ich fleißig geübt habe und dass es mir relativ leicht fällt, meine Wahrnehmungsorgane nach Innen zu richten.« Avril zögerte, bevor sie hinzufügte: »Ich sage Ihnen das nicht, um Beifall zu erheischen, es ist nur so – ich gelange dadurch in so etwas wie einen ›Flow-Zustand‹ …«

»Daran ist nichts Falsches.«

»Das meinte ich auch nicht, aber ich wollte wissen, ob ich dieselbe Erfahrung hatte wie Langstreckenläufer oder Schwimmer. Es ist schon eine Weile her, aber ich habe irgendwo gelesen, dass Sportler, wenn sie in den Flow-Zustand (Verschmelzung von Handlung und Bewusstsein) gelangen, einige wichtige Vorteile genießen – z.B. eine stärkere Libido.«

»Avril, vielleicht sind Sie überrascht zu hören, dass der Flow-Zustand nichts Neues ist. Es ist lediglich ein anderer Name für das, was im Yoga Samadhi genannt wird oder was ich Intimität nenne. Außerdem kommen nicht nur Sportler in den Flow-Zustand. Jeder Mensch gelangt dutzend Mal am Tag dorthin.«

»Wollen Sie damit sagen, dass ich mein ganzes Leben lang schon in diesen Flow-Zustand gelangt bin, es bis diese Woche nur nie gemerkt habe?«

Truman nickte und fügte hinzu: »Das ist teilweise richtig. Ich sage aber auch, dass die Menschen nicht wissen, wie wichtig es für ihre Beziehungen ist, im Flow-Zustand zu sein. Wenn sie in diesen Zustand gehen, lassen sie sich oft von Gedanken, Emotionen oder einem Gefühl ablenken – manchmal genügt sogar schon eine Empfindung …«

»Aber wie können Gedanken und Gefühle Menschen davon ablenken, in den Flow-Zustand zu gehen?«

»Indem sie den Menschen in karmischem Ballast und in den Einstellungen, Gedanken, Emotionen und Gefühlen, die daraus auftauchen, festhalten. In Wahrheit erkennen nur sehr wenige Menschen die Bedeutung des Flow-Zustandes, und daher messen sie den Gedanken, Gefühlen, Empfindungen usw., die aus ihrem karmischen Ballast auftauchen, dieselbe Bedeutung zu. Wenn ein Mensch seinen karmischen Ballast als gleich wichtig erachtet, wird der Pranafluss in seinem Feld beeinträchtigt und er fällt …«

»… aus dem Flow-Zustand heraus. Ich glaube, ich verstehe es. Aber da ist noch etwas – ich vermute, es hat damit zu tun. Verfange ich mich im inneren Dialog, weil ich gleich viel Gewicht auf die Gedanken und Gefühle lege, die aus meinem karmischen Ballast auftauchen?«

»Wenn Sie an karmischem Ballast angehaftet sind, wird der innere Dialog immer wieder auftauchen, und Sie werden durch die Gedanken, Emotionen, Gefühle und Empfindungen beeinträchtigt, die ihm entstammen.«

»Es war mir noch nicht aufgefallen, dass zum inneren Dialog auch Gefühle und Empfindungen gehören.«

»Zum inneren Dialog gehört alles in Ihrem Energiefeld, das Eigenschaften besitzt und sich verändert.«

»… wozu auch Gedanken, Emotionen und Gefühle gehören.«

»… selbst Empfindungen.«

Avril biss sich auf die Lippen und sagte dann: »Ich glaube, das beantwortet meine Frage.«

»Sind Sie sicher?«

»Ja, bin ich.«

»Nun dann – lassen Sie uns heute über Intimität reden. Das Erste, was Sie wissen sollten, ist, dass Intimität der natürliche Zustand von Menschen in einer Beziehung ist. Menschen werden in einen Zustand der Intimität hineingeboren ...« Truman brach ab, als er bemerkte, dass Avril etwas sagen wollte.

»Ich hoffe, Sie nehmen es mir nicht übel, aber sind Sie sicher, dass Intimität unser natürlicher Zustand ist? Von außen betrachtet sieht das nämlich kaum so aus.«

»Ich weiß, das tut es nicht. Aber Intimität ist nichts, das man erlernen muss oder als Geschenk erhält.«

»Ich höre, was Sie sagen, aber wir beide wissen, dass nicht alle Beziehungen intim sind. Es gibt Menschen, die missbrauchen ihren Partner oder vernachlässigen ihre Kinder.«

»Sie haben Recht, manche Paare bleiben aus den falschen Gründen zusammen, aber das liefert den Beweis für meinen nächsten Punkt ...«

»Welcher ist das?«

»Dass die menschliche Existenz ohne Intimität verdorrt und leblos ist. Anstatt die Entwicklung des Menschen zu unterstützen und sein Wohlbefinden zu vergrößern, sorgen Beziehungen ohne Intimität für das Gegenteil: Sie behindern das persönliche Wachstum, und sie hindern Partner daran, die Kraft und Freude zu erfahren, die eigentlich ihr Geburtsrecht ist.«

Avril war unruhig geworden, nahm sich jedoch zusammen, bis Truman seinen Satz beendet hatte. »Es ist mir peinlich, aber ich muss Ihnen etwas sagen. Ich habe immer gedacht, dass Intimität mit Sex zu tun hat. Jetzt wo Sie noch andere Arten von Beziehungen ansprechen, bin ich etwas verwirrt.«

»Würde es Ihnen helfen, wenn ich Intimität definiere?«

»Das haben Sie bereits. Sie sagten, es sei das gemeinsame Eins-Sein zweier Menschen innerhalb einer Beziehung.«

Truman setzte sich zurück und verschränkte die Arme. »Sie haben Recht, aber die Definition, die ich Ihnen gab, war für die erste Sitzung. Jetzt, wo Sie etwas über Energie ohne Eigenschaften wissen, kann ich Ihnen eine ausführlichere Definition liefern.«

»Sie meinen, das würde helfen?«

»Wir können es versuchen, dann werden wir ja sehen: Intimität ist ein gemeinsam geteiltes Eins-Sein, das auftaucht, wenn zwei Menschen – die ihre Anhaftungen an eigenschaftsbehaftete Energie zumindest zeitweise aufgegeben haben – eigenschaftslose Energie miteinander teilen.«

»Sie sagen also, dass Menschen, die eigenschaftslose Energie miteinander teilen, intim werden, da eigenschaftslose Energie …«

»… die Grundlage für Intimität ist.«

»Alles klar«, sagte Avril mit einem Seufzer der Erleichterung, »das ist logisch.«

»Gut! Jetzt, wo wir das geklärt haben, kommen wir zu etwas anderem, das Sie wissen sollten: Intimität ist weder Anhaftung noch Abhängigkeit oder Vereinnahmung.«

»Ich bin froh, dass Sie das sagen, denn ich kenne Menschen, die das verwechseln.«

»Das ist nichts Ungewöhnliches. Aber es ist wichtig zu erkennen, dass Intimität nichts ist, das man haben oder besitzen kann, und es kann keine Intimität in einem Umfeld geben, in dem es offene oder unterschwellige Unterdrückung gibt oder in der ein Mensch den anderen dominiert. Da Intimität im beziehungstechnischen Zusammenhang existiert, müssen die Partner in dieser Beziehung die Freiheit haben, sie selbst sein zu können, und dasselbe auch dem Partner einräumen, mit dem sie die Beziehung teilen.«

»Wenn Sie Intimität sagen, meinen Sie also nicht nur sexuelle Intimität?«

»Nein, es gibt vier Arten von Intimität, und es gibt eine Korrespondenz zwischen ihnen. Es gibt sexuelle Intimität, intime Beziehungen, Intimität mit dem Selbst und Intimität mit dem universellen Bewusstsein.«

»Können Sie mir erklären, was Sie in diesem Zusammenhang mit Korrespondenz meinen?«

»Mit Korrespondenz meine ich, dass dieselben fundamentalen Bedingungen erfüllt sein müssen, um jede der vier Arten von Intimität erfahren zu können. Man muss seine Anhaftung an karmischen Ballast loslassen, man muss seine Wahrnehmungsorgane nach Innen richten, man muss gegenwärtig werden, und man muss sich in eigenschaftsloser Energie zentrieren.« Truman hörte auf zu reden, als er bemerkte, dass Avril immer nervöser wurde. »Wollen Sie irgendetwas sagen? Sie sehen aus, als würden Sie gleich hochgehen.«

»Ja«, sagte Avril atemlos, »alles, was Sie da sagen, klingt großartig in der Theorie. Die meisten Menschen haben jedoch Probleme mit sexueller Intimität. Wie können Sie erwarten, dass sie darüber hinauswachsen können, zu den anderen Formen der Intimität hin, die Sie gerade erwähnten?«

»Ich erwarte gar nichts, aber die Fähigkeit, sich zu entwickeln, hängt davon ab, welche Beziehung der Mensch zum Vergnügen hat und von den Entscheidungen, die er trifft.

- Wenn Partner in einer Beziehung zu kulturellen Tabus und karmischen Mustern, die den Pranafluss in ihrem Feld blockieren, nein sagen und den Entschluss fassen, sich dem Vergnügen hinzugeben, dann kann Prana frei in ihrem Feld ausstrahlen, und sie können sexuelle Intimität erfahren.
- Wenn sie sexuelle Intimität erlangt haben, ist es nur ein kurzer Schritt bis zur nächsten Stufe – der intimen Beziehung. In einer intimen Beziehung verlagert sich die Aufmerksamkeit von den Lustzentren in den unteren Regionen des Körpers – besonders dem Becken, das den Ausdruck von Lebenskraft, Geschlechtlichkeit und sexuellem Vergnügen reguliert – hin zum oberen Teil des Körpers, der das Zugehörigkeitsgefühl, die menschliche Liebe, die persönlichen Rechte, den Selbstausdruck und die Transzendenz ausdrückt. Wenn Partner in einer Beziehung erst einmal erkennen, dass das Zusammenspiel ihres Pranas in der Intimität eine wichtigere Rolle spielt als die körperliche Stimulation der Lustzentren, werden die nicht-physischen Körper aktiviert und die Lustzentren im physischen Körper ersetzt. Von diesem Punkt an können intime Partner zur nächsten Stufe voranschreiten – zur Intimität mit dem Selbst.
- Um Intimität mit dem Selbst zu erfahren, müssen Partner die Bedeutung von Prana in ihrer Beziehung erkennen und dass Intimität der natürliche Zustand des Menschen ist. Wenn der Mensch erst mal erkennt, dass zur Intimität kein äußerer Partner nötig ist, wird er jedes Mal Intimität erfahren, wenn er seine Wahrnehmungsorgane nach Innen richtet, gegenwärtig wird und sich in eigenschaftsloser Energie zentriert, die aus seinen nicht-physischen Körpern auftaucht.«

»In Ordnung«, sagte Avril und streifte sich erneut das Haar aus dem Gesicht, »das alles erscheint mir sinnvoll. Was aber ist mit der Intimität mit dem universellen Bewusstsein – wie kann man mit etwas Intimität erfahren, das keine Eigenschaften besitzt?«

»Intimität mit dem universellen Bewusstsein unterscheidet sich nicht sehr von der Intimität mit einem Partner oder dem Selbst. Das bedeutet, dass die Fähigkeit des Menschen mit dem universellen Bewusstsein intim zu sein, hauptsächlich vom Zustand seines Energiefeldes abhängt.«

»Sie meinen, ob jemand seine Wahrnehmungsorgane nach Innen richten und gegenwärtig werden kann?«

»Das ist ein Teil davon. Man muss aber auch in der Lage sein, sich in eigenschaftsloser Energie zu zentrieren.«

»Ja, ich erinnere mich.«

»Wenn jemand diese Bedingungen erfüllt und erkannt hat, dass Intimität sein natürlicher Zustand ist, dann ist nur noch ein weiterer Schritt notwendig. Man muss erkennen, dass es keinen grundlegenden Unterschied gibt zwischen dem eigenen Selbst und dem universellen Bewusstsein. Wenn man diese Einsicht erst einmal gewonnen hat, wird man mit dem universellen Bewusstsein Intimität erfahren und nichts kann einen länger davon abhalten, Vergnügen, Liebe, Intimität und Freude zu erfahren.«

»Das alles klingt großartig – aber wie kann jemand, der in seinem karmischen Ballast feststeckt, all diese Bedingungen erfüllen?«

»Schritt für Schritt – die ersten beiden haben Sie bereits absolviert. Sie haben gelernt, Ihre Wahrnehmungsorgane nach Innen zu richten, und Sie haben gelernt, gegenwärtig zu werden. Der nächste Schritt, den Sie in ein paar Minuten machen werden, ist, den Pranafluss in Ihrem Energiefeld zu erhöhen.«

Avrils Körpersprache ließ erkennen, dass sie stark daran zweifelte, dass sie dazu in der Lage war.

»Avril, es wird nicht so schwer sein, wie Sie glauben. Sie besitzen Energiezentren in Ihrem Energiesystem, die den Pranafluss fördern. Es gibt vier solcher Zentren – eins in jeder Handfläche und eins in jedem Fuß. Wenn diese Energiezentren aktiv und gesund sind, haben Sie mehr Prana zur Verfügung und es wird Ihnen wesentlich leichter fallen, Intimität zu erfahren.«

»Haben die Zentren, über die Sie sprechen, einen Namen?«

»Man nennt sie die kleinen Energiezentren. Jedes davon entsteht durch das Zusammenspiel eines männlichen und eines weiblichen Meridians.«

»Meine Yogalehrerin hat über Meridiane gesprochen. Sie hat gesagt, dass sie Energie verteilen.«

»Hat sie noch etwas anderes darüber gesagt?«

»Ja, aber an mehr kann ich mich nicht erinnern.«

»In Ordnung, es gibt tausende von Meridianen – sowohl große als auch kleine, die Energie in Ihrem Energiesystem verteilen. Die Meridiane erhöhen den Fluss der eigenschaftslosen Energie allerdings nicht – das machen die kleinen Energiezentren. Wenn die kleinen Energiezentren gesund funktionieren, kann Prana ohne Störungen durch die Meridiane fließen. Das macht es leichter, die Wahrnehmungsorgane nach Innen zu richten, gegenwärtig zu werden und Intimität zu erfahren. Bevor wir jedoch weitergehen, möchte ich, dass Sie noch etwas über die Struktur und Funktion der Meridiane erfahren, denn sie arbeiten eng mit den kleinen Energiezentren zusammen.«

»Das klingt großartig.«

»In Ordnung, das Erste, was Sie wissen müssen, ist, dass Meridiane Ströme aus eigenschaftsloser Energie sind, die sich im persönlichen Körperraum befinden. Ihre Form, Größe und Aufnahmekapazität richtet sich

- nach der Energiemenge, die sie befördern,
- nach dem Zustand Ihres Energiefeldes und
- dem Ihrer kleinen Energiezentren in Ihren Händen und Füßen.«

»Ähneln sie Schläuchen?«

»Nicht wirklich. Sie sind eher wie Wasser- und Luftströmungen, die man in den Ozeanen und in der Atmosphäre findet. Wie dem auch sei, die Meridiane tun einige wichtige Dinge:

- Sie verbinden die Organe des menschlichen Energiesystems miteinander,
- sie verteilen eigenschaftslose Energie und
- sie regulieren den Druck im Energiefeld, indem sie sich ausdehnen oder zusammenziehen, wenn sich die Menge der eigenschaftslosen Energie verändert.

Es gibt zwei Meridiane, die besonders wichtig sind – der Gouverneur- und der Konzeptualmeridian. Der Gouverneur ist der wichtigste männliche Meridian und liegt in der Rückseite des persönlichen Körperraums. Er entspringt einer Stelle, die der Basis der Wirbelsäule entspricht, und verläuft durch sie hindurch bis zu einem Punkt, der circa vier Zentimeter über dem oberen Gaumen liegt. Der Konzeptualmeridian ist der wichtigste weibliche Meridian. Er entspringt in Höhe der Augenbrauen und verläuft vorn entlang der Oberfläche des persönlichen Körperraums nach unten bis hin zu einem Punkt, der direkt hinter den Sexualorganen liegt.«

»Sie sagten, der Gouverneur verläuft durch die Wirbelsäule nach oben.«

»Das stimmt – aber Meridiane sind Organe Ihres Energiesystems. Wenn ich in der Wirbelsäule sage, meine ich lediglich die Position, das ist alles.«

»Nun, wenn Sie jetzt bereit sind, dann möchte ich Ihnen die neue Übung beibringen. Sie ist dazu gedacht, die kleinen Energiezentren in den Händen und Füßen zu aktivieren.«

Das Aktivieren der kleinen Energiezentren

Avril setzte sich gerade hin und schloss die Augen. Truman ging zu seinem Schreibtisch und legte ein Band in den Kassettenrekorder. Wieder begann es mit dem Geräusch von fließendem Wasser und führte Avril durch die Standardmethode. Nachdem sie all ihre Muskeln angespannt und wieder entspannt hatte, fühlte sie sich sehr gelöst.

Nach einer kurzen Pause hörte sie Truman sagen: »Jetzt, wo Sie entspannt sind, richten Sie Ihre Wahrnehmungsorgane nach Innen, indem Sie bekräftigen:

- ›Es ist meine Absicht, meine Wahrnehmungsorgane nach Innen zu richten und meinen persönlichen Körperraum zu beobachten.‹«

Avril folgte den Instruktionen, und erneut erfuhr sie den großen Hohlraum und die verschiedenen Klumpen um ihn herum. Nach einigen Momenten wies Truman sie an zu bekräftigen:

- »Es ist meine Absicht, im persönlichen Körperraum gegenwärtig zu werden.«

Nachdem sie gegenwärtig geworden war, fuhr Truman fort: »Jetzt sind Sie bereit, die kleinen Energiezentren in Ihren Händen und Füßen zu aktivieren. Bekräftigen Sie:

- Es ist meine Absicht, das Energiezentrum in meiner rechten Handfläche zu aktivieren.«

Avril wiederholte die Affirmation und fuhr dann fort, indem sie bekräftigte:

- »Es ist meine Absicht, das Energiezentrum in meiner linken Handfläche zu aktivieren.
- Es ist meine Absicht, das Energiezentrum in meinem rechten Fuß zu aktivieren.
- Es ist meine Absicht, das Energiezentrum in meinem linken Fuß zu aktivieren.«

Truman gab Avril 15 Minuten, um die Übung zu genießen. Dann wies er sie an, von eins bis fünf zu zählen. Als Avril bei fünf angekommen war, öffnete sie die Augen. Truman saß ihr gegenüber auf der Couch. Vor ihm, auf dem Kaffeetisch, lag ein großer Umschlag.

»Na, wie ist es gelaufen?«

»Mein ganzer Körper summt, und ich fühle mich größer … viel größer.« Avril zeigte, wie groß sie sich fühlte, indem sie ihre Arme so weit wie möglich auseinander streckte.

»Fühlte es sich so an, als ob Sie sich über den persönlichen Körperraum hinaus ausgedehnt hätten?«

Avril nickte energisch mit dem Kopf. »Genauso würde ich es beschreiben.«

»Gut, diese positiven Effekte zeigen an, dass Ihre kleinen Energiezentren aktiv geworden sind und mehr Prana durch Ihre Meridiane fließt.«

»Gibt es irgendetwas Spezielles, das ich tun sollte, wenn ich wieder zu Hause bin?«

»Absolvieren Sie einfach täglich für eine halbe Stunde die Übung, und machen Sie sich Notizen, wenn Sie möchten …«

»… und ich schreibe meine Fragen auf.«

Truman lächelte, stand dann auf und überreichte Avril den Umschlag. »Hier drin ist die Kassette und wieder etwas Lesestoff.«

Als Avril zu Hause ankam, öffnete sie den Umschlag, nahm den Text heraus und begann zu lesen.

Intimität in der Kindheit

Menschen schauen oft auf ihre Kindheit zurück, als wäre es ein goldenes Zeitalter, in dem man andauernde Intimität mit der Mutter, dem Vater, den Geschwistern und anderen Familienmitgliedern erfahren konnte. Natürlich ist allgemein bekannt, dass Erinnerungen an die frühe Kindheit selektiv sind und bestenfalls teilweise wahr. Es ist wichtig, diesen Mythos zu entzaubern, da karmischer Ballast schon von Geburt an vorhanden ist. Genauso wichtig jedoch ist die Erkenntnis, dass es einem Kind, trotz der Gegenwart von karmischem Ballast in seinem Energiefeld, möglich ist, längere Perioden intimen Kontaktes zu Familienmitgliedern zu erfahren.

Die Erfahrung von Intimität, insbesondere zwischen Mutter und Kleinkind, ist eine leicht zu belegende Tatsache. Selbst für jemanden mit geringem Wissen über nicht-physische, energetische Interaktionen scheint die Intimität zwischen Mutter und Kind die natürlichste Sache der Welt zu sein. Der Schein kann jedoch trügen. Ein Kind erfährt Intimität im Grunde genommen genauso wie ein Erwachsener.

Um Intimität zu erfahren, müssen sowohl das Kind als auch sein Elternteil ihre Wahrnehmungsorgane nach Innen richten, gegenwärtig bleiben, den Pranafluss durch ihr Feld erhöhen und ihn mit einem anderen Menschen teilen. Normalerweise ist das für eine Mutter und ihr Baby nicht schwierig. Obwohl auch das Baby Karma besitzt, das den Pranafluss behindern kann, teilen Kinder Prana bereitwillig miteinander, und die Anhaftung an den individuellen Verstand und das Ego braucht Zeit, um sich zu entwickeln. Tatsächlich braucht ein Kind normalerweise ungefähr sieben Jahre, um sich an den individuellen Verstand und das Ego anzuhaften – genauso lange dauert es, bis der individuelle Verstand und das Ego die Fähigkeit des Kindes, Intimität zu erfahren, einschränken können.

Der individuelle Verstand und das Ego

Es ist wichtig zu wissen, dass der individuelle Verstand und das Ego weder ein struktureller Teil des menschlichen Energiefeldes noch ein funktioneller Teil des authentischen Verstandes sind. Sie sind vielmehr eine sich entwickelnde Gemeinschaft aus eigenschaftsbehafteten Energiefeldern – wozu karmischer Ballast und alle unabhängigen Klumpen aus eigenschaftsbehafteter Energie gehören, die sich im menschlichen Energiefeld festgesetzt haben.

Aus Yogastudien weiß man, dass der individuelle Verstand und das Ego, wenn sie stark genug geworden sind, den Menschen davon abhalten können, seinen Willen, seine Absicht, Emotionen, Gefühle und seine authentische Identität zu manifestieren. Wenn der individuelle Verstand und das Ego die Funktionen des authentischen Verstandes erst einmal beeinträchtigt haben, beginnen sie damit, unabhängig zu funktionieren, indem sie den kollektiven Willen durchsetzen, der den eigenschaftsbehafteten Feldern in ihnen entstammt.

Es gibt drei unterschiedliche Phasen in der Entwicklung des individuellen Verstandes und des Egos, die mit dem körperlichen Wachstum und der sexuellen Entwicklung übereinstimmen.

- Während der ersten Phase, die mit der Geburt beginnt und ungefähr sieben Jahre andauert, bleibt der Mensch in seinem authentischen Verstand zentriert. Daher haben der individuelle Verstand und das Ego wenig Macht, die Intimitätserfahrung zu beeinträchtigen.
- Wird der Mensch älter, verlagert sich die Aufmerksamkeit jedoch mehr auf die äußere Welt, was mit einer größeren Identifizierung mit dem individuellen Verstand und dem Ego einhergeht. Während dieser zweiten Phase, zwischen sieben und zwölf Jahren, werden sich die Menschen eher des Vermächtnisses vergangener Taten bewusst sowie auch der Beschränkungen, die ihnen und der freien Bandbreite ihres Handelns durch karmischen Ballast auferlegt sind.
- Während die Anhaftung zunimmt, erfährt das Kind eine zunehmend festere Persönlichkeit und eine starre Orientierung auf sich selbst und auf die äußere Welt. Für die Mehrheit aller Kinder ist dies die Phase, in der der individuelle Verstand und das Ego die Funktionen des authentischen Verstandes verdunkeln und dominant werden. Die Anhaftung an den individuellen Verstand und das Ego setzt dem unbegrenzten Zugang zum authentischen Verstand, der ein Merkmal der Kindheit ist, ein Ende. Dieser Verlust hat weit reichende Konsequenzen, da der Zugang zum authentischen Verstand und zum Vergnügen, zur Liebe, Intimität und Freude, die daraus auftauchen, bestimmt, inwieweit der Erwachsene in der Lage ist, eine anhaltende intime Beziehung einzugehen.

Ein weiterer populärer Mythos behauptet, die Basis für menschliche Intimität sei die biologische Notwendigkeit, eine familiäre Einheit aufrechtzuerhalten. Es ist sehr wichtig, auch diesen Mythos zu entzaubern.

Obwohl menschliche Intimität von biologischem Nutzen ist, ist die Grundlage von Intimität die Sehnsucht nach Transzendenz. Das Bedürfnis zu transzendieren kann man in jeder Kultur entdecken – mit feinen Unterschieden manifestiert es sich als die Sehnsucht nach Wahrheit (und Integrität), Freiheit (von den Begrenzungen des Mayafeldes und des persönlichen Karmas) und göttlicher Liebe (der Erfahrung von Intimität mit dem göttlichen Bewusstsein).

Die kleinen Energiezentren und Meridiane

Man muss wissen, dass die Energiezentren in den Händen und Füßen verschiedene Funktionen haben, die zum Wohlbefinden und zu intimen Beziehungen beitragen. Die beiden Energiezentren in den Händen machen es möglich, Willen und Absicht in der Außenwelt zu manifestieren.

Die Energiezentren in den Füßen machen es möglich, dass der Einzelne in der Welt der Erscheinungen Fortschritte macht.

Diese zwei Funktionen erlauben dem authentischen Verstand, seinen Willen, seine Absicht und sein Verlangen zu manifestieren, selbst wenn dies in Opposition steht zum individuellen Verstand und zum Ego.

Außerdem übertragen und verteilen die Energiezentren in den Händen und Füßen zusammen mit den Meridianen Prana im menschlichen Energiefeld. Das erweitert die Funktionen des authentischen Verstandes und macht es möglich, gegenwärtig zu bleiben und Intimität – unabhängig von externen Bedingungen – aufrechtzuerhalten.

KAPITEL 4

Avril hatte die ganze Woche geübt und war schon ganz geschickt geworden, was das Aktivieren der Energiezentren in ihren Händen und Füßen anging. Jeden Abend beschäftigte sie sich mit dem Lesestoff, den Truman ihr gegeben hatte, ging dann eine halbe Stunde lang der Übung nach und schrieb die Fragen auf, die sie Truman stellen wollte. Ihre Übung war zu einem angenehmen Zusatz ihres Tagesablaufs geworden.

Dennoch gab es da etwas, das ihr zusetzte. Es war die wachsende Erkenntnis, dass das, was sie als Kind gelernt hatte, sie nicht auf eine intime Beziehung vorbereitet hatte. Das, was man ihr während ihrer kulturellen Prägung beigebracht hatte, hatte in ihr eine Reihe unerfüllbarer Erwartungen ausgelöst, die mit der Wirklichkeit nichts zu tun hatten.

Am Tag ihrer Verabredung mit Truman verließ sie früh ihr Büro, um sicherzugehen, dass sie pünktlich sein würde. Nachdem sie jedoch in einen Stau geraten war und nur schwer einen Parkplatz finden konnte, kam sie zehn Minuten zu spät. Sie war immer noch außer Atem, als ihr Truman die Tür öffnete und sie hineinließ.

»Es tut mir Leid«, platzte sie hervor, als sie an ihm vorbeistürzte, um ihren Mantel aufzuhängen. »Es war sehr dichter Verkehr.«

»So ist es immer, wenn die Weihnachtszeit erst einmal angefangen hat.«

Avril setzte sich hin und band ihre Haare zu einem Pferdeschwanz zusammen.

»Nun, wie ist es Ihnen ergangen?«

Avril war von ihrer Eile noch ganz überhitzt und fächelte sich mit der offenen Hand Luft zu. Sie trug einen Wollpullover mit einer Kapuze, der ein bisschen zu dick war, um angenehm zu sein, und einen langen Wildlederrock.

»Das ist schwer zu sagen. Seit ich damit begonnen habe, die Energiezentren in meinen Händen und Füßen zu aktivieren, fühle ich viel mehr Energie, aber … ich habe etwas Seltsames entdeckt.«

»Was ist es?«, fragte Truman interessiert.

»Es ist mir etwas peinlich, das zu sagen. Aber ich habe herausgefunden, dass bestimmte Teile meines Körpers, ganz besonders mein Becken, irgendwie taub sind. Ich glaube, das liegt daran, dass sie durch karmischen Ballast blockiert sind.«

»Das ist nichts Ungewöhnliches.« Trumans Stimme klang ermutigend. »Die Tatsache, dass Sie erkennen können, dass Teile Ihres Körpers blockiert sind, ist ein Zeichen dafür, dass Sie Unterscheidungsvermögen entwickeln – also die Fähigkeit, den Zustand Ihres Feldes zu wahrzunehmen.«

Avril lächelte. Es freute sie zu wissen, dass sie Fortschritte machte.

»Da ist noch etwas. Ich bin überzeugter als je zuvor, dass ich meine Muster überwinden und meine Beziehungsziele erreichen kann.«

»Glauben Sie, das liegt an der Arbeit?«

»Ich kann mir keinen anderen Grund vorstellen, denn sonst hat sich nichts in meinem Leben verändert.«

Truman lächelte zufrieden. »In Ordnung, jetzt, wo Sie wissen, dass Sie Ihre Ziele erreichen werden, sollten wir vielleicht darüber sprechen, was Menschen am meisten von ihren intimen Beziehungen erwarten.«

»Sie meinen mit einem Partner?«

»Mit einem Partner, aber auch mit dem Selbst oder dem universellen Bewusstsein.«

»Ich habe gehört, dass Leute Sinn für Humor wollen.«

»Das habe ich auch gehört – aber das ist wahrscheinlich nicht das, was sie sich am meisten erhoffen. Um das richtig verstehen zu können, werde ich eine naturwissenschaftliche Metapher benutzen – die Metapher des großen Urknalls. Sie lehrt uns, dass alles im physischen Universum aus einem unendlich kleinen Punkt entstanden ist, der weder einen Raum eingenommen, noch über Dimensionen verfügt hat.«

»Sie meinen wie ein mathematischer Punkt?«

»Richtig. Aus diesem Punkt, den Physiker die Singularität nennen, tauchte das physische Universum durch einen großen Knall auf, und durch den Prozess der Evolution wurde es immer größer und vielfältiger. Was die Naturwissenschaft bisher jedoch immer noch nicht akzeptiert hat, ist, dass ein solcher Prozess gleichzeitig im nicht-physischen Universum und im menschlichen Energiefeld stattgefunden hat.«

»Meinen Sie damit, dass mein Energiefeld denselben Evolutionsprozess durchgemacht hat wie das physische Universum?«

»Genau das. Ich sage aber auch, dass die Grundlage Ihres Energiefeldes dieselbe Singularität ist. Einige nennen sie Gott, ich nenne sie lieber das universelle Bewusstsein. Aber egal, wie Sie sie nennen – es ist immer diese Einheit, nach der sich die Menschen sehnen, um sich mit ihr durch eine intime Beziehung wieder zu vereinigen.«

Avril sah Truman skeptisch an. »Das ergibt keinen Sinn.«

Truman hob seine Augenbrauen. »Warum nicht?«

»Wenn das universelle Bewusstsein keinerlei individuelle Eigenschaften aufweist, warum sollte sich dann jemand danach sehnen?«

»Die Menschen sehnen sich nicht nach individuellen Eigenschaften, sondern nach universellen – wie Freiheit, Wahrheit und bedingungslose Liebe. Das universelle Bewusstsein ist die Quelle dieser Eigenschaften, und die Menschen wissen das instinktiv.«

»Sie haben aber gesagt, dass ich mit dem universellen Bewusstsein verbunden bin – das bedeutet doch, dass ich diese Eigenschaften bereits in mir habe. Warum sollte ich mich also danach sehnen?«

»Es ist wahr – das universelle Bewusstsein ist die Quelle der universellen Eigenschaften, nach denen Sie sich sehnen. Es stimmt aber auch, dass Sie an den individuellen Verstand und das Ego angehaftet sind, und das hält Sie davon ab, besagte Eigenschaften bewusst genießen zu können.«

»Aber warum …«

»Die Anhaftung an den individuellen Verstand und das Ego erschafft die Illusion, dass Sie ein Individuum sind. Das genügt, um Sie davon abzuhalten, die Vorteile zu genießen, die die Verbindung mit dem universellen Bewusstsein mit sich bringt – dazu gehören auch die universellen Eigenschaften, über die wir sprechen.«

»Sie sagen, dass mich der individuelle Verstand und das Ego vom universellen Bewusstsein trennen?«

»Nein, die Vorstellung, dass man sich vom universellen Bewusstsein trennen kann, ist genauso absurd wie die Vorstellung, dass sich jemand aus einem Traum vom Träumer trennen könnte, in dessen Bewusstsein er oder sie existiert.«

»Ja, das wäre wohl recht schwierig.«

»Schwierig ist untertrieben, tatsächlich ist eine Trennung unmöglich – das sind die guten Neuigkeiten. Die schlechten sind, dass die Anhaftung an karmischen Ballast und an den individuellen Verstand und das Ego es für Sie schwierig, wenn nicht sogar unmöglich machen, sich nicht als Individuum zu fühlen. Das liegt daran, dass derselbe karmische Ballast, der den individuellen Verstand und das Ego erschafft und das Gefühl, ein Individuum zu sein, Sie davon abhält,

Ihre Wahrnehmungsorgane nach Innen zu richten, gegenwärtig zu werden und eigenschaftslose Energie zu teilen, die Sie für eine intime Beziehung brauchen.«

»OK, das mit dem individuellem Verstand und dem Ego verstehe ich, auch die Notwendigkeit, meine Individualität aufgeben zu müssen, um Intimität erfahren zu können. Aber warum sollte ich mich nach einem menschlichen Partner sehnen, wenn die universellen Eigenschaften, die ich will, aus dem universellen Bewusstsein kommen?«

»Weil das universelle Bewusstsein die Grundlage des menschlichen Energiefeldes ist. Das macht jeden Menschen zu einem Gefährt, durch das das universelle Bewusstsein am Universum der Erscheinungen teilnehmen kann. Auf einer unbewussten Ebene wissen Sie das. Daher benutzen Sie Ihren Partner, den Sie sehen und fühlen können, als Ersatz oder äußeres Gefährt, durch das Sie die universellen Eigenschaften erfahren können, die Ihnen abhanden gekommen sind, als Sie sich an den individuellen Verstand und das Ego angehaftet haben.«

»Das verstehe ich, aber eine Sache macht mir noch Schwierigkeiten. Wenn Menschen tatsächlich universelle Eigenschaften wollen und das universelle Bewusstsein die Grundlage ihres Energiefeldes ist, warum richten sie dann ihre Wahrnehmungsorgane nicht einfach nach Innen, um das zu finden, wonach sie suchen?«

»Das würden sie wahrscheinlich auch tun, wenn sie wüssten, dass sie, wenn sie ihre Wahrnehmungsorgane nach Innen richten würden, genau das bekämen, wonach sie suchen. Auch hat ihnen niemand beigebracht, ihre Wahrnehmungsorgane nach Innen zu richten. Und sie verbinden Freiheit, Wahrheit und bedingungslose Liebe nicht mit dem universellen Bewusstsein. Das universelle Bewusstsein ist nicht die Art von Gott, die wir vor dem Hintergrund unserer spirituellen Institutionen erwarten. Die Menschen wurden darauf konditioniert zu erwarten, dass Gott außerhalb von ihnen ist. Außerdem wurde ihnen beigebracht, einen persönlichen Gott mit individuellen Eigenschaften zu erwarten. Aber im Gegensatz zu Jehova, dem persönlichen Gott, der in der Kirche verehrt wird, ist das universelle Bewusstsein unpersönlich und besitzt ausschließlich universelle Eigenschaften.«

»Könnten Sie mir ein Beispiel nennen, was Sie mit unpersönlich meinen?«

»Das ist leicht. Ich kann dieselbe Metapher benutzen wie schon zuvor. Universelles Bewusstsein ist auf dieselbe Art unpersönlich wie ein

Träumer. Er ist das unpersönliche Fundament für all die Wesen, die in seinem nächtlichen Traum vorkommen. Nur wenn man unpersönlich bleibt und frei von den Beschränkungen, die das Feld der Maya mit sich bringen … «

»Sie meinen das Feld eigenschaftsbehafteter Energie?«

»Genau. Nur wenn man unpersönlich bleibt, kann das universelle Bewusstsein als erste grundlegende Ursache des Universums der Erscheinungen funktionieren – man muss intim bleiben, mit dem, was das Universum erschaffen hat. Natürlich folgert daraus, dass das universelle Bewusstsein die grundlegende Ursache für alles andere ist – wozu auch Jehova, der persönliche Gott, gehört. Der heilige Anselm hat das verstanden. Er war ein mittelalterlicher Mönch, der sich in Intimität mit dem universellen Bewusstsein befand und die Vorteile davon bewusst erfuhr. Er erklärte, dass Gott der ist, ›der als kein größerer gedacht werden kann‹. Dieser Definition nach kann Jehova keine grundlegende Ursache oder das Fundament des menschlichen Energiefeldes sein, denn Jehova hat eine Vielzahl individueller Eigenschaften. Die Bibel ist da sehr deutlich. Sie sagt, dass Jehova ein eifersüchtiger Gott ist und wütend wird, wenn man ihn provoziert.«

»Nur, dass ich das richtig verstehe – Sie sagen, wenn ich die universellen Eigenschaften, nach denen ich mich sehne, erfahren will, ist es wichtiger, mit dem universellen Bewusstsein Freundschaft zu schließen, als einen Freund zu finden, der die individuellen Eigenschaften aufweist, die ich will?«

»Sie wollen wissen, ob die individuellen Eigenschaften Ihres Partners in Bezug auf Intimität eine Rolle spielen?«

»Ich bin nur neugierig, welchen Einfluss Dinge wie Aussehen und Persönlichkeit auf die Intimität haben.«

»Nun, ich leugne nicht, dass Aussehen und Persönlichkeit in einer Beziehung eine Rolle spielen, aber sie bestimmen nur die Gegebenheiten. Das Wichtigste in einer Beziehung ist, ob Sie mit Ihrem Partner universelle Eigenschaften teilen können. Das wiederum hängt davon ab, ob das universelle Bewusstsein durch Ihr und auch sein Energiefeld auftauchen kann. Die Wahrheit ist: Je mehr Zugang Sie und Ihr Partner zum universellen Bewusstsein haben, desto befriedigender wird Ihre Beziehung sein und desto unabhängiger werden Sie von vergänglichen Dingen wie Aussehen und Persönlichkeit sein. Aber das ist nicht die ganze Geschichte, denn selbst, wenn Sie und Ihr Partner

Zugang zum universellen Bewusstsein haben und universelle Eigenschaften miteinander teilen, werden Sie nicht zufrieden sein.«

»Warum nicht?«

»Weil sich Menschen in einer Beziehung nach noch etwas anderem sehnen außer nach universellen Eigenschaften. Sie sehnen sich auch danach, das Göttlich-Männliche oder -Weibliche durch ihren Partner zu erfahren.«

»Das ist nicht Ihr Ernst ...«

Trumans Augen wurden schmal. »Doch, das ist es.«

»Sie sagen, dass Dieter mich dazu benutzt, um das Göttlich-Weibliche zu erfahren?«

»Das ist richtig – und das Göttlich-Weibliche wird durch Sie auftauchen, je mehr eigenschaftslose Energie Sie mit ihm als Vergnügen, Liebe, Intimität und Freude teilen.«

»Also sind alle intimen Beziehungen in Wirklichkeit ›Dreier‹?«

Truman lachte herzlich. »Ich ziehe es vor, eine intime Beziehung als Evolutionsprozess zu sehen, der in drei Phasen verläuft. In der ersten Phase richten Sie Ihre Wahrnehmungsorgane nach Innen und werden gegenwärtig. In der zweiten Phase erhöhen Sie den Fluss der eigenschaftslosen Energie in Ihrem Feld und erfahren sich selbst als das Göttlich-Weibliche. In der dritten Phase teilen Sie das Göttlich-Weibliche gemeinsam mit Dieter, indem Sie mit ihm eigenschaftslose Energie in Form von Vergnügen, Liebe, Intimität und Freude teilen.«

»Das klingt großartig, aber muss ich nicht, um die Göttin zu sein, strahlender oder liebender werden?«

»Absolut nicht – sie müssen weder strahlender noch liebender werden. Sie sind perfekt, genau so wie Sie sind. Genau genommen sind Sie bereits eine Göttin, und alles was Sie brauchen – das universelle Bewusstsein und die eigenschaftslose Energie, die Sie mit Dieter als Vergnügen, Liebe, Intimität und Freude teilen können – ist bereits in Ihnen. Alles, was Sie tun müssen, ist zu verstehen, dass Sie sie bereits haben, und zwar indem Sie Ihre Wahrnehmungsorgane nach Innen richten, gegenwärtig werden und eigenschaftslose Energie mit Ihrem Partner teilen. Damit das andauern kann, sollten Sie nur die Handlungen ausführen, die den Fluss der eigenschaftslosen Energie durch Ihr persönliches Feld unterstützen. Diese Art von Handlungen nennt man angemessene Handlungen. Andere Handlungen, die das nicht tun oder den freien Fluss der eigenschaftslosen Energie einschränken und es schwieriger machen, gegenwärtig zu bleiben und universelle Eigenschaften zu manifestieren, nennt man unangemessene Handlungen.«

»Ich bin nicht sicher, ob ich das verstehe.«

»Ich kann auch eine andere Metapher benutzen, um es zu erklären – die von der Erde und dem Samen, der in die Erde gepflanzt wird. Die Erde repräsentiert in diesem Fall Ihr Energiefeld. Sie muss durch angemessenes Handeln genährt werden, damit der Samen, der Ihre Beziehung zu Dieter repräsentiert, wächst und Früchte trägt. Die Früchte sind natürlich die universellen Eigenschaften, die aus dem universellen Bewusstsein auftauchen, sowie das Vergnügen, die Liebe, Intimität und Freude, die Sie mit Dieter teilen können, wenn Sie als die Göttin auftauchen.«

»Also ist es wichtig, dass man zu angemessenen Handlungen ja sagt und zu unangemessenen nein.«

»Das ist richtig. In einer Beziehung nein zu sagen ist genauso wichtig wie ja zu sagen.«

»Das klingt nicht so schwierig, aber vielleicht hilft es mir, wenn Sie mir ein paar Beispiele für unangemessenes Handeln nennen.«

»Kein Problem! Handlungen, die den Fluss der eigenschaftslosen Energie in Ihrem Energiefeld beeinträchtigen, sind unangemessen. Auch Handlungen, die Sie davon abhalten, Ihre Wahrnehmungsorgane nach Innen zu richten oder gegenwärtig zu sein. Auch die persönliche Kraft oder die eigene Verantwortung aufzugeben ist unangemessen. Denken, sich sorgen, beiläufiges Verurteilen oder sich mit anderen zu vergleichen sind in der Regel unangemessene Handlungen – auch sich an Glaubenssysteme anzuhaften, die sich Vergnügen, Liebe, Intimität und Freude entgegenstellen oder sie einschränken.«

»Gibt es irgendwelche Emotionen, die unangemessen sind?«

»Es gibt hunderte von Emotionen, die unangemessen sind. Eigentlich jede, die sich schnell verändert oder aus dem Nichts auftaucht, die Sie quält oder Verwirrung und Chaos verursacht oder zwiespältig ist – denn dann taucht sie aus dem individuellen Verstand und dem Ego auf und nicht aus Ihrem authentischen Verstand.«

»Könnten Sie mir einige konkrete Beispiele nennen?«

»Sicher: Panik, Raserei, Melancholie, Schuld, Scham, Neid – reicht das für den Anfang?«

»Und was sind angemessene Emotionen?«

»Das ist noch leichter: Wut, Angst, Schmerz und Freude.«

»Sie meinen, es gibt nur vier angemessene Emotionen?«

»Das ist richtig.«

»Aber, warum sind sie angemessen und die anderen nicht?«

»Sie sind angemessen, weil sie aus dem authentischen Verstand auftauchen und aufgelöst werden können, indem man schreit, kreischt, weint oder die Emotion zu den Ausdrucksorganen im Gesicht – dem Mund, den Augen und der Gesichtsmuskulatur – aufsteigen lässt. Sie werden daher auch authentische Emotionen genannt. Unauthentische Emotionen hingegen lassen sich nicht durch die Ausdrucksorgane auflösen. Es wäre auch keine gute Idee, das zu versuchen, denn es würde Ihr Energiefeld beeinträchtigen und es Ihnen noch schwieriger machen, eine intime Beziehung einzugehen. Vielleicht hilft es Ihnen zu wissen, dass sich unangemessenes Handeln falsch anfühlt.«

»Das klingt sehr subjektiv.«

»Zugegeben – aber Sie kennen es doch, wenn sich die Darstellung eines Schauspielers oder auch eine Beziehung falsch anfühlt. In beiden Fällen spüren Sie, dass irgendetwas daran einfach falsch ist und nicht richtig resoniert. Das bedeutet, dass die dazugehörige Energie aus dem individuellen Verstand und dem Ego auftaucht anstatt aus dem authentischen Verstand. Die Fähigkeit wahrzunehmen, ob eine Handlung richtig oder falsch ist, ist eine Form des Unterscheidungsvermögens. Und Ihr Unterscheidungsvermögen wird sich verbessern, je öfter Sie im persönlichen Körperraum gegenwärtig werden und je mehr Prana Sie in Ihrem Energiefeld haben. Sie wissen ja bereits, wie Sie gegenwärtig werden und wie Sie den Pranalevel in Ihrem Energiefeld ansteigen lassen können. Das Einzige, was Sie sonst noch beachten müssen, um angemessen zu handeln und als das Göttlich-Weibliche aufzutauchen, ist, Ihre Anhaftung an den individuellen Verstand und das Ego zu durchbrechen. Das erreichen Sie am einfachsten, wenn Sie Ihr Herzchakra aktivieren.«

»Wirklich? Das wollte ich schon immer tun. Meine Yogalehrerein hat gesagt, dass mein Herzchakra meine Liebesfähigkeit beeinflusst.«

»Damit hat sie Recht. Das Herzchakra ist dafür und noch für viele andere Dinge verantwortlich. Aber bevor Sie Ihr Herzchakra aktivieren, möchte ich Ihnen einige Dinge über seine Struktur und Funktion erklären.«

Avril goss sich eine Tasse Kaffee ein und nahm einen kleinen Flunder vom Serviertablett, dann sagte sie: »Ich habe etwas über Chakren gelesen.«

»Haben Sie?«

»Ja, habe ich, und das kann ich beweisen – das Wort Chakra bedeutet Rad.«

»Ich bin beeindruckt, erzählen Sie mir mehr.«

»In Ordnung, es gibt sieben Chakren und sie drehen sich.«

»Einen kleinen Moment, bitte …«, Truman stand auf und ging zum Bücherregal hinter seinem Schreibtisch. »Ich werde Ihnen eine Illustration zeigen, die Ihnen dabei helfen wird zu verstehen, wie die Chakren Energie in Ihrem Energiefeld verteilen und umwandeln.« Truman nahm ein dünnes Buch aus dem Regal. Als er zurückkehrte, legte er Avril das geöffnete Buch vor. Dann setzte er sich hin und deutete auf die Illustration, die sich auf der aufgeschlagenen Seite befand. »Anhand dieser Illustration können Sie erkennen, dass jedes Chakra wie eine leuchtende Scheibe aussieht. Der Durchmesser der Scheibe beträgt etwa acht Zentimeter, und sie dreht sich ununterbrochen um eine zentrale Achse. Aus dem Yoga wissen wir, dass es sieben Chakren innerhalb des persönlichen Körperraums gibt, die dafür verantwortlich sind, das Leben auf den Dimensionen zu regulieren, die dem körperlichen Wohlbefinden, Gefühlen, Emotionen, dem begrenzten menschlichen Bewusstsein, der Intimität und Beziehungen gewidmet sind.« (vgl. Abbildung auf S. 62)

»Ich wusste, dass sie wichtig sind.«

»Sie hatten Recht. Die Chakren verbinden Sie mit dem universellen Bewusstsein, und sie sind auch diejenigen, die eigenschaftslose Energie in Ihrem Energiefeld verteilen.«

»Verteilen sie auch die eigenschaftslose Energie durch die Meridiane?«

»Sie verteilen sie durch die Hauptmeridiane. Doch es sind die untergeordneten Meridiane, die mit ihnen verbunden sind und die die Energie in Ihrem Energiefeld verteilen. Außer diesen gemeinschaftlichen Funktionen besitzt jedes Chakra auch individuelle Funktionen. Die wichtigste individuelle Funktion des Herzchakras ist die Aufrechterhaltung Ihrer persönlichen Rechte. Dazu gehört das Recht, über Ihren physischen Körper zu verfügen, das Recht, Ihre authentischen Gefühle und Emotionen auszudrücken und aufzulösen, ebenso wie das Recht, Ihre Intuition zu erfahren und ihr zu vertrauen. Dasselbe

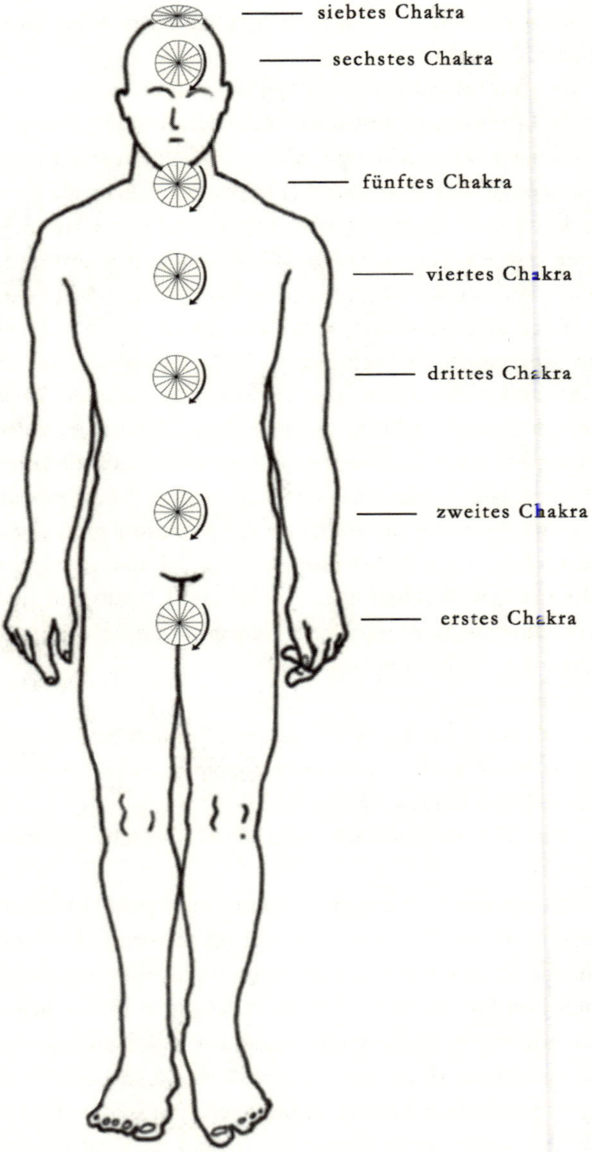
siebtes Chakra
sechstes Chakra
fünftes Chakra
viertes Chakra
drittes Chakra
zweites Chakra
erstes Chakra

gilt für Ihre Einsicht und die Funktionen Ihres authentischen Verstandes – egal wie sich diese Funktionen manifestieren. Außerdem bewahrt das Herzchakra Ihr Recht, sich für Ihren persönlichen Weg zu entscheiden. Keine äußere Autorität hat das Recht, Ihnen diese Rechte zu nehmen oder Ihnen Schuld- und Schamgefühle zu vermitteln, wenn Sie sie in Anspruch nehmen.

Wenn Sie jetzt keine weiteren Fragen haben, gibt es nur noch eine Sache, die Sie wissen müssen, bevor wir mit der heutigen Übung anfangen und das ist die Lage Ihres Herzchakras.«

»Das könnte nützlich sein.«

Truman nickte zustimmend. »Ihr Herzchakra entspringt dem Gouverneur-Meridian an einem Punkt, der in der Rückseite Ihres persönlichen Körperraums liegt und sich in Höhe des achten Halswirbels befindet. Von diesem Ursprungspunkt dehnt es sich nach vorn bis zur Mitte Ihres Brustbeins aus, wo es sich mit dem Konzeptualmeridian auf der Oberfläche des persönlichen Körperraums verbindet.«

Avril setzte sich aufrecht hin und sagte: »Ich bin so weit.«

»Dann lassen Sie uns anfangen.« Truman stand auf und ging zu seinem Schreibtisch.

»Beginnen Sie mit der Standardmethode.«

»Ich bin aufgeregt – ich wollte schon immer meine Chakren aktivieren.«

»Jetzt haben Sie die Chance«, sagte Truman mit einem schiefen Grinsen. »Machen Sie es sich bequem, und schließen Sie die Augen.«

Das Aktivieren des Herzchakras

Wie immer begann die Kassette mit dem Klang von fließendem Wasser. Dann wies Truman Avril an, tief durch ihre Nase ohne Unterbrechung zwischen Ein- und Ausatmung zu atmen. Avril folgte den Anweisungen. Nachdem sie von fünf bis eins und dann von zehn bis eins rückwärts gezählt hatte, benutzte sie die Standardmethode, um ihre einzelnen Körperteile zu entspannen.

Dann sagte Truman: »Sie werden Ihre Absicht benutzen, um Ihr Herzchakra zu aktivieren, indem Sie bekräftigen: ›Es ist meine Absicht, mein Herzchakra zu aktivieren.‹ Wenn Sie Ihr Chakra aktiviert haben, wird es zu glühen oder zu vibrieren beginnen, da der Pegel an eigenschaftsloser Energie, der daraus auftaucht, zunimmt. Wenn Sie dem Impuls, emotional oder geistig abzudriften, widerstehen, werden Sie bemerken, dass Ihre Gedanken ausbleiben oder zumindest aufhören, Sie zu beeinflussen.«

Avril benutzte ihre Absicht, um ihr Herzchakra zu aktivieren. Dann wurde sie von Truman angewiesen zu bekräftigen: »Es ist meine Absicht, auf der Ebene meines Herzchakras gegenwärtig zu werden.«

Avril fühlte sofort einen Wandel, als sie gegenwärtig geworden war. In den nächsten fünfzehn Minuten genoss sie den vermehrten Fluss aus eigenschaftsloser Energie, der durch ihr Energiefeld strömte. Dann wies Truman sie an, von eins bis fünf zu zählen. Als Avril bei fünf angelangt war, öffnete sie die Augen. Truman lächelte warmherzig und überreichte ihr einen großen Umschlag. »Hier drin befinden sich die Kassette und der Lesestoff für diese Woche. Aber jetzt verraten Sie mir, wie es gewesen ist.«

»Es lief gut. Mein Verstand wurde ganz ruhig, und ich fühlte ein Glühen in der Gegend meines Herzchakras. Das Glühen hat sich sogar noch ausgedehnt, bis es meinen Brustkorb und Unterleib ausgefüllt hat.«

»Fühlen Sie sich jetzt mehr wie die Göttin?«

Avril nahm sich einen Moment, um über Trumans Frage nachzudenken. Dann sagte sie: »Ich glaube schon, obwohl ich nicht sicher bin, wie man sich als Göttin fühlt.«

»Finden Sie's heraus – üben Sie einfach weiter. Je länger Sie im persönlichen Körperraum mit aktiviertem Herzchakra gegenwärtig bleiben können, desto einfacher wird es für Sie sein, sich vom individuellen Verstand und Ego zu lösen, und desto mehr werden Sie sich wie die Göttin fühlen.«

Avril sah auf ihre Uhr und bemerkte, dass die Stunde schon vorüber war.

»Wir sind spät dran. Praktizieren Sie täglich die Übung und schreiben Sie Ihre Fragen auf. Ich sehe Sie nächste Woche um dieselbe Zeit.«

Später am Abend nahm Avril die Seiten aus dem Umschlag und begann zu lesen.

Das universelle Bewusstsein ist kein Gegenstand des Wissens

Die Einheit, die man als universelles Bewusstsein kennt, ist die Quelle der Lebenskraft. Das bedeutet, dass sie die Grundlage von allem ist, was existiert. Sie füllt Zeit und Raum, wird dadurch jedoch nicht begrenzt. Deshalb unterliegt sie nicht dem Rhythmus von Geburt, Leben und Tod und kann weder durch Wesen noch durch eigenschaftsbehaftete Felder, die im Universum der Erscheinungen existieren, eingeschränkt werden. Dadurch, dass das universelle Bewusstsein Zeit und Raum auf allen Dimensionen ausfüllt, will es nichts, da ihm nichts fehlt. Es genügt sich selbst in jeder Hinsicht.

Der individuelle Verstand und das Ego, die aus dem Feld der Maya auftauchen, verfügen über Mittel – wie z.B. das herleitende Denken, Analysieren, Logik und das Lösen rationaler Probleme, die sie benutzen können, um Informationen über das Universum der Erscheinungen zu erlangen und sie sich anzueignen. Doch keines dieser Mittel besitzt die Kapazität, das universelle Bewusstsein verstehen oder kennen zu können – denn das universelle Bewusstsein ist kein Objekt des Wissens. Es ist kein Energiefeld oder Wesen mit individuellen Eigenschaften. Um das universelle Bewusstsein zu kennen, muss der Mensch eine direkte Erfahrung davon haben, und dazu muss er mit dem universellen Bewusstsein Intimität erfahren – zumindest zeitweise.

Der Urknall

Von den Naturwissenschaften wissen wir, dass alles im Universum der Erscheinungen aus einem unendlich kleinen Punkt aufgetaucht ist, der keinen Raum eingenommen hat und über keine Dimensionen verfügte. Aus diesem unendlich kleinen Punkt, den Physiker die Singularität nennen und Metaphysiker das universelle Bewusstsein, tauchten durch eine kosmische Explosion, die der Urknall genannt wird, Zeit, Raum und das physische Universum auf. Als sich Zeit und Raum entwickelten, dehnte sich das physische Universum aus und wurde vielfältiger.

Ein damit übereinstimmender Prozess fand im nicht-physischen Universum und im menschlichen Energiefeld statt. Alles innerhalb des Menschen tauchte schrittweise auf und entwickelte sich – ganz in Übereinstimmung mit dem Evolutionsprozess des Universums der Erscheinungen. Diese Schritte werden im Sanskrit, der alten Sprache des Yoga, Tattvas genannt. Durch diese Evolutionsschritte wurden die Menschen zu den komplexen Wesen, die sie heute sind.

Selbst heute noch, nachdem so viel Zeit vergangen ist, bleibt das universelle Bewusstsein die Grundlage der menschlichen Existenz und auch des Feldes, in dem Menschen existieren und intime Beziehungen erfahren.

Leider sind sich die meisten Menschen des universellen Bewusstseins und ihrer Verbindung dazu nicht bewusst, obwohl es nichts gibt, das sie von dieser Singularität trennen könnte – sie versorgt die Menschen mit Zeit, Raum, Bewusstsein und Kraft, um am physischen und nichtphysischen Universum teilzunehmen. Tatsächlich ist der Akt der Trennung so absurd, dass man ihn mit den Bemühungen eines Traumes vergleichen könnte, der vorhat, sich vom Träumer zu trennen, in dessen Bewusstsein er existiert.

Die Hierarchie des menschlichen Bewusstseins

Als Folge dieses schrittweisen Evolutionsprozesses existieren die Menschen und besitzen Körper, durch die sie auf allen physischen und nicht-physischen Dimensionen aufeinander einwirken können. Deshalb sagt man auch, der Mensch ist das Universum als Mikrokosmos.

Gerade weil Menschen auf allen physischen und nicht-physischen Dimensionen existieren, können sie die Freude erfahren, die aus intimen Beziehungen entsteht, und sie können als Gefährt dienen, durch das das universelle Bewusstsein auftauchen und am Universum der Erscheinungen teilnehmen kann.

- Durch den menschlichen Geist taucht das universelle Bewusstsein als ewiges Leben, Wissen und Glückseligkeit auf.
- Durch den Intellekt als Bewusstheit – was nicht der Verstand ist, wie ihn sich die meisten vorstellen. Bewusstheit denkt nicht, hat keine Einstellungen, sorgt sich weder über die Zukunft, noch verweilt sie in der Vergangenheit. Bewusstheit bleibt im ewig gegenwärtigen Jetzt zentriert. Sie beobachtet Ereignisse – egal, ob der individuelle Verstand und das Ego sich dessen bewusst sind oder nicht.
- Durch die Seele taucht das universelle Bewusstsein in Form von authentischen Emotionen und Gefühlen auf. Authentische Emotionen und Gefühle drücken das Verlangen der Seele eines Menschen aus und unterstützen Intimität.
- In der physischen Welt taucht das universelle Bewusstsein durch die

physischen Körper in Form von authentischen Begierden und Empfindungen auf, die den Menschen in Handlungen zentriert sein lassen, die angemessen sind und Intimität unterstützen.

Unangemessene Handlungen und Intimität

Vergnügen, menschliche Liebe, Intimität und Freude tauchen alle aus dem Menschen auf, der seine Wahrnehmungsorgane nach Innen gerichtet hat, gegenwärtig geworden ist und den Fluss aus eigenschaftsloser Energie in seinem Energiefeld erhöht hat, indem er angemessene Handlungen ausführt.

Leider wird der Pranafluss beeinträchtigt, sobald sich der Mensch unangemessenen Handlungen hingibt, die aus dem individuellen Verstand und dem Ego auftauchen – was die Erfahrung des Menschen von Vergnügen, Liebe, Intimität und Freude einschränkt.

Es gibt viele Gründe, warum der individuelle Verstand und das Ego in der Lage sind, die Erfahrung von Vergnügen, Liebe, Intimität und Freude zu behindern.

- Zunächst einmal kümmern den individuellen Verstand und das Ego nur die eigene Befriedigung, das eigene Wohlbefinden und in extremen Fällen das eigene Überleben mehr als alles andere.
- Außerdem sind der individuelle Verstand und das Ego Gegenstand des Rhythmus-Prinzips und daher von Natur aus instabil.
- Und schließlich haften sich der individuelle Verstand und das Ego an jeden Gegenstand, jede Überzeugung, Emotion, jedes Feld oder Wesen an, das sie begehren oder fürchten.

Das Herzchakra

Die Hauptfunktion des Herzchakras ist, wie bei allen anderen Chakren, das universelle Bewusstsein mit dem Universum der Erscheinungen zu verbinden. Denn durch die Chakren – insbesondere das Herzchakra – wird das Bewusstsein des universellen Bewusstseins in eigenschaftslose Energie umgewandelt, die dann in die genaue Frequenz umgewandelt werden kann, die vom menschlichen Energiesystem und den Energiekörpern, die den authentischen Verstand zusammensetzen, gebraucht wird.

Außerdem unterstützt das Herzchakra den authentischen Verstand, indem es ihn mit eigenschaftsloser Energie versorgt und die persönlichen Rechte des Menschen aufrechterhält.

Indem ein Mensch sein Herzchakra aktiviert, verstärkt er den Fluss der eigenschaftslosen Energie in seinem Feld. Wenn man sein Herzchakra aktiviert und auf der Ebene des Herzchakras gegenwärtig wird, ist man in der Lage, den authentischen Verstand zu erfahren und angemessene Handlungen von unangemessenen zu unterscheiden.

KAPITEL 5

Avril starrte aus dem Fenster auf das Mittagspausen-Gedränge, das sich bis vor das Bistro ausdehnte, das sich im Erdgeschoss des Drake Hotels befand. Ihr gegenüber spielte Dieter mit den Resten seines griechischen Salats herum. Die Frage, die Avril einige Momente zuvor provoziert hatte, hing noch unbeantwortet in der Luft.

»Ich warte immer noch«, sagte Dieter ungeduldig. Avril war hin und her gerissen und unsicher, wie viel sie verraten wollte. »Ich bin seine Schülerin und er mein Lehrer«, sagte sie schnippisch, »was willst du sonst noch wissen?«

Dieter zuckte mit den Schultern – sein versteinerter Ausdruck verriet wenig über die Niedergeschlagenheit, die er innerlich fühlte. »Nun gut, dann antworte eben nicht, aber du kannst mir nicht erzählen, dass der gestrige Abend nicht ein bisschen ungewöhnlich war.«

»Meinst Du mit ungewöhnlich vielleicht merkwürdig?«

»Du weißt ganz genau, was ich meine.«

»Schnauz mich nicht so an«, schoss Avril zurück. »Du weißt, dass Paare genau das erreichen wollen – die meisten schaffen es nur nicht.«

Dieter lehnte sich einsichtig zurück. Als er wieder anfing zu sprechen, klang er viel versöhnlicher. »Ich habe nicht gesagt, dass ich es nicht mag. Ich weiß nur nicht genau, was geschehen ist, und das macht mich neugierig. Neugier ist doch kein Verbrechen, oder?«

»Nein, soweit ich weiß, nicht.«

»Warum verrätst du mir dann nicht, ob es zwischen dem, was gestern Abend passiert ist, und dem, was du mit Truman machst, eine Verbindung gibt?«

»Du kannst dich wohl kaum über irgendwas beschweren, oder?«

»Das tue ich auch nicht. Ich frage mich nur, warum du dich so sehr weigerst, mir zu sagen, was da los ist.« Dieter sah Avril mit säuerlichem Blick an, und Avril sah mit verächtlichem Blick zurück.

»OK, ich bin neugierig – verklag mich ruhig.«

»Ich soll dir ernsthaft glauben, dass du lediglich neugierig bist und sonst nichts?«

»Vielleicht auch ein bisschen eifersüchtig – OK – jetzt weißt du's.«

Avrils Augen fokussierten sich auf Dieters Mund und die Steifheit seines Kiefers. Sie blieb skeptisch, aber sein betroffener Ausdruck ließ in ihr die Frage aufkommen, ob sie zu weit gegangen war, als sie, bevor sie miteinander schliefen, ihr Herzchakra aktiviert hatte und gegenwärtig geworden war. Dieter nahm all seinen Mut zusammen und sagte: »Du weißt, es ist nicht einfach, so offen zu sein, und die Wahrheit ist, deine …«

»Meine was? Nur zu, sag's ruhig …«

»OK, deine Leidenschaft, deine Inbrunst – wie immer du es nennen magst – um ehrlich zu sein, das hat mir Angst gemacht.« Dieter benutzte seinen Finger, um das Gesagte zu bekräftigen. »Das ist, als würde man den Tiger beim Schwanz packen – wer weiß, was er tun wird.«

»… oder mit wem sie es tun wird.«

»Siehst du, genau das meine ich. So hast du vorher nie gesprochen.«

Avril sah von ihrem Teller auf und funkelte ihn wütend an.

»In Ordnung, es tut mir Leid, aber bevor du Truman getroffen hast, warst du nie so empfindlich, und du hast auch niemals die ganze Nacht meditiert.«

»Ich war nicht die ganze Nacht auf. Und zu deiner Information – ich meditiere nicht.«

»Genau darum geht's. Ich habe keine Ahnung, was du tust. Alles was ich weiß, ist, dass irgendetwas los ist. Und als dein Freund habe ich, denke ich, das Recht, darüber etwas zu erfahren.«

»Du meinst zwischen mir und Herrn Truman?«

»Das habe ich nicht gesagt.«

Avril sah auf ihre Uhr und dann auf die Reste ihres Mittagessens, die sie auf ihrem Teller verteilt hatte. Sie wusste, dass Dieter nicht wollte, dass sie ging. Wenn sie jedoch nicht bald aufbrechen würde, würde sie zur ihrer Verabredung mit Truman zu spät kommen. »Hör mir zu – ich weiß, was du denkst, aber ich versichere dir, dass meine Arbeit mit Truman keine Bedrohung für unsere Beziehung ist. Ich muss jetzt sowieso gehen, sonst komme ich noch zu spät.«

»Du hast meine Frage immer noch nicht beantwortet.«

Avril schüttelte den Kopf und entfernte sich vom Tisch. »Ich werde zu spät kommen.« Sie wandte sich zum Gehen, hielt jedoch plötzlich inne. »Wenn du dich dann besser fühlst – wir können reden, wenn ich nach Hause komme.«

»Ich werde mich nicht besser fühlen, bis du meine Frage beantwortet hast.«

Avril seufzte und sagte mit beschwichtigender Stimme: »Wirst du jetzt aufhören zu bohren? Ich sage dir, es gibt nichts, worüber du dir Sorgen machen müsstest – in Ordnung?«

Nachdem sie das Restaurant verlassen hatte, legte Avril die kurze Strecke zu Trumans Büro zu Fuß zurück. Das Gefühl, Dieter gegenüber zu hart gewesen zu sein, setzte ihr zu. Doch sie traute seinen Motiven nicht ganz. Seine Eifersucht und sein Konkurrenzdenken hatten schon mal einen ihrer Freunde in die Flucht geschlagen – ob es ihr eines Tages genauso gehen würde? Sie war sich dessen nicht sicher. Eigentlich war sie sehr vorsichtig gewesen, die feinen Veränderungen, die sie bisher erfahren hatte, sanft zu integrieren. Was gestern Abend jedoch geschehen war, war vollkommen anders. Eigentlich wusste sie immer noch nicht, was genau geschehen war, nachdem sie bekräftigt hatte:

»Es ist meine Absicht, mit Dieter Intimität zu erfahren, indem ich gegenwärtig werde und mein Herzchakra aktiviere.« Nicht nur, dass sie gegenwärtig wurde – sie erfuhr auch eine unerwartete Woge sexueller Energie, und Dieter hatte sein Bestes getan, um da mitzuhalten. Das war jedoch nicht so einfach, da ihre normalerweise eher zurückgehaltene Libido plötzlich entfesselt worden war. Auf jeden Fall hatte Dieter bewiesen, dass er ein leidenschaftlicher Liebhaber war, und das Ganze führte zu einem Abend der sexuellen Ekstase, die Avrils Sicht darauf, was zwischen einer Frau und einem Mann in einer Beziehung möglich war, für immer verändert hatte. Avril steckte ihre Hände in die Taschen und nickte erneut bestärkt vor sich hin. Sie war allein, seit sie 20 war, und sie hatte keine Illusionen mehr – trotz der Erfahrungen, die sie mit Dieter geteilt hatte. Sie wusste, dass ihre Beziehung zu Truman und seiner Arbeit zu einem Thema zwischen ihr und Dieter geworden waren. Sie wollte alles tun, um ihn wieder zu beruhigen, denn sie wusste, dass es angebracht war. Wenn er jedoch weiterhin auf ihre Beziehung zu Truman eifersüchtig wäre, würde sie einen Weg finden müssen, um damit umzugehen.

Ein heftiger Nordwind hatte eingesetzt, als Avril bei Trumans Büro ankam. Erst als Truman ihr die Tür geöffnet hatte, fühlte sie sich warm genug, um ihren Wollmantel aufzuknöpfen.

»Ihnen muss kalt sein«, witzelte Truman, nachdem er Avrils dünnen Lederrock und ihre hochhackigen Pumps gesehen hatte.

»Hmm«, schnaubte Avril, »wo ist der Treibhauseffekt, wenn man ihn braucht?«

Nachdem Avril ihren Mantel aufgehängt hatte, wandte sie sich Truman zu und sagte: »Gestern Abend ist etwas Ungewöhnliches passiert, und wenn wir Zeit haben, würde ich gern darüber sprechen.«

»Das geht in Ordnung – wir haben Zeit.«

Avril seufzte erleichtert. Dann setzte sie sich hin und versuchte, ihre Gedanken zu ordnen.

»Gestern Abend habe ich die Übung praktiziert, die Sie mir in der letzten Sitzung beigebracht haben, und ich glaube, ich war damit zu erfolgreich …«

»Was meinen Sie damit?«

Avril wischte sich die Augen, die sich mit Tränen gefüllt hatten. »In Ordnung, letzte Nacht waren Dieter und ich zusammen daheim, und ich habe meine Absicht benutzt, um mein Herzchakra zu aktivieren und gegenwärtig zu werden.« Avril begann, vor Verlegenheit zu lachen. Dann erklärte sie, dass ihre Libido befreit worden war. Als sie zum Ende kam, wartete sie auf Trumans Antwort. Obwohl sie mit flach auf dem Boden aufgestellten Füßen und mit im Schoß gefalteten Händen dasaß, fühlte sie alles andere als das liebe Mädchen, das man ihr zu sein beigebracht hatte.

»Das klingt, als hätten Sie eine Prana-Explosion gehabt, nachdem Sie gegenwärtig geworden sind und ihr Herzchakra aktiviert haben. Das muss für Dieter ein ganz schöner Schock gewesen sein.«

»… für uns beide«, fügte Avril schniefend hinzu.

»Und wie hat Dieter reagiert?«

»Bemerkenswert gut, denke ich. Nachdem er über seinen ersten Schock hinweg war, war er sehr offen und empfänglich.«

»Und was ist mit Ihnen? Wie haben Sie sich gefühlt?«

»Ich verstehe nicht ganz …«

»Ich frage, wie Sie sich fühlten, als Sie mit Dieter geschlafen haben.«

»Ich habe nicht gesagt, dass wir miteinander geschlafen haben.«

Truman sah Avril wissend an.

»In Ordnung, wenn Sie es unbedingt wissen wollen – es war nicht genau das, was ich erwartet habe. Es begann mit einem großen Knall, aber dann geschahen einige Dinge, die mich überrascht haben.« Avril zögerte, bevor sie hinzufügte: »Ich war tatsächlich sehr erregt und spürte gleichzeitig einen tiefen, inneren Frieden. Normalerweise habe ich diesen Panzer um mich herum, der mich davon abhält, viel zu fühlen.«

»Das ist karmischer Ballast.«

»Wahrscheinlich haben Sie Recht. Dieses Mal jedoch bin ich einfach hinweggeschmolzen, und danach fühlte ich mich sehr weiblich.«

»Und Ihr Körper?«

»Das war merkwürdig. Nach der anfänglichen Explosion fühlte ich mich sehr leicht – als ob ich kein Gewicht hätte.«

»Und wie fühlten Sie sich während des Geschehens mit Dieter?«

»Es ging nicht wirklich um ihn – das war interessant.«

»Haben Sie gespürt, wie Sie beide zusammenschmelzen und eins werden?«

»Es schien überhaupt keine Trennung zu geben, wenn Sie das meinen.«

»Gut. Aus dem, was Sie sagen, lässt sich ablesen, dass Sie einen großen Wandel vollbracht haben.«

»Einen Wandel wohin?«

»Zur Intimität natürlich.«

»Aber es hat sich so natürlich angefühlt.«

»Klar hat es sich natürlich angefühlt. Denn genau dafür wurden Ihr physischer Körper und Ihr Energiefeld kreiert – wie ein Toaster dazu gemacht ist, um Brot zu toasten. Alles in Ihrem persönlichen Feld wurde erschaffen, um die Erfahrung von Intimität mit einem Partner, dem Selbst oder dem universellen Bewusstsein zu verstärken.«

»Wollen Sie damit sagen, dass ich authentisch geworden bin, als ich mein Herzchakra aktiviert habe und gegenwärtig geworden bin?«

»So habe ich das noch gar nicht betrachtet, aber das, was Sie sagen, klingt so, als seien Sie authentisch geworden – wenn auch nur vorübergehend.«

»Und bevor ich mein Herzchakra aktiviert habe und gegenwärtig geworden bin, was habe ich da getan – es vorgetäuscht?«

»Nein, das habe ich nicht gesagt.«

»Was habe ich dann getan?«

»Die meiste Zeit über haben Sie sich aufeinander bezogen.«

»Bezogen«, zischte Avril geringschätzig, »was soll das denn bedeuten?«

»Lassen Sie uns zu Kaffee und Kuchen übergehen, dann werde ich Ihnen den Unterschied zwischen begegnen, aufeinander beziehen und eine Beziehung haben erklären. Das sind die Arten, wie Menschen miteinander agieren.«

Avril lehnte sich zurück und atmete tief aus. Die Unterhaltung hatte sie erschöpft, und es war eine Erleichterung, eine Pause zu machen. Zehn Minuten später sagte Truman: »Wenn Sie so weit sind, würde ich gerne fortfahren.«

Avril schaute auf ihre leere Tasse hinab. Dann zuckte sie mit den Schultern und sagte: »Sicher, warum nicht.«

»In Ordnung. Interaktionen zwischen Menschen verlaufen ausnahmslos in drei Phasen. Die drei Phasen heißen sich begegnen, sich aufeinander beziehen und eine Beziehung haben. In jeder dieser Phasen haben die Menschen die Möglichkeit, authentischer zu werden – indem sie kontinuierlich tun, was angemessen ist, und mit größerer Authentizität in mehr Dimensionen auftauchen. Eine Begegnung ist die oberflächlichste Form der menschlichen Interaktion. Bei Begegnungen agieren Menschen in erster Linie durch den individuellen Verstand und das Ego. Authentische Interaktionen sorgen während einer Begegnung normalerweise für Vergnügen – unauthentische in der Regel nicht. Je mehr es Menschen gelingt, während ihrer ersten Begegnung authentisch zu sein, desto mehr Vergnügen werden sie während und nach ihrer Begegnung erfahren und desto wahrscheinlicher ist es, dass ihre zukünftigen Begegnungen die nächste Phase der Interaktion erreichen, nämlich sich aufeinander zu beziehen.

»Also sind nicht alle Begegnungen vollkommen oberflächlich?«

»Das wird von den Umständen und dem Zustand der Menschen abhängen, die an der Begegnung beteiligt sind – jede Begegnung ist anders. Für die meisten Menschen ist es eine komplexe Angelegenheit, jemandem zu begegnen. Obwohl meist unangemessene Handlungen – wie sich hervortun, wetteifern und angeben – überwiegen, ist es möglich, dass ein Teil der Interaktion authentisch ist.«

»Ist es möglich, dass Menschen sich mehr als einmal treffen, aber ihre Interaktion immer unauthentisch bleibt?«

»Ja. Menschen können über längere Zeit zusammen sein und sich niemals tiefer miteinander verbinden, wie zu dem Zeitpunkt, als sie sich das erste Mal trafen. Ihre Interaktionen bleiben vielleicht für immer in den Mustern verwurzelt, die aus dem individuellen Verstand und dem Ego auftauchen. Natürlich muss das nicht so laufen. Wenn Menschen sich dafür entscheiden, authentisch zu sein – wenn auch nur hin und wieder – dann wird sich die Begegnung hin zum Aufeinander-Beziehen entwickeln, und der authentische Kontakt wird zunehmen.

Menschen, die den Übergang zum Sich-Beziehen gemacht haben, sind leicht zu erkennen. Ihre Gefühle und Emotionen tauchen spontan aus ihrem authentischen Verstand auf, und sie sind in der Lage, sich in die authentischen Verlangen, Gefühle, Emotionen und Ziele anderer Menschen hineinzuversetzen.«

»Kann es vorkommen, dass Menschen so rasch miteinander authentisch sind, dass ihr Zusammensein mit Aufeinander-Beziehen beginnt?«

»Das wäre ungewöhnlich – aber wenn die Chemie stimmt oder gegenseitiges Interesse vorhanden ist – oder auch in extremen Situationen kann eine Begegnung so verkürzt sein, dass es so scheint, als ob das Zusammensein eher mit Aufeinander-Beziehen beginnt als mit einer Begegnung.«

Avril spürte, wie ihre Aufregung zunahm. Das erste Mal wurde ihr klar, wie wichtig es war, zu tun was angemessen ist, und wie eng angemessenes Handeln mit Intimität verbunden war. »Ist also Sich-Beziehen die am weitesten verbreitete Form des Zusammenseins?«

»Für diejenigen, die nicht ständig mit großen Gruppen von Menschen zusammen sind, ist die häufigste Form des Zusammenseins oder von Kontakten, sich zu beziehen.«

»Und wenn sich Menschen aufeinander beziehen, sind sie – zumindest zeitweilig – authentisch.«

»Das stimmt – aber nicht die ganze Zeit über. Man muss sich klar machen, dass Menschen, die sich aufeinander beziehen, Vergnügen, Liebe und Intimität nur zeitweilig miteinander teilen. Um über das Sich-Beziehen hinaus zur dritten Phase, der Beziehung, voranzuschreiten, müssen angemessene Handlungen, die aus dem authentischen Verstand auftauchen, unangemessene Handlungen, die aus dem individuellen Verstand und dem Ego auftauchen, ersetzen. Das ermöglicht den Partnern, sich über die gelegentliche Erfahrung von Vergnügen, Liebe und Intimität hinauszuentwickeln – hin zu andauernder Intimität und Freude.«

»Aber Vergnügen und Liebe gehen doch nicht verloren …?«

»Natürlich nicht. Wenn Partner den Sprung in die Beziehung schaffen, wird ihre Verpflichtung gegenüber dem angemessenen Handeln dafür sorgen, dass sie im authentischen Verstand zentriert bleiben und offen gegenüber dem universellen Bewusstsein, das die Quelle für Vergnügen, Liebe, Intimität und Freude ist.«

»... und das ermöglicht es ihnen, ihre universellen Eigenschaften als Gott und Göttin miteinander zu teilen?«

Truman nickte zustimmend. »Nun, jetzt wo Sie den Unterschied zwischen Begegnen, Sich-Beziehen und Beziehung verstanden haben, möchte ich erklären, warum das universelle Bewusstsein – das sich selbst genügt und in jeder Hinsicht perfekt ist – das Universum erschaffen hat. Denn wenn Sie das wissen, werden Sie Ihren Sinn und Zweck erkennen – und das wiederum wird einen direkten Einfluss auf Ihre Fähigkeit haben, Begegnen und Sich-Beziehen zu transzendieren und Beziehung zu erreichen.«

»Sie werden mir also erklären, aus welchem Grund ich hier bin?«

»Ganz genau. Also, wenn Sie bereit sind ...«

»Ich wurde schon bereit geboren.«

»Das ist gut, denn es wird Sie wahrscheinlich überraschen zu erfahren, dass das universelle Bewusstsein das Universum zu seinem Vergnügen erschaffen hat. Das geht sowohl aus der Bibel als auch aus dem Yoga hervor, wo das Universum als Ishvara Loka bezeichnet wird ... der Spielplatz Gottes. Die Frage, die sich daraus natürlich ergibt, ist: Was bereitet dem universellen Bewusstsein Vergnügen? Und die Antwort darauf ist: das Universum der Erscheinungen und alles darin.«

»Einschließlich der Menschen?«

»Ganz besonders der Menschen.«

»Sie wollen mir also erzählen, dass das menschliche Drama dem universellen Bewusstsein Vergnügen bereitet?«

»Ja, aber genau wie Menschen liebt auch das universelle Bewusstsein ein Happy End. Also, auch wenn das Drama dem universellen Bewusstsein Vergnügen bereitet, genießt es das Happy End doch am meisten. Den Mythos vom Glücklichsein haben wir ja bereits entzaubert – also ist das einzig mögliche Ende, das dem universellen Bewusstsein Vergnügen bereitet, eine intime Beziehung.«

»Das kling vernünftig«, stimmte Avril zu.

»Natürlich ist das vernünftig, denn nur eine intime Beziehung ermöglicht dem Menschen die kontinuierliche Erfahrung von Vergnügen, Liebe, Intimität und Freude.«

»Sie sagen also, dass ich, wenn ich mich in eine Beziehung begebe, meinen Zweck erfülle – nämlich dem universellen Bewusstsein Vergnügen zu bereiten?«

»Das ist richtig.«

»Und mein Zweck ist nicht vollständig erfüllt, solange ich nur begegne oder mich beziehe, denn dann bin ich immer noch innerhalb des Dramas und in meinem individuellen Verstand und Ego verfangen?«

»Auch das ist richtig – aber es gibt noch mehr. Wenn es Ihre Absicht ist, Vergnügen, Liebe, Intimität und Freude zu erfahren, dann müssen Sie eine interdimensionale Liebesmaschine sein.«

»Jetzt weiß ich, dass Sie Witze machen.«

»Nein, das ist mein voller Ernst. Es gibt wahrscheinlich viele Dinge, die Sie gut können – Geld verdienen, Kinder austragen und außergewöhnliche Kunstwerke erschaffen, aber es gibt nur eine Sache, die Sie perfekt können, und das ist, dem universellen Bewusstsein als Gefährt zu dienen, durch das es seine Liebe als Vergnügen, Liebe, Intimität und Freude manifestieren kann.«

»Das ist alles schön und gut, aber wenn ich eine Liebesmaschine bin – genauso wie jeder andere – warum habe ich dann so viele Probleme mit intimen Beziehungen?«

»Wenn Sie das herausfinden wollen, müssen wir uns die Beziehung der Göttin zum universellen Bewusstsein ansehen und ihre duale Rolle, wenn es um das Verhindern oder Verstärken von intimen Beziehungen geht.«

»Aber ich dachte, die Göttin ist die Quelle von Vergnügen, Liebe, Intimität und Freude und dass ich die Göttin werden muss, um Intimität zu erfahren.«

»Es ist richtig, dass Sie die Göttin werden müssen – und zwar indem Sie sich Ihrem authentischen Verstand hingeben, damit Sie intim werden können. Aber die Göttin besitzt eine duale Natur. Sie ist nicht nur die Quelle von eigenschaftsloser Energie – also der Energie, die als Vergnügen, Liebe, Intimität und Freude auftaucht; sie ist auch die Quelle eigenschaftsbehafteter Energie. Das macht sie auch zur Quelle des karmischen Ballasts und des individuellen Verstandes und des Egos. Um die duale Rolle der Göttin als Quelle von sowohl eigenschaftsloser als auch eigenschaftsbehafteter Energie besser verstehen zu können, gibt es im Yoga eine wundervolle Metapher – und zwar die Beziehung von Shiva und Shakti. Shiva repräsentiert in dieser Metapher das universelle Bewusstsein, das statisch ist und außerhalb von Zeit und Raum existiert; und Shakti ist die Göttin, die dynamisch ist und das Universum der Erscheinungen repräsentiert, wozu auch eigenschaftslose und eigenschaftsbehaftete Energie gehören.

Vor Anbeginn der Zeit gab es nur das universelle Bewusstsein. Shakti war als eine selbstständige Kraft noch nicht aufgetaucht, und das bedeutet, sie befand sich in ununterbrochener Einheit mit ihm. An einem bestimmten Punkt hatte das universelle Bewusstsein den Drang, Vergnügen zu erfahren, und in diesem Moment tauchte Shakti als uranfängliche Vibration auf. Diese Vibration entwickelte sich und wurde vielfältiger, bis sie das Universum der Erscheinungen wurde.«

»Sie meinen, das Universum, das wir heute sehen?«

»Richtig.«

»Und die Menschen und alles andere, das auf diesem Planeten lebendig ist – wo kommt das her?«

»Genau das ist der Punkt. Alles, was existiert, ist aus Energie und Materie zusammengesetzt. Wir wissen ja bereits aus Einsteins Relativitätstheorie, dass Energie und Materie dasselbe sind. Also, alles was im Universum der Erscheinungen existiert, tauchte aus der uranfänglichen Vibration auf, die als die Göttin Shakti personifiziert ist.«

»Also existiert die Welt …«

»… und alles darin innerhalb von Shakti oder – wie einige spirituelle Schulen bevorzugen zu sagen – im Leib der Göttin.«

»Aber das erklärt immer noch nicht, warum alle so verkorkst sind.«

»Darauf komme ich jetzt – um zu verstehen, warum alle so verkorkst sind«, fügte Truman mit einem schiefen Grinsen hinzu, »muss man sich vergegenwärtigen, dass die Göttin sowohl als eigenschaftsbehaftete als auch als eigenschaftslose Energie auftaucht. Daher besitzt sie, was das universelle Bewusstsein und in Erweiterung auch die Menschheit angeht, zwei Rollen oder Funktionen.

In ihrer ersten Funktion hemmt sie Intimität und Beziehungen, indem sie als das Mayafeld und als die individuellen Felder aus eigenschaftsbehafteter Energie auftaucht.«

»Also erschafft die Göttin das menschliche Drama, indem sie als eigenschaftsbehaftete Energie auftaucht – dann haftet sie uns daran an und sorgt dafür, dass wir leiden, um das universelle Bewusstsein zu unterhalten?«

»Das ist ein Teil davon aber nicht die ganze Geschichte. Indem die Göttin als Mayafeld auftaucht, versorgt sie die Spieler, das Feld und die Energie und Materie – also alles was nötig ist, damit sich das menschliche Drama entfalten kann. Auf diese Weise erschafft sie ein fortlaufendes Drama, das das universelle Bewusstsein genießen kann. Diese Funktion mag einem merkwürdig erscheinen, aber sowohl jüdisch-christliche Texte, unter anderem die Bibel, als auch Vedanta – das Fundament von Yoga und Tantra – stimmen darin überein, dass die Göttin diese Rolle einnimmt. Um diese Funktion zu erfüllen und um Shiva Vergnügen zu bereiten, wird Shakti alles in ihrer Macht Stehende tun – und ihre Macht ist beträchtlich –, um Menschen im Drama festzuhalten und an die Rollen angehaftet, die sie spielen. Im eigenschaftsbehafteten Feld der Maya besitzt sie eine ganze Reihe von Methoden, die sie benutzen kann, um Menschen in ihren Rollen festzuhalten und das Drama daran zu hindern, sich aufzulösen.

Eine ihrer liebsten ist die karmische Anhaftung, wozu Empfindungen, Gefühle, Emotionen und Überzeugungen gehören, die alle sowohl Vergnügen als auch Schmerz verursachen, genauso wie Abhängigkeit, Obsession, Wollust und eine beachtliche Menge an Angewohnheiten und Mustern. Der individuelle Verstand und das Ego unterstützen all das noch – sie verurteilen, analysieren, versuchen zu verstehen, vergleichen und filtern alles, was sie durch ihre Sinne und vergangene Erfahrungen mitbekommen haben. Diese Flut aus Empfindungen, Erinnerungen, Projektionen und dazu noch all die Bedürfnisse des physischen Körpers, die befriedigt werden müssen, gibt Ihnen eine ungefähre Vorstellung davon, wie groß die Macht der Göttin ist. Sie manipuliert und kontrolliert die Menschen und hält sie in dem Drama fest, das sie erschaffen hat, um Shiva zu unterhalten und ihm Vergnügen zu bereiten.«

»Aber das ist unfair …«

Truman lächelte verständnisvoll. »Ich weiß, es kommt einem so vor. Aber vergessen Sie nicht, dass sich die Göttin auch als das Feld der eigenschaftslosen Energie manifestiert und als Ihr authentischer Verstand – und das verweist auf die zweite Rolle der Göttin: nämlich dem Menschen, der bereit ist, seine Anhaftung an karmischen Ballast und an den individuellen Verstand und das Ego aufzugeben, dabei zu helfen, Intimität mit dem Partner, dem Selbst und dem universellen Bewusstsein zu erfahren.«

»Also ist sie nur dann Miststück, wenn sie es will?«

»Ich würde nicht so hart sein, denn in ihrer zweiten Rolle benutzt sie ihren riesigen Vorrat aus eigenschaftsloser Energie, um den Leuten zu helfen, die sich nach Transzendenz und Intimität sehnen.«

»Könnten Sie mir erklären, wie die Göttin das anstellt?«

»Sie tut es, indem sie jeden mit einem authentischen Verstand und einem Energiefeld versorgt, die beide aus Prana zusammengesetzt sind – und sie bietet jedem eine unbegrenzte Versorgung mit eigenschaftsloser Energie, die man als Vergnügen, Liebe, Intimität und Freude erfahren und teilen kann.«

»Hmm, das klingt gut.«

»Freut mich, dass Sie es mögen, denn es kommt noch besser. Die Göttin wurde in vielerlei Formen personifiziert. Eine dieser Formen ist die Kundalini-Shakti. Als Kundalini-Shakti ist die Göttin eine einzigartige Form eigenschaftsloser Energie, die einem Punkt in Ihrem Energiefeld entspringt, der der Basis Ihrer Wirbelsäule entspricht. Von diesem Punkt aus bewegt sich die Kundalini-Shakti durch Ihren hauptmännlichen Meridian nach oben …«

»Sie meinen den Gouverneur.«

»Richtig. Der Gouverneur-Meridian verläuft durch die Rückseite der sieben traditionellen Chakren von Ihrem ersten Chakra, das an der Basis Ihrer Wirbelsäule liegt, hoch bis zu Ihrem siebten Chakra an der höchsten Stelle Ihres Kopfes. In Form der Kundalini-Shakti versorgt die Göttin Sie mit einer ungeheuren Menge an eigenschaftsloser Energie, die Sie dafür nutzen können, Intimität zu erreichen und aufrechtzuerhalten.«

»Ich habe von der Kundalini gehört, habe jedoch nicht gewusst, dass sie Menschen dabei hilft, Intimität zu erreichen.«

»Das ist kein Problem. Yoga lehrt, dass die Kundalini die größte Quelle eigenschaftsloser Energie im menschlichen Energiefeld ist. Wenn die Kundalini aufsteigt, aktiviert sie, beginnend mit dem ersten Chakra, die sieben traditionellen Chakren im persönlichen Körperraum.

- Ist das erste Chakra aktiviert, liefert es die Sicherheit, die die meisten Menschen vermissen und die sie sich von ihren Partnern erhoffen.
- Das zweite Chakra ist für sexuelle Energie, Kreativität und Vitalität verantwortlich. Wenn die Kundalini das zweite Chakra erreicht, wird es die sexuelle Energie, die Kreativität und die Vitalität verstärken, und das wird die Menge an Vergnügen vergrößern, die man in einer Beziehung zu teilen in der Lage ist.

- Das dritte Chakra ist für das Zugehörigkeitsgefühl, das Vertrauen und die Freundschaft zuständig – also die Dinge, die unabdingbare Zutaten für eine erfolgreiche Beziehung sind.
- Das vierte Chakra ist für menschliche Liebe verantwortlich.« »… und für die persönlichen Rechte.« – »Das stimmt. Sie wissen ja bereits, wie wichtig das vierte Chakra für eine Beziehung ist.
- Das fünfte Chakra ist für den Selbstausdruck verantwortlich und die Erfahrung gegenseitiger Empathie. Wenn die Kundalini das fünfte Chakra erreicht hat, ist man in der Lage, sich frei auszudrücken und ja zu den Dingen zu sagen, die authentisch sind, und nein zu jenen, die unauthentisch sind.
- Das sechste Chakra ist für den persönlichen Willen zuständig. Wenn die Kundalini das sechste Chakra erreicht hat, manifestiert sich der persönliche Wille als der Wille, das zu lieben, was Vergnügen bereitet.
- Das siebte Chakra ist für die Manifestation der Bewusstheit verantwortlich. Wenn die Kundalini das siebte Chakra erreicht hat, wird sich der Mensch endlich bewusst, dass er ein interdimensionales Wesen ist.

Wenn sich die Kundalini-Shakti nach oben bewegt, wird die Göttin zum Helfer des Menschen. Sie sorgt dafür, dass das Sicherheitsgefühl, der Level an sexueller Energie, die Vitalität, das Zugehörigkeitsgefühl und das Vertrauen zunehmen. Sie stärkt die persönlichen Rechte, die Fähigkeit sich selbst auszudrücken und hilft dabei, den Willen des authentischen Verstandes zu manifestieren.«

»Das alles klingt großartig – aber was muss ich tun, damit sie mir hilft?«

»Bevor ich Ihre Frage beantworte, müssen Sie wissen, dass die Göttin nicht kompromissbereit ist. Sie wird Ihnen nur helfen, wenn sie davon überzeugt ist, dass es Ihnen ernst damit ist, den individuellen Verstand und das Ego transzendieren zu wollen.«

»Was genau meinen Sie damit, wenn Sie sagen ›nicht kompromissbereit‹?«

Truman sah Avril fest an, bevor er erwiderte: »Sie will sehen, ob Sie gelernt haben, dass Intimität weder Anhaftung, Abhängigkeit noch Bindung ist; dass Sie das Streben nach Macht und das Bedürfnis zu manipulieren, einen anderen Menschen festzuhalten oder unbedingt haben zu müssen, aufgegeben haben – genauso wie die Überzeugung oder das Gefühl, dass Sicherheit oder Annehmlichkeit wichtiger ist für Sie als Intimität und Beziehung. Tatsächlich wird Ihnen die Göttin so lange nicht helfen, bis Sie erkannt haben, dass Intimität für eine andauernde Erfahrung von Wahrheit, Freiheit und bedingungsloser Liebe unabdingbar ist, und bis sie sieht, dass Sie sich nach einem dieser drei Dingen sehnen.«

»Mir ist nicht klar, wie Intimität mit Wahrheit, Freiheit und Liebe verbunden ist.«

»Uns rennt die Zeit davon. Alles, was ich Ihnen jetzt sagen kann, ist, dass Intimität und Wahrheit miteinander verbunden sind, denn Sie können nur intim werden, wenn Sie authentisch sind und mit jemandem eine Beziehung erfahren, der authentisch ist und seine Wahrheit ausdrückt, indem er tut, was angemessen ist.«

»Und die Freiheit?«

»Freiheit und Intimität sind auch miteinander verbunden, denn Menschen müssen frei sein, um sich selbst ohne Angst ausdrücken und intim werden zu können. Menschen, die abhängig sind oder eine Beziehung suchen, um sich sicher zu fühlen – oder die kontrollieren oder kontrolliert werden wollen –, oder die, die besitzen müssen, was sie lieben, können Intimität nicht erreichen.«

»Aber ich kenne viele kontrollierende Menschen, die sich in einer Beziehung befinden«, protestierte Avril.

»Sie glauben vielleicht, dass sie sich in einer Beziehung befinden, aber tatsächlich zerstört Kontrolle Liebe und hält Partner davon ab, Intimität zu erreichen und aufrechtzuerhalten. Das Bedürfnis zu kontrollieren ist das Gegenteil von Intimität. Carl Gustav Jung hat das erkannt und erklärte deshalb: ›Wo es den Willen zur Macht gibt, ist ein Mangel an Liebe.‹«

»Und was ist mit dem Sehnen nach bedingungsloser Liebe?«

»Intimität und bedingungslose Liebe sind eng miteinander verbunden, denn der Mensch muss, egal was es für Folgen hat, das Verurteilen aufgeben und bedingungslos lieben, um Intimität zu erlangen. Vergessen Sie nicht, dass das universelle Bewusstsein, das als bedingungslose Liebe auftaucht, die Grundlage ist für Vergnügen, menschliche Liebe, Intimität und Freude. Man muss ein tiefes und beständiges Sehnen nach bedingungsloser Liebe haben und sich dafür entscheiden, anstatt zu verurteilen und zu kontrollieren. Sonst wird es für den Menschen schwierig werden, die Hindernisse zu überwinden, die einer intimen Beziehung im Weg stehen.«

»OK – ich kann alles akzeptieren, was Sie gerade gesagt haben – aber eine Frage habe ich noch …«

»Ich kenne Ihre Frage bereits – ob Sie diese Sehnsucht haben. Das müssen Sie selbst herausfinden, denn die Zeit, die uns noch bleibt, reicht gerade für die heutige Übung. Aber diese Übung, die ich Ihnen gleich beibringen werde, sollte Ihnen dabei helfen herauszufinden, ob Sie sich nach Wahrheit, Freiheit und bedingungsloser Liebe sehnen.«

»Wie kann ich das anstellen?«

»Indem Sie sich in Ihrem authentischen Verstand zentrieren.«

»Ich dachte, ich war bereits in meinem authentischen Verstand zentriert, als ich mein Herzchakra aktiviert habe.«

»Sie wurden sich Ihres authentischen Verstandes bewusst, als Sie Ihr Herzchakra aktiviert haben. Heute werden Sie über die Bewusstwerdung noch hinausgehen. In der heutigen Übung werden Sie eine direkte Erfahrung Ihres authentischen Verstandes haben, indem Sie sich in Ihrem Herzchakra zentrieren und in dem Prana, das daraus auftaucht.« Nachdem er Avril ein ermunterndes Lächeln zugeworfen hatte, ging Truman zum seinem Schreibtisch hinüber und legte ein Band in den Kassettenrekorder. Dann wendete er sich Avril zu und sagte: »Wenn Sie so weit sind, lassen Sie uns anfangen.«

Avril schloss ihre Augen und setzte sich gerade hin. Dann folgte sie den Instruktionen. Nachdem sie sich mithilfe der Standardmethode entspannt und ihre Wahrnehmungsorgane nach Innen gerichtet hatte, wies Truman sie an, ihr Herzchakra zu aktivieren, was ihr ohne Schwierigkeiten gelang. Dann sagte Truman: »Jetzt, wo Ihr Herzchakra aktiviert ist, sind Sie bereit, sich in Ihrem Herzchakra zu zentrieren. Um das zu tun, bekräftigen Sie: ›Es ist meine Absicht, mich in meinem Herzchakra zu zentrieren.‹«

Sich im Herzchakra zentrieren

Nachdem sich Avril in ihrem Herzchakra zentriert hatte, fuhr Truman fort: »Sie können den Effekt verstärken, indem Sie bekräftigen: ›Es ist meine Absicht, auf der Ebene meines Herzchakras gegenwärtig zu werden.‹«

Avril wurde gegenwärtig und genoss die Auswirkungen 15 Minuten lang. Danach zählte sie von eins bis fünf. Als sie bei fünf angelangt war, öffnete sie ihre Augen. Truman saß ihr gegenüber und übergab ihr einen großen Umschlag. »Da drin sind die Kassette und der Lesestoff für diese Woche, aber jetzt erzählen Sie mir, wie es sich angefühlt hat, im authentischen Verstand zentriert zu sein.«

»Es war großartig. Ich fühle mich immer noch sehr gegenwärtig und sehr weiblich. Eigentlich fühle ich mich genauso wie …«

»… wie was?«

»Wissen Sie, genauso wie letzte Nacht.«

Truman lächelte liebevoll und stand dann auf.

»Warten Sie«, rief Avril, »ich muss wissen, wie lange das andauert.«

»Es wird so lange andauern, so lange Sie sich nicht ablenken lassen. Doch je mehr Sie üben, desto größer werden die Vorteile sein und desto wahrscheinlicher werden Sie finden, wonach Sie suchen.« Truman klopfte auf die Uhr, sah dann zu Avril auf und sagte: »Gibt es noch etwas, bevor Sie gehen?«

Avril schüttelte mit dem Kopf.

»Das ist gut, denn ich habe noch eine andere Verabredung, und ich bin spät dran. Ich sehe Sie nächste Woche um dieselbe Zeit, in Ordnung?«

Avril schüttelte Trumans Hand. Dann sagte sie: »Bis nächste Woche.«

Später an diesem Abend öffnete Avril den Umschlag und entnahm den Lesestoff. Dann machte Sie es sich bequem und begann zu lesen.

Das Feld der Göttin

Das Universum der Erscheinungen und alles darin, wozu auch die Menschen gehören, existiert im Leib der Göttin. Menschen tauchen aus dem Inneren der Göttin als individuelle Konzentrationen aus Energie und Materie auf. Diese Konzentrationen – also die Menschen – werden von der Göttin unablässig genährt. Sie versorgt sie mit eigenschaftsloser Energie und dem für ein Leben notwendigen Rohmaterial. In ihrer ursprünglichen Form manifestiert sich die Göttin als eigenschaftslose Energie. Aus diesem Blickwinkel betrachtet, wird klar, dass die Göttin ein nicht-physisches Wesen ist, das die Macht und den Einfluss besitzt, den Menschen im guten oder im bösen Sinn zu beeinflussen. Die Göttin ist ein dynamisches Feld, in dem alle lebenden Wesen existieren. Sie taucht aus dem universellen Bewusstsein sowohl als Feld der eigenschaftslosen Energie als auch als Feld der eigenschaftsbehafteten Energie auf, das im Sanskrit Maya genannt wird. Zum Feld der eigenschaftslosen Energie gehören sowohl das Pranafeld als auch die Kundalini-Shakti. Zum Feld der Maya gehören alle individuellen Felder aus eigenschaftsloser Energie.

Das physische und das nicht-physische Universum

Im Leib der Göttin gibt es eine Hierarchie aus physischen und nicht-physischen Dimensionen, die einander durchdringen. Der Mensch, der in seinem authentischen Verstand zentriert ist, kann voll bewusst innerhalb dieser gesamten Hierarchie funktionieren. Je authentischer die Dimensionen sind, durch die er voll bewusst funktioniert, desto tiefer und allumfassender wird seine Erfahrung der Intimität sein.

Auf der authentischen Dimension der eigenschaftslosen Energie lagert das Feld der eigenschaftsbehafteten Energie. Im Sanskrit kennt man dieses Feld als Maya. Maya kann man definieren als ›die Erscheinung der Realität‹. Innerhalb des Mayafeldes gibt es verschiedene Unterfelder aus eigenschaftsbehafteter Energie, wozu auch die gehören, die den individuellen Verstand und das Ego und karmischen Ballast zusammensetzen. Unterfelder aus eigenschaftsbehafteter Energie wirken in allen Welten und Dimensionen auf Menschen ein – dazu gehört auch die Welt des Geistes, des Intellekts, der Seele und die physische Welt.

Weder die Hierarchie der authentischen Felder noch das Feld der Maya tauchten gleichzeitig auf. Beide entwickelten sich durch die Tattvas – das sind Schritte im Evolutionsprozess. Das Wort Tattva stammt von der Sanskritwurzel tat – die ›das‹ bedeutet, und tvam – was so viel heißt wie ›du‹. Daher bedeutet Tattva ›Du bist Das‹. ›Du bist Das‹ bedeutet die alte Wahrheit, dass jeder Mensch das Universum als Mikrokosmos ist, eine Konzentration aus Energie und Materie, die sich gemeinsam mit dem Universum der Erscheinungen entwickelt hat. Es ist wichtig zu wissen, dass eigenschaftsbehaftete Unterfelder (besonders innerhalb des menschlichen Energiefeldes) die körperliche Gesundheit, das emotionale und mentale Wohlbefinden beeinflussen und die Fähigkeit des Menschen, sich in eine andauernde intime Beziehung einzubringen, hemmen.

Die Sehnsucht nach Wahrheit

Wenn sich ein Mensch angemessenen Handlungen verschrieben hat und authentisch geworden ist, wird das universelle Bewusstsein in seiner bewussten Wahrnehmung als das Sehnen nach Freiheit, Wahrheit oder bedingungslose Liebe auftauchen.

Die Sehnsucht nach Wahrheit bedeutet nicht die Sehnsucht nach akkuraten Informationen. Es ist die Sehnsucht nach Integrität und persönlicher Aufrichtigkeit. Integrität bedeutet vor allem, man selbst zu ein – egal, was es kostet. Man selbst zu sein und nicht das, was jemand anderes oder der individuelle Verstand und das Ego wollen, ist unabdingbar, wenn Sie darauf hoffen, Intimität mit Ihrem Partner, Ihrem Selbst und mit dem universellen Bewusstsein erreichen und aufrechterhalten zu können.

Mit Integrität zu leben, bedeutet, zu sein was man ist – ohne es aufzubauschen oder zu beschönigen. Es bedeutet, die Schuld und Scham loszulassen, die unweigerlich auftaucht, wenn man versucht, die Erwartungen oder Ideale von jemand anderem zu erfüllen (was meistens auch nicht gelingt). Es bedeutet, zu tun, was angemessen ist – selbst wenn man jemand dafür enttäuschen muss, den man liebt.

Die Sehnsucht nach Freiheit

Die Sehnsucht nach Freiheit ist nicht das Gleiche wie das Verlangen, von äußerer Dominanz oder Unterdrückung befreit zu sein. Es bedeutet auch nicht die Erlaubnis zu tun, was immer man will. In diesem Zusammenhang bedeutet Freiheit das Freisein von der Herrschaft des individuellen Verstandes und des Egos. Es ist die Freiheit, authentisch zu sein – der zu sein, der man ist, und sich auszudrücken, ohne vom karmischen Ballast oder individuellen Feldern aus eigenschaftsloser Energie gequält zu werden. Diese Art von Freiheit ist beständig. Sie ist ein Zustand andauernder Intimität, die einem von keiner äußeren Autorität abspenstig gemacht werden kann. Sie kann lediglich aus Unwissenheit aufgegeben werden. Aber selbst dann ist der Verlust der Freiheit nur ein vorübergehendes Stadium, denn der eigentliche Zustand eines jeden Menschen ist die Freiheit von Anhaftungen und die Intimität mit dem universellen Bewusstsein.

Die Sehnsucht nach bedingungsloser Liebe
Die Sehnsucht nach bedingungsloser Liebe ist das innewohnende Sehnen nach Intimität mit dem universellen Bewusstsein. Eigentlich wissen Menschen auf den tiefsten Ebenen der Bewusstheit, dass Trennung unmöglich ist. Freud nannte dieses innewohnende Wissen ›den infantilen Glauben an Unsterblichkeit‹. Wie auch viele andere seiner Generation hat er das, was er beobachtet hat, missverstanden. Tatsache ist, dass jeder Mensch ein ewiges Wesen ist – nicht nach dem Bilde Gottes geschaffen, aber eine Manifestation des universellen Bewusstseins, das durch die Göttin in allen Welten und Dimensionen des Universums der Erscheinungen auftaucht.

KAPITEL 6

Beinahe eine Woche lang war Avril davon besessen gewesen herauszufinden, ob sie das Sehnen nach Wahrheit, Freiheit und bedingungsloser Liebe hatte. Der Lesestoff, den sie von Truman erhalten hatte, erklärte den Unterschied zwischen den drei Herzen sehr genau – außerdem hatte sie sich jeden Abend in ihrem Herzchakra zentriert. Aber die wichtigste Frage von allen – ob sie das Sehnen hatte – blieb unbeantwortet.

Wann immer sie daran dachte, welche Konsequenzen es haben würde, das Sehnen nach Wahrheit, Freiheit und bedingungsloser Liebe nicht zu haben, erbleichte sie. Würde es bedeuten, dass sie nicht die Fähigkeit besaß, eine intime Beziehung zu haben? Diese Gedanken und der missmutige Ausdruck auf Dieters Gesicht, als sie zur Arbeit ging, nagten an ihr, während sie zu Trumans Büro fuhr.

Der Verkehr war flüssig, und sie traf früh zu ihrer Verabredung ein. Nachdem sie Truman begrüßt hatte, hängte sie ihren Mantel auf. Sie zog ihr Haar zusammen und richtete den Haarclip aus, um es zusammenzuhalten. Nachdem sich Truman hingesetzt hatte, platzte sie frustriert hervor: »Ich will wissen, ob ich das Sehnen nach Wahrheit, Freiheit oder bedingungslose Liebe habe oder ob ich einfach nur meine Zeit verschwende.«

»Avril, nur zu Ihrer Information – ich denke nicht, dass Sie Ihre Zeit verschwenden.«

Avril schüttelte ihren Kopf und lehnte sich mit verschränkten Armen zurück.

»Wie dem auch sei – ich habe diese Frage erwartet und Zeit eingeräumt, um über Ihre drei Herzen zu sprechen.«

»Ich habe gesagt, dass ich wissen will, ob ich das Sehnen nach Wahrheit, Freiheit oder Liebe habe – nicht ob ich drei Herzen habe.«

»Ich weiß. Aber um Ihre Frage zu beantworten, müssen Sie mehr über das dritte Herz wissen – denn von dort wird das Sehnen nach Freiheit, Wahrheit und bedingungsloser Liebe auftauchen.«

»Sie spielen mit mir, oder nicht?«

»Nein, ich spiele nicht mit Ihnen. Es ist eine Tatsache, dass Menschen drei Herzen haben.«

Avril schüttelte ungläubig ihren Kopf. »Ich will einfach nur wissen, ob ich das Sehnen habe, das ist alles.«

»Ich weiß, aber wenn Sie während der letzten fünf Sitzungen aufgepasst hätten, dann würden Sie wissen, dass das menschliche Herz nicht die Fähigkeit besitzt, ein Sehnen für irgendetwas aufrechtzuerhalten – ganz besonders nicht nach Wahrheit, Freiheit und bedingungsloser Liebe.«

Avril runzelte die Stirn und umklammerte ihre Hände, um ein Herumfuchteln zu vermeiden. Es war eine alte Angewohnheit – sie tat es immer, wenn sie sich frustriert oder unsicher fühlte. »In Ordnung«, sagte sie mit einiger Mühe, »wenn das Sehnen aus dem dritten Herzen auftaucht, dann sagen Sie mir, was ich darüber wissen muss.«

»Kein Problem. Wenn wir aber über Ihre drei Herzen reden, dann lassen Sie uns systematisch vorgehen und mit dem menschlichen Herzen anfangen.«

»Aber …«

»Kein Aber – wir werden das Thema auf systematische Weise behandeln – so, wie wir es immer machen. Also, entspannen Sie sich. Ihr ganzer Körper steht unter Spannung.«

»Nein, tut er nicht.«

»Tut er doch. Ihre Schultern sind angespannt und Ihre Gesichtsmuskeln ebenso.« Truman seufzte und sagte dann in einem eher beschwichtigenden Ton: »Avril, ich weiß, dass Sie Angst haben herauszufinden, ob Sie das Sehnen haben. Allerdings werden wir nirgendwo landen, wenn Sie so verbissen bleiben. Also, atmen Sie tief durch und nehmen Sie sich eine Tasse Kaffee.«

Avril fühlte sich zurückgesetzt, wusste aber, dass es zwecklos war zu argumentieren. Sie atmete ein paar Mal tief durch, nahm sich dann ein Gebäck vom Tablett und bereitete sich einen Kaffee zu. Als sie aufsah, sah Truman sie wohlwollend an: »In Ordnung, das menschliche Herz ist oft mit dem physischen Herzen verbunden – es hat aber zusätzliche Funktionen. Die wichtigste ist, eigenschaftslose Energie zu reflektieren, die aus Ihren Chakren oder aus der Kundalini-Shakti, wenn sie aktiv geworden ist, auftaucht. Wenn das menschliche Herz gesund funktioniert und nicht durch eine zu große Menge aus karmischem Ballast belastet ist, reflektiert es eigenschaftslose Energie, wie ein reiner Spiegel Licht reflektiert – ohne irgendwelche Beeinträchtigungen oder weniger Strahlkraft. Aber das ist in der realen Welt eher selten.«

»Wegen Karma?«

»Genau. Die meisten Menschen tragen Schichten aus karmischem

Ballast in ihrem persönlichen Feld, besonders um ihre Energiezentren und ihre drei Herzen herum. Dieses Karma genügt normalerweise, um die Energie, die reflektiert wird, zu blockieren oder zumindest zu stören.«

»Ist menschliche Liebe deshalb so unzuverlässig?«

»Das ist einer der Gründe, aber es gibt noch andere. Das menschliche Herz reflektiert nicht nur eigenschaftslose Energie, sondern kann auch eigenschaftsbehaftete Energie reflektieren. Wenn das passiert, kann es durch Verlangen, Bedürftigkeit, Eifersucht oder Schmerz belastet werden. Wenn es durch eine außerordentlich große Menge aus karmischem Ballast belastet wird, können der individuelle Verstand und das Ego dominant werden – das heißt, das menschliche Herz wird durch den individuellen Verstand und das Ego programmiert und kann verurteilend, obsessiv oder gar fanatisch werden. Wenn genügend eigenschaftsbehaftete Energie vom menschlichen Herzen reflektiert wird, können Menschen lernen, beinahe alles zu lieben, ganz besonders, wenn sie obsessiv am menschlichen Herzen klammern und an der eigenschaftsbehafteten Energie, die von ihm reflektiert wird.«

»Sich ans menschliche Herz zu klammern, klingt nicht so gut.«

»Das stimmt, besonders wenn ein Mensch nicht willens ist, menschliche Liebe als Meilenstein für Intimität benutzen.«

»Sie meinen, dass Intimität nicht aus dem menschlichen Herzen auftaucht?«

»Genau das meine ich. Intimität taucht aus dem Herzchakra auf.«

»Also muss das zweite Herz das Herzchakra sein.«

»Das stimmt.« Truman deutete mit dem Zeigefinger auf das Zentrum seines Brustbeins.

»Sie wissen ja bereits, dass Ihre persönlichen Rechte von Ihrem Herzchakra aufrechterhalten werden und durch das Zentrieren im Herzchakra gelingt Ihnen der Wechsel in Ihren authentischen Verstand.«

»Sie haben über beide Themen letztes Mal gesprochen, aber ich habe da eine Frage.«

Truman nickte Avril ermunternd zu.

»Haben Sie mich in der Übung letzte Woche dazu veranlasst, mich in meinem Herzchakra zu zentrieren, weil es meine persönlichen Rechte aufrechterhält und mich in den authentischen Verstand bringt?«

»Zum Teil ja, aber auch, weil es Sie dazu befähigt, den Wechsel von menschlicher Liebe hin zu Intimität zu meistern.«

»Es ergibt sehr viel Sinn, zu wissen, dass ich mehr als nur ein Herz habe.«

»OK, jetzt, wo Sie wissen, was das zweite Herz macht, lassen Sie uns zum dritten Herzen kommen. Ihr drittes Herz taucht auf der rechten Seite Ihres Brustkorbs direkt gegenüber dem menschlichen Herzen auf. Sie können es sich als das Tor vorstellen, durch das das universelle Bewusstsein in Ihrem Energiefeld auftaucht.«

»Also ist das Sehnen nach Wahrheit, Freiheit und bedingungsloser Liebe mit dem universellen Bewusstsein verbunden.«

»Das ist richtig. Ein Mensch kann das Sehnen nur erfahren, wenn er seine Wahrnehmungsorgane nach Innen gerichtet, sein Herzchakra aktiviert und sich im authentischen Verstand zentriert hat.«

Avril lehnte sich mit einem verwirrten Ausdruck auf dem Gesicht zurück.

»Avril, es ist ganz einfach. Wenn Sie Ihre Wahrnehmungsorgane erst einmal nach Innen gerichtet, Ihr Herzchakra aktiviert und sich in Ihrem authentischen Verstand zentriert haben, ist es nur eine Frage der Zeit, bis Sie sich des universellen Bewusstseins bewusst werden. Und der erste Hinweis darauf, dass das universelle Bewusstsein anwesend und die Grundlage Ihres Energiefeldes ist, ist das Sehnen des dritten Herzens.«

»… nach Wahrheit, Freiheit oder Intimität.«

»Genau das.«

»In Ordnung, ich glaube, ich verstehe es.«

»Lassen Sie uns einen Moment nehmen und wiederholen, was wir wissen. Menschliche Liebe taucht aus dem ersten Herzen auf. Da das menschliche Herz sowohl eigenschaftsbehaftete Energie als auch eigenschaftslose Energie reflektiert, ist menschliche Liebe selten rein.«

»… und das macht sie unzuverlässig.«

»Das stimmt. Aber menschliche Liebe kann als Meilenstein zur Intimität dienen.«

»… die auftaucht, wenn ich mein Herzchakra aktiviert und mich darin zentriert habe.«

»Genau. Aber vergessen Sie nicht – beide Partner in der Beziehung müssen sich in ihrem Herzchakra zentrieren.«

»Das verstehe ich, aber wenn zwei Menschen, um intim zu werden, sich beide in ihrem zweiten Herzen zentrieren müssen, was hat dann das dritte Herz mit Intimität zu tun?«

»Das dritte Herz ist das Tor, durch das das universelle Bewusstsein in Ihr Feld eintritt.«

»Also?«

»Also können Sie nur, wenn Sie sich im dritten Herzen zentrieren, nach Innen zu dem Ort bzw. Zustand gelangen, wo Intimität auftaucht.«

»Sie meinen, ich kann dem Sehnen meines dritten Herzens zum universellen Bewusstsein hin folgen?«

»Richtig. Wenn Sie dem Sehnen nach Innen zum universellen Bewusstsein folgen und mit ihm in die Einheit gehen, können Sie mit Dieter, mit Ihrem Selbst und dem universellen Bewusstsein Intimität erfahren.«

»In Ordnung, ich verstehe, was Sie sagen. Aber eine Sache verwirrt mich noch: Wenn das Sehnen des dritten Herzens in Wirklichkeit das Sehnen nach dem universellen Bewusstsein ist und sich das universelle Bewusstsein niemals verändert, warum ist dann das Sehnen des dritten Herzens das Sehnen nach Wahrheit, Freiheit und Liebe?«

»Die Sehnsucht nach dem universellen Bewusstsein taucht als das Sehnen nach Wahrheit auf, wann immer die karmische Verfassung eines Menschen es erforderlich macht, dass er mit mehr Integrität lebt – um karmische Muster überwinden und Intimität mit dem universellen Bewusstsein erfahren zu können.

Die Sehnsucht nach Freiheit wird auftauchen, wann immer es die karmische Verfassung eines Menschen nötig macht, dass er von seinen Anhaftungen frei bricht, um ebenfalls Intimität mit dem universellen Bewusstsein zu erfahren.

Und die Sehnsucht nach bedingungsloser Liebe taucht immer dann auf, wenn die Rechte eines Menschen verletzt worden sind und er, egal um welchen Preis, authentischer leben muss.

Das Sehnen nach einem dieser drei ist die Sehnsucht nach Intimität mit dem universellen Bewusstsein – gefiltert durch die Erfahrungen des Menschen in der eigenschaftsbehafteten Welt der Maya.«

Avril wollte gerade etwas einwerfen, als Truman sie unterbrach und sagte: »Also, Avril – jetzt wo Sie gelernt haben, wofür Ihr drittes Herz da ist, können Sie sich Ihre ursprüngliche Frage vielleicht selbst beantworten.«

»Sie meinen, ob ich das Sehnen habe … das würde ich gern, aber ich bin nicht sicher, was ich tun soll.«

»Vielleicht könnten Sie die Werkzeuge benutzen, die Sie bereits haben, um die Antwort zu finden.«

»Sie meinen, meine Wahrnehmungsorgane nach Innen richten und mein Herzchakra aktivieren?«

»Richtig. Sie könnten Ihr Herzchakra aktivieren und sich darin zentrieren. Dann könnten Sie bekräftigen: ›Es ist meine Absicht, gegenwärtig zu werden und das Sehnen meines dritten Herzens zu erfahren.‹ Wenn da ein Sehnen ist, wird es in Ihrer bewussten Wahrnehmung auftauchen. Und wenn Sie Ihre Wahrnehmungsorgane nach Innen gerichtet haben und zentriert sind, sollten Sie in der Lage sein, unterscheiden zu können, wonach Sie sich sehnen – ob es also Wahrheit, Freiheit oder bedingungslose Liebe ist.«

»Könnten wir das jetzt machen?«

»Sicher, warum nicht? Würde es Ihnen helfen, wenn ich die Kassette einlege?«

»Nein, ich glaube, ich kann es auch so.«

»In Ordnung – ich bleibe hier, falls Sie irgendetwas brauchen.«

Avril schloss Ihre Augen und benutzte die Standardmethode, um sich zu entspannen. Dann aktivierte sie ihr Herzchakra und zentrierte sich darin. Sie zögerte einen Moment und fuhr dann fort: »Es ist meine Absicht, auf der Ebene meines Herzchakras gegenwärtig zu werden und das Sehnen meines dritten Herzens zu erfahren.« Zunächst passierte gar nichts. Dann fühlte Avril so etwas wie Blasen, die auf der rechten Seite ihres Brustkorbs auftauchten. Eine Blase nach der anderen stieg in ihrer Wahrnehmung auf und verschwand dann. Dann folgte eine noch merkwürdigere Empfindung. Es fühlte sich an, als ob die Muskeln ihres Brustkorbs gedehnt und sich eine Schicht nach der anderen glätten würde. Es dauerte einige Momente, bis das Gefühl verschwand, aber sobald das geschehen war, fühlte Avril etwas aus ihrem dritten Herzen auftauchen. Zunächst war sie zu aufgeregt, um sich sicher zu sein, ob es das Sehnen war. Als sie sich jedoch beruhigt hatte, wurde ihr klar, dass es das Sehnen nach Wahrheit war. Rückblickend verstand sie das, da sie Scheinheiligkeit und Heuchelei schon immer verachtet hatte. Als sie ihre Augen öffnete, lächelte Truman und sagte: »Na, ist alles in Ordnung?«

»Alles ist gut.«

»Und, haben Sie das Sehnen gefunden?«

»Es war genau dort, wo Sie gesagt haben, und es war das Sehnen nach Wahrheit.«

»Na sehen Sie – indem Sie Wissen, Fähigkeit und Absicht miteinander kombiniert haben, konnten Sie die Antwort selbst herausfinden. Jetzt, wo Sie wissen, dass Sie das Sehnen nach Wahrheit haben, können wir zu einem anderen wichtigen Thema kommen – zum Dharma.«

»Ist das wieder ein Sanskrit-Begriff?«

»Dharma ist ein Sanskritwort und bedeutet Lebensweg. Wenn man unablässig tut, was angemessen ist, und seinem Dharma folgt, verstärkt man das Sehnen des dritten Herzens. Folgt man dem Sehnen des dritten Herzens nach Innen zur Quelle, erfüllt man sich selbst und gelangt zur Intimität mit dem universellen Bewusstsein.«

»Ich bin sehr froh, dass Sie das Thema ›Dharma‹ ansprechen, denn seit einigen Wochen fühle ich, dass es etwas gibt, dass ich noch mehr will als sexuelle Intimität und eine intime Beziehung.«

»Sie reden von der Intimität mit dem universellen Bewusstsein.«

»Ich bin mir nicht sicher, vielleicht ist es das.«

»Nun, Intimität mit dem universellen Bewusstsein ist das kollektive Dharma der ganzen Menschheit. Wenn Sie Ihrem Dharma folgen wollen, sind zwei Dinge wichtig – Sie müssen kontinuierlich angemessene Handlungen ausführen, und Ihre Ziele müssen Ihr Dharma unterstützen.«

Avril wollte Truman gerade unterbrechen, als er hinzufügte: »Bevor Sie irgendetwas sagen, lassen Sie mich erklären, was ich meine. Um Ihrem Dharma zu entsprechen, müssen Ihre Ziele Ihr Dharma unterstützen und nicht Ihren individuellen Verstand und Ihr Ego. Wenn Sie angemessene Ziele haben, wird das Sehnen nach Wahrheit stärker werden, und es wird Sie nach Innen leiten zur Quelle von Intimität – dem universellen Bewusstsein. Dann ist es nur noch eine Frage der Zeit, bis Sie Ihr Dharma erlangen, sich selbst erfüllen und andauernde Intimität mit dem universellen Bewusstsein, mit Ihrem Selbst und mit Dieter erlangen.«

»Das verstehe ich.«

»Gut, es gibt noch ein Thema, über das wir nicht geredet haben. Es ist von Bedeutung für Ihre Fähigkeit, angemessen zu handeln und Ihrem Dharma zu folgen – es geht um die sieben Prinzipien. Sie regulieren Interaktionen im Feld der Maya.«

»Sie meinen die Interaktionen, die stattfinden, wenn ich an meinen individuellen Verstand und mein Ego angehaftet bin?«

»Genau die. Es ist wichtig zu wissen, wie diese Prinzipien Ihre Interaktionen beeinflussen – denn aufgrund der Interaktionen im Feld der Maya werden Sie in karmischen Mustern festgehalten, die Ihre Fähigkeit, Ihrem Dharma zu folgen und das Sehnen des dritten Herzens zu erfahren, beeinträchtigen.« Truman stand auf und kehrte mit einem Buch zurück, das er aus dem Regal hinter seinem Schreibtisch genommen hatte. Er schlug eine Seite auf, die mit einem Lesezeichen versehen war. Dann sah er Avril an und sagte: »In Ordnung, lassen Sie uns anfangen.

- Das erste Prinzip ist das Prinzip des Geistes. Es sagt aus: ›Alles ist Geist, das Universum ist mental.‹ Von diesem Prinzip lernen wir, dass die Grundlage von allem im Universum das universelle Bewusstsein ist.«

»Darüber haben wir bereits gesprochen.«

»Das stimmt. Wir sind auf die meisten Prinzipien schon zu sprechen gekommen, aber nicht auf systematische Weise. Also, haben Sie Geduld – es dauert nicht lange. Vom Prinzip des universellen Geistes lernen wir, dass eine Trennung vom universellen Bewusstsein nur Schein ist – nicht real.«

»Könnten Sie erklären, was das bedeutet?«

»Das bedeutet, dass es nicht wahr sein kann, dass Sie vom universellen Bewusstsein getrennt sind, selbst wenn es Ihnen durch die Anhaftung an den individuellen Verstand und das Ego so vorkommt, denn diese Trennung ist unmöglich.«

»Meinen Sie damit, dass meine Anhaftung an das Feld der Maya dafür sorgt, dass ich mich getrennt fühle?«

»Genau das meine ich. Vom Prinzip des Geistes lernen wir außerdem, dass die Freude, die Sie erfahren, wenn Sie mit Dieter intim sind, dieselbe Freude ist, die vom universellen Bewusstsein erfahren wird. Das wird durch die Beziehung zwischen Shiva und Shakti illustriert. Shiva repräsentiert das universelle Bewusstsein und ist die Ursache der Freude. Shakti repräsentiert seinen dynamischen Aspekt. Während sie sich in der Zeit entwickeln, scheinen sie voneinander getrennt zu sein. Aber egal, wie groß diese Trennung wirkt – Shakti erfährt dieselbe Freude wie Shiva.

- Das zweite Prinzip ist das Prinzip der Entsprechung. Es sagt aus: ›Wie oben, so unten – wie unten, so oben.‹ Vom Prinzip der Entsprechung lernen wir, dass dieselben Prinzipien, die auf der physischen Ebene sich begegnen, sich beziehen und Beziehung regulieren, dasselbe auch auf den nicht-physischen Ebenen regulieren. Außerdem lernen wir von diesem Prinzip, dass dieselben Dinge, die Intimität auf der physischen Ebene beeinträchtigen, dies auch auf den nicht-physischen Ebenen tun.«
»Sie sagen also, dass alles im Grunde genommen dasselbe ist?«
»Nicht genau – ich sage, dass es da eine Entsprechung gibt, wie wenn die gleiche Note auf unterschiedlichen Instrumenten gespielt wird. Aber Entsprechung bedeutet auch, dass dieselben Bedingungen erfüllt sein müssen, um Intimität mit dem Partner, dem Selbst und dem universellen Bewusstsein erfahren zu können. Und das bedeutet, Sie müssen Ihre Wahrnehmungsorgane nach Innen richten, gegenwärtig werden, sich im authentischen Verstand zentrieren und tun, was angemessen ist.
- Das nächste Prinzip ist das der Schwingung. Es sagt aus: ›Nichts steht still, alles bewegt sich, alles ist in Schwingung.‹ Von diesem Prinzip lernen wir, dass alles, was schwingt, einen charakteristischen Schwingungsgrad haben muss, der ein einzigartiges Merkmal darstellt. Da jedes Feld aus eigenschaftsbehafteter Energie seine eigene spezifische Resonanz aufweist, die eine oder mehrere Funktionen des authentischen Verstandes nachahmen oder fälschen kann, kann solch ein Feld eine oder mehrere Funktionen Ihres authentischen Verstandes – wenn Sie sich daran anhaften – an sich reißen und so Ihre Fähigkeit intim zu sein beeinträchtigen. Das Prinzip der Schwingung ist auch für Ihr Unterscheidungsvermögen von Belang – also die Fähigkeit, Ihre Wahrnehmungsorgane nach Innen zu richten und die Resonanz energetischer Felder zu unterscheiden.«
»Das habe ich getan, als ich die Klumpen gefunden habe.«
»Richtig. Es war Ihre innewohnende Fähigkeit, die Resonanz einzelner eigenschaftsbehafteter Felder voneinander zu unterscheiden. Sie ermöglichte Ihnen, Unterschiede in Größe, Form, Dichte, Polarität und Aktivitätslevel wahrzunehmen.
- Das vierte Prinzip ist das Prinzip der Polarität. Es lautet: ›Alles ist dual; alles hat zwei Pole; alles hat sein Gegensatzpaar; gleich und anders haben denselben Ursprung; Gegensätze sind in ihrer Na-

tur identisch, nur vom Grad her verschieden; Extreme treffen sich.‹ Dieses Prinzip lehrt uns, dass alle Felder aus eigenschaftsbehafteter Energie ihre Eigenschaften innerhalb eines größeren Feldes manifestieren, das als Maya bekannt ist. Daher können – wenn die Umstände stimmen – die Eigenschaften eines eigenschaftsbehafteten Feldes von einem Ende des polaren Spektrums zum anderen wechseln.« – »Ich erinnere mich – je größer der Heilige …« »… desto größer der Sünder – genau das. Das Prinzip der Polarität lehrt uns auch, dass die Anhaftung an unangemessene Handlungen den Menschen dazu zwingt, auf eigenschaftsbehaftete Unterfelder zu reagieren, indem man mehr oder weniger polarisiert wird – also überaktiv oder träge usw.

- Das nächste Prinzip ist das Prinzip vom Rhythmus. Es sagt aus: ›Alles fließt ein und aus; alles hat seine Gezeiten; alle Dinge steigen auf und fallen; der Schwung des Pendels manifestiert sich in allem; das Maß des Schwungs nach rechts ist das Maß des Schwungs nach links; Rhythmus kompensiert.‹ Vom Prinzip des Rhythmus lernen wir, dass sich die Balance im Feld der eigenschaftsbehafteten Energie ständig verändert. Das erklärt, warum Sie an einem Tag glücklich sind und am nächsten nicht; warum Sie an einem Tag voller Vitalität sind und an einem anderen nicht. In der eigenschaftsbehafteten Welt gibt es für alles einen natürlichen Rhythmus. Das Prinzip des Rhythmus erklärt auch, warum Intimität niemals durch die Aktivitäten des individuellen Verstandes und des Egos – innerhalb der eigenschaftsbehafteten Welt der Maya – auftauchen kann. Um einen Zustand der Intimität zu erreichen, ist es nötig, die rhythmischen Veränderungen zu transzendieren, die in der eigenschaftsbehafteten Welt der Maya stattfinden. Man muss tun, was angemessen ist, und im authentischen Verstand zentriert bleiben.
- Das sechste ist das Prinzip von Ursache und Wirkung. Es lautet: ›Jede Ursache hat ihre Wirkung, jede Wirkung ihre Ursache; alles geschieht gesetzmäßig, Zufall wird nur genannt, was nicht als Gesetzmäßigkeit erkannt wurde; es gibt viele Ebenen der Ursächlichkeit, aber nichts entkommt dem Gesetz.‹ Das Prinzip von Ursache und Wirkung lehrt uns, dass wir, um die Ursache eines Beziehungsproblems zu finden, die Kette von Ursache und Wirkung zurückverfolgen müssen bis hin zur Quelle des Problems, die auf einer der nicht-physischen Dimensionen zu finden ist. Außerdem lehrt uns

das Prinzip, dass jeder Mensch für seinen Zustand selbst verantwortlich ist, da jeder Mensch die Wahl hat, in seinem authentischen Verstand oder in seinem individuellen Verstand und Ego zentriert zu sein.

- Das Prinzip des Geschlechts ist das letzte, das wir uns heute anschauen wollen. Es lautet: ›Geschlecht ist in allem, alles besitzt männliche und weibliche Prinzipien, Geschlecht manifestiert sich auf allen Ebenen.‹ Das Prinzip des Geschlechts bestimmt die geschlechtliche Orientierung des Menschen. Die Polarität, die durch diese geschlechtliche Orientierung geschaffen wird, bestimmt, ob man sich zu einem anderen Menschen hingezogen oder auch von ihm abgestoßen fühlt und in welchem Ausmaß. Je extremer die geschlechtliche Orientierung eines Menschen ist, desto extremer wird die Lösung sein, die er finden muss, um Balance zu erreichen. Ein übermäßig maskuliner Mensch wird sich einen übermäßig femininen Menschen suchen – also einen extrem empfänglichen Partner, um die geschlechtliche Orientierung auszugleichen. Ein übermäßig femininer Mensch wird sich einen übermäßig maskulinen Menschen suchen – meist einen extrem bestimmenden Partner – um seine geschlechtliche Orientierung auszugleichen. Die geschlechtliche Orientierung bleibt für die meisten Menschen ein lebenslanges Thema, da sich die Polarität des karmischen Ballasts ständig verändert – eigenschaftsbehaftete Unterfelder werden zum menschlichen Energiefeld hinzugefügt oder abgezogen, und es treten rhythmische Wandlungen in der Polarität auf. Eigentlich finden die Menschen für das Problem ihrer spezifischen Geschlechtsorientierung nur dann eine dauerhafte Lösung, wenn sie den individuellen Verstand und das Ego transzendiert haben.«

Als Truman fertig war, schloss er das Buch und schob es zu Avril hinüber. »Das ist für Sie. Wenn Sie Zeit haben, lesen Sie es.« Truman sah auf seine Uhr und sagte dann: »In Ordnung, wir haben noch genug Zeit für eine neue Übung. Sie baut auf dem auf, was Sie bereits gelernt haben, und lässt es für Sie leichter werden, zu tun, was angemessen ist. Haben Sie Fragen?«

Avril schüttelte ihren Kopf.

»OK, dann lassen Sie uns anfangen. Sie wissen ja bereits, wie Sie sich im authentischen Verstand zentrieren – indem Sie Ihre Wahrnehmungsorgane nach Innen richten, gegenwärtig werden und sich selbst in Ihrem Herzchakra zentrieren. Mit dieser Grundlage sollten Sie keine Probleme haben, Ihre sieben traditionellen Chakren zu aktivieren.«

»Wird es damit für mich einfacher werden, im authentischen Verstand zentriert zu bleiben?«

»Viel einfacher.«

»Und wenn ich sie aktiviere, wenn Dieter da ist – werde ich dann wieder ausflippen?«

»Das glaube ich nicht.« Truman lächelte, schüttelte seinen Kopf und sagte dann: »In Ordnung, lassen Sie uns anfangen.

Das Aktivieren der sieben Chakren

»Auch diese Übung beginnen Sie mit der Standardmethode. Dann aktivieren Sie Ihr Herzchakra und zentrieren sich darin. Wenn Sie in Ihren authentischen Verstand gewechselt sind, werden Sie damit fortfahren, die übrigen sechs Chakren zu aktivieren. Sie fangen mit dem ersten Chakra an der Basis der Wirbelsäule an.«

Avril lehnte sich zurück und schloss Ihre Augen. Dann stand Truman auf und legte eine Kassette in den Rekorder. Das Band begann mit dem Geräusch von rauschendem Wasser. Truman sagte: »Finden Sie eine bequeme Haltung, und halten Sie Ihren Rücken gerade. Wenn Sie es bequem haben, beginnen Sie, tief durch die Nase zu atmen – ohne Unterbrechung zwischen Ein- und Ausatmung.«

Avril folgte den Instruktionen. Dann benutzte sie die Standardmethode, um ihren physischen Körper zu entspannen. Nachdem ihr Körper entspannt war, wies Truman sie an, ihr Herzchakra zu aktivieren, indem sie bekräftigte: »Es ist meine Absicht, mein Herzchakra zu aktivieren.«

Nachdem sie es aktiviert hatte, wies er sie an, sich in ihrem Herzchakra zu zentrieren, was ihr leicht gelang. Dann sagte Truman: »Sie sind jetzt bereit, die übrigen sechs Chakren zu aktivieren. Beginnen Sie mit dem ersten Chakra. Achten Sie darauf, dass Sie während des gesamten Prozesses in Ihrem Herzchakra zentriert bleiben. Um fortzufahren, bekräftigen Sie: ›Es ist meine Absicht, mein erstes Chakra zu aktivieren.‹ Nehmen Sie sich einige Momente, um den verstärkten

Pranafluss durch Ihr erstes Chakra zu genießen. Dann bekräftigen Sie: ›Es ist meine Absicht, mein zweites Chakra zu aktivieren.‹ Nehmen Sie sich ebenfalls einige Minuten, um den verstärkten Pranafluss durch Ihr zweites Chakra zu genießen.«

Avril folgte den Instruktionen und fuhr dann fort, indem sie ihr drittes, fünftes, sechstes und siebtes Chakra aktivierte. Nach einer kurzen Pause erklärte Truman: »Sie können den Effekt, den Sie erfahren, noch verstärken, indem Sie bekräftigen: ›Es ist meine Absicht, auf der Ebene meiner sieben traditionellen Chakren gegenwärtig zu werden.‹«

Avril folgte auch dieser Anweisung und fühlte ein Summen, das sich durch ihr Feld erstreckte. Fünfzehn Minuten später öffnete sie ihre Augen. Truman saß ihr gegenüber und sah sie aufmerksam an. »Na, wie ist es gelaufen?«

»Sehr gut. Dieses Mal konnte ich wirklich den Unterschied zwischen meinem authentischen Verstand und dem individuellen Verstand und dem Ego fühlen.«

»Sonst noch was?«

»Das Summen fühle ich immer noch.«

Truman nickte zustimmend. Dann überreichte er Avril den großen Umschlag, den er auf dem Tisch zwischen ihnen platziert hatte. »Was Sie damit anstellen, wissen Sie.«

»Ich denke, ja.«

»Nun denn, wenn Sie keine weiteren Fragen haben, sehe ich Sie nächste Woche um die gleiche Zeit.«

Avril nahm das Buch und den Umschlag und ging. Sie war aufgeregt über die Fortschritte, die sie bereits gemacht hatte. Einige Stunden vor Dieter kam sie zu Hause an. Als er nach Hause kam, gab sie ihm den Lesestoff ihrer ersten fünf Sitzungen. Dann sagte sie: »Auf dem Nachttisch liegen Kassetten. Fang mit dem Lesestoff meiner ersten Sitzung an und dann praktiziere die Übung auf der ersten Kassette. Mach so viel, wie du möchtest, sie sind alle beschriftet.«

Dieter sah verwirrt aus. Avril schüttelte den Kopf und zeigte auf das Schlafzimmer. »Ich bin in der Küche und lese.« Sobald Dieter gegangen war, setzte sich Avril an den Küchentisch, öffnete den Umschlag, den Truman ihr gegeben hatte, und begann zu lesen.

Die drei Herzen

Das menschliche Herz ist weit mehr als nur ein Organ, das Blut durch den physischen Körper pumpt. Was das Energetische angeht, reflektiert das menschliche Herz eigenschaftslose Energie. Das ist seine wichtigste Funktion. Wie ein Spiegel das Licht der Sonne reflektiert, kann auch das menschliche Herz so strahlen, dass es blendet. Tatsächlich kann die Intensität der Reflexion mit der des zweiten Herzens konkurrieren. Das zweite Herz reflektiert jedoch nicht nur Licht, sondern dient auch als Wirbel, durch den eigenschaftslose Energie aus dem universellen Bewusstsein auftaucht und durch das menschliche Energiefeld strahlt.

Obwohl das menschliche Herz für einige Zeit ungeheuer strahlen kann, wenn es Prana reflektiert, bedingt das Prinzip des Rhythmus, dass es nicht endlos mit derselben Intensität strahlen kann. Früher oder später wird eigenschaftsbehaftete Energie seine Fähigkeit, eigenschaftslose Energie zu reflektieren, behindern – das bedeutet, die Intensität muss früher oder später nachlassen. Außerdem ist das menschliche Herz beinahe immer durch karmischen Ballast belastet. Dieser Zusatz aus karmischem Ballast muss die menschliche Liebe nicht unbedingt vollständig blockieren, aber die Schichten, die er bildet, können das Verlangen erschaffen, den/die Geliebte(n) haben, besitzen oder kontrollieren zu müssen.

Dieses Verlangen ist ein zweischneidiges Schwert. Es bezwingt den verliebten Menschen, nach Intimität mit dem Partner zu trachten, und gleichzeitig hält es ihn in karmischen Mustern fest, die aus dem individuellen Verstand und dem Ego auftauchen. Zu viel Abhängigkeit in menschlicher Liebe kann eine besessene Art von Liebe zur Folge haben, die zum Fanatismus führt. Wenn man menschliche Liebe jedoch als Meilenstein zur Intimität benutzt, kann man diese Falle vermeiden. Damit Intimität mit einem anderen Menschen möglich wird, muss der Mensch jedoch den Wechsel in das zweite Herz, das Herzchakra, vollziehen. Denn nur durch das Prana, das aus den Chakren auftaucht, und durch das Miteinander-Teilen dieses Pranas kann man eine intime Beziehung erlangen und aufrechterhalten.

Das dritte Herz ermöglicht dem Menschen, über Intimität mit einem Partner noch hinauszugehen – zur Intimität mit dem Selbst und dem universellen Bewusstsein. Dieser Wechsel kann jedoch nur stattfinden, wenn der Mensch realisiert hat, dass Intimität ein Zustand ist, der a priori in ihm existiert. Wenn der Mensch diese Wahrheit erkannt hat, kann er nach Innen zur Quelle von Vergnügen, Liebe, Intimität und Freude gehen und Intimität mit dem universellen Bewusstsein, dem Selbst und dem gewählten Partner erfahren.

Die Prinzipien der Intimität

Die ursprünglichen sieben Prinzipien, die die Interaktionen von Feldern innerhalb des Mayafeldes regulieren, werden hermetische Prinzipien genannt. Sie wurden der westlichen Welt nach der Eroberung Indiens durch Alexander den Großen im vierten Jahrhundert vor Christus übermittelt.

Es gibt noch zwei andere Prinzipien, die weniger bekannt, aber genauso wichtig sind, wenn es um Interaktionen zwischen Menschen geht. Diese beiden Prinzipien sind das Prinzip des Willens und das Prinzip der angemessenen Handlung.

Das Prinzip des Willens: Das Prinzip des Willens sagt aus: ›Der Wille ist eine Funktion des Verstandes. Wille manifestiert sich in allen Feldern der Aktivität. Ein starker, aktiver Wille dominiert in allen Welten und Dimensionen über einen schwächeren, weniger aktiven.‹ Da alle Interaktionen Manifestationen des Willens sind, bekommt jeder Mensch, was er will. Egal ob er sich der versteckten Verlangen oder Ängste bewusst ist oder nicht, die ihn dazu motivieren, mit anderen fühlenden Wesen zu interagieren.

Wir lernen vom Prinzip des Willens, dass jeder Mensch für seinen physischen und nicht-physischen Zustand verantwortlich ist, und zwar aufgrund der Entscheidungen, die er trifft, wenn er mit anderen fühlenden Wesen interagiert. Das bedeutet, egal in welcher Verfassung sich der Mensch befindet – er hat sie gewählt. Das geschieht entweder dadurch, dass er an einer Handlung oder an einer Reihe von Handlungen teilgenommen hat, die aus dem persönlichen Willen oder dem von jemand anderem (dem man seinen eigenen Willen untergeordnet hat) aufgetaucht ist, oder auch durch Versäumnis – wenn man seinen Willen wegen Untätigkeit nicht durchsetzt oder es ablehnt zu handeln. Natürlich ist der Zustand eines Menschen in der komplexen Umwelt, in der wir leben, die Summe aller drei Funktionen des Willens.

Auch wenn der Mensch das Resultat seiner speziellen Handlung oder seiner Serie von Handlungen, an der er teilgenommen hat, nicht mag oder begrüßt, ist er dennoch für das Endergebnis verantwortlich. Es ist wichtig zu wissen, dass es jedem Menschen möglich ist, seinen Zustand zu ändern, da jeder Mensch für die Wahl, die er trifft, selbst die Verantwortung trägt. Man kann sich für Handlungen entscheiden, die angemessen sind und aus dem authentischen Verstand auftauchen, oder für unangemessene, die aus dem individuellen Verstand und dem Ego auftauchen.

Das Prinzip der angemessenen Handlungen: Dieses Prinzip lehrt: ›Nicht alle Handlungen sind angemessen. Handlungen, die angemessen sind, verstärken das freie Ausstrahlen von Prana, unterstützen das Dharma und führen den Menschen in intime Beziehungen mit dem Partner, dem Selbst und dem universellen Bewusstsein.‹ Unangemessene Handlungen machen das Gegenteil – sie haften den Menschen an die Welt der Maya an und hindern ihn, Intimität in einer Beziehung zu erreichen und aufrechtzuerhalten.
In jedem Menschen versuchen im Widerspruch stehende Kräfte ihren Einfluss geltend zu machen. Zum einen gibt es das universelle Bewusstsein, das durch den authentischen Verstand auftaucht und sich als Prana manifestiert, zum anderen gibt es das Feld der Maya, das durch den individuellen Verstand und das Ego auftaucht und eigenschaftsbehaftete Energie und Unterfelder aus derselben manifestiert. Man kann das Wohlbefinden eines Menschen daran erkennen, inwieweit er in der Lage ist, eine intime Beziehung mit anderen fühlenden Wesen, mit dem Selbst und dem universellen Bewusstsein einzugehen. Das wiederum hängt davon ab, ob er sich an angemessenen Handlungen beteiligt oder an unangemessenen. Man muss erkennen, dass der Mensch die Wahl hat, sich sowohl für das eine als auch für das andere zu entscheiden. Wenn ein Mensch tut, was angemessen ist, wird eigenschaftslose Energie ohne Einschränkung durch sein Energiefeld strahlen, und er wird Vergnügen, Liebe, Intimität und Freude erfahren. Sind seine Handlungen unangemessen, wird der freie Pranafluss blockiert – was die Erfahrung von Vergnügen, Liebe, Intimität und Freude einschränkt.
Vor mehr als 2000 Jahren erkannte Jesus, dass die Unfähigkeit, Intimität zu erfahren, nicht nur auf eine zu große Ansammlung von karmischem Ballast zurückzuführen ist. Aufgrund seiner Fähigkeit, Energiefelder unterscheiden zu können, beobachtete der Nazarener, dass die

Wurzel des Problems die Entscheidung und das Engagement sind. Er erkannte, dass sich Menschen aufgrund ihrer Anhaftung an den individuellen Verstand und das Ego für unangemessene Handlungen entscheiden. Die Probleme, die durch die Anhaftung an den individuellen Verstand und das Ego verursacht werden, können nur gelöst werden, wenn man sich angemessenen Handlungen und seinem Dharma verpflichtet fühlt.

Entweder entscheidet man sich dafür, angemessen zu handeln, oder nicht. Wenn man es nicht tut, bleibt man am individuellen Verstand und am Ego verhaftet und wird weiterhin auf eigenschaftsbehaftete Unterfelder reagieren, die Intimität und Beziehung beeinträchtigen.

KAPITEL 7

Was als misslungener Tag begonnen hatte, war im Laufe des Morgens zunehmend schlimmer geworden, und ein Ärgernis folgte dem anderen. Nachdem Avril zu spät in der Innenstadt angekommen und keinen Parkplatz gefunden hatte, war sie auch noch an einen kaputten Parkautomaten geraten. Das hatte ihr ein Bußgeld eingebrockt. Kurze Zeit später waren ihre neuen Schuhe durchnässt, weil sie direkt vor Trumans Büro eine Pfütze übersehen hatte.

Wieder einmal streifte sie unbändige Haarsträhnen aus ihrem Gesicht. Es war ein vergeblicher Akt, den sie einige Momente später, als sie sich nach vorn lehnte, um ihre Kaffeetasse zu nehmen, wiederholen musste. »In Ordnung«, erklärte sie, nachdem sie die Kaffeetasse geräuschvoll abgesetzt hatte, »ich weiß, dass ich, wenn ich unangemessene Handlungen nicht durch angemessene ersetze, nicht in der Lage sein werde, meinem Dharma zu folgen oder eine intime Beziehung mit Dieter zu erfahren. Aber da gibt es noch ein Problem.«

Truman sah Avril dabei zu, wie sie sich einige unruhige Haarsträhnen von den Wangen blies, bevor er sagte: »Es gibt immer …«

»Das weiß ich. Aber in meinem Fall scheint das Problem unüberwindlich zu sein.«

»Warum denn das?«

»Weil mein Problem Verlangen ist. Es gibt so viele Dinge, die ich will, und es sieht so aus, als ob die Liste immer länger werden würde. Ich möchte Folgendes wissen: Gibt es eine Möglichkeit, diesen unaufhörlichen Schwall von Begierden davon abzuhalten, mich zu beeinträchtigen?«

»Wir reden nicht vom inneren Dialog, oder?«

»Nein, das ist anders. Den inneren Dialog habe ich unter Kontrolle, indem ich mich in meinem Herzchakra zentriere.«

Truman lehnte sich nach vorn und rieb sich mit Daumen und Zeigefinger das Kinn. »In Ordnung, um Verlangen kontrollieren zu können, müssen Sie zwei Dinge wissen. Erstens, es gibt zwei Arten von Verlangen – authentische und unauthentische; und zweitens, nur letztere können Sie beeinträchtigen.«

»Aber ich dachte, alle Verlangen sind gleich.«

»Das ist eine verbreitete Fehlannahme. Tatsächlich taucht das authentische Verlangen direkt aus dem authentischen Verstand auf.«

»... und unauthentische aus dem individuellen Verstand und dem Ego?«

»Das stimmt nur teilweise. Die Verlangen, die Sie beeinträchtigen, tauchen aus zwei Quellen auf – aus karmischem Ballast und aus äußeren Projektionen.«

»Projektionen?«

»Ganz genau. Karmischer Ballast und äußere Projektionen erschaffen unauthentische Verlangen.«

»Über Projektionen haben wir noch nie gesprochen.«

»Ich weiß. Projektionen sind Wellen oder Schnüre aus eigenschaftsbehafteter Energie, die von einem Menschen zum anderen projiziert werden.«

»Schön, dass Sie mir den Tag verderben.«

Truman lächelte verständnisvoll. »Ich weiß, das klingt schlimm. Aber haben Sie Geduld, zu den Projektionen kommen wir gleich. Das Erste, was Sie wissen müssen, ist: Wenn Sie durch Ihre Verlangen beeinträchtigt sind, müssen es unauthentische sein, und wenn Sie davon gequält werden oder das irrationale Bedürfnis spüren, etwas Bestimmtes haben, besitzen oder konsumieren zu müssen, dann sind Sie wahrscheinlich sowohl durch diese Verlangen als auch durch Ihre Anhaftung daran beeinträchtigt.«

»Aber sie tauchen einfach auf, wenn ich versuche, mich zu zentrieren.«

»Das macht nichts. Wenn sie Sie beeinträchtigen, während Sie zentriert sind, ist das ein Zeichen dafür, dass Sie sich an sie angehaftet haben.«

»Also, Sie sagen mir, dass es nicht nur unauthentische Verlangen sind, die mein Problem verursachen, sondern auch meine Anhaftung daran?«

»Genau das.«

»Sind Anhaftungen und unauthentische Verlangen dasselbe?«

»Nicht genau. Aber sie stehen eng miteinander in Verbindung. Eine Anhaftung bringt Sie mit einem individuellen Feld aus eigenschaftsbehafteter Energie in Kontakt, das entweder aus Ihrem karmischen Ballast auftaucht oder aus äußeren Projektionen, die in Ihr Energiefeld eingedrungen sind. Aus diesen komplexen, energetischen Interaktionen tauchen unauthentische Verlangen auf.«

Bevor Truman ausreden konnte, schnaubte Avril: »Einige Verlangen überwältigen einen einfach. Es ist schwer zu glauben, dass es nur Anhaftung ist, die ihnen so viel Macht verleiht.«

»Diese überwältigenden Verlangen, von denen Sie reden, können aus Projektionen auftauchen, die absichtlich auf Sie projiziert wurden – oder aus karmischem Ballast, den Sie aus vergangenen Leben in Ihrem Feld tragen.«

»Sie meinen, ich habe schon einmal gelebt?«

»Selbstverständlich, wie sonst hätten Sie so viel karmischen Ballast anhäufen können?«

Avril zuckte bei dem Gedanken zusammen. »Fühlen sich einige meiner Verlangen deshalb so verwurzelt an, weil ich bereits mit ihnen geboren wurde?«

»Das ist einer der Gründe. Ein anderer ist, dass Verlangen, die aus Past-Life-Karma stammen, in Ihren individuellen Verstand und Ihr Ego integriert worden sind. Avril, das klingt vielleicht merkwürdig, aber Menschen tragen das Vermächtnis ihrer vergangenen Leben in Form von karmischem Ballast in ihrem persönlichen Feld. Wenn Sie wirklich risikofreudig wären, könnten Sie durch die einzelnen Schichten gehen, sie untersuchen und so herausfinden, was für eine Art Mensch Sie in Ihrem vergangenen Leben waren. Sie könnten selbst die spezifischen Schichten aus karmischem Ballast lokalisieren, die sie dazu motivieren, Dinge zu tun, die Ihre Intimität und Beziehung beeinträchtigen. Sie haben damit bereits das erste Mal, als wir uns trafen, begonnen.«

»Sie meinen, als ich die Klumpen gesehen habe?«

»Genau. Aber zu diesem Zeitpunkt wussten Sie noch nicht genug über Karma, um die Ursache von dem, was Sie beobachtet haben – also dem karmischen Ballast – mit den Auswirkungen in Verbindung zu bringen, also den unangemessenen Verlangen oder der Kehrseite von Verlangen – Angst.«

»Angst wovor?«

»Ihre unangemessenen Verlangen nicht erfüllen zu können – das ist eine Möglichkeit – oder dass Sie etwas anziehen, das Sie nicht wollen.«

»Sie meinen, wie eine physische Krankheit?«

»Genau, aber es geht noch über Krankheit hinaus. Die Menschen fürchten viel Dinge.«

»Was, zum Beispiel?«

»Zum Beispiel, unbeliebt zu sein oder ihren Status zu verlieren oder in einer schlechten Beziehung gefangen zu sein. Aber, wie ich schon sagte, nicht nur Past-Life-Karma kann überwältigend sein, auch Projektionen können das. Tatsächlich entstammen einige der stärksten Verlangen den Projektionen der Menschen, die Sie kennen.«

Avril sah verwirrt aus und wollte Truman gerade unterbrechen, als er die Hand hob. »Ich wollte damit warten, Ihnen von Projektionen zu erzählen, bis Sie in der Lage sind, sich selbst in Ihrem authentischen Verstand – auf der Ebene der sieben traditionellen Chakren – zu zentrieren.«

»Dachten Sie, ich würde ausflippen, wenn Sie es mir eher gesagt hätten?«

»Wenn ich Ihnen gesagt hätte, dass einige der stärksten Projektionen von Leuten stammen, die Sie kennen, und Sie weder das Wissen noch die Fähigkeiten haben, damit umzugehen, hätte Ihnen das Probleme bereiten können. Wie dem auch sei, da wir bis heute noch nicht über Projektionen gesprochen haben, haben Sie auch nicht gewusst, dass sich ein Mensch an eigenschaftsbehaftete Energie anhaften und sie dann auf andere Menschen projizieren kann. Das geschieht andauernd. Tatsächlich geschieht es so häufig, dass beinahe jeder von der eigenschaftsbehafteten Energie der Leute umgeben ist, mit denen er oder sie zu tun hat. Diese eigenschaftsbehaftete Energie ist wie ein schlecht sitzender Anzug, der den Menschen einschränkt und in einigen Situationen seine Kreativität, Vitalität, Unabhängigkeit und seine Fähigkeit …«

»… sich in eine intime Beziehung einzubringen, stört.«

»Genau das. Wie karmischer Ballast können Projektionen den Pranafluss blockieren, Anspannung verursachen und Verlangens- oder Angstmuster kreieren, die als unauthentische Verlangen, Gedanken, Emotionen und Gefühle auftauchen. Die eigenschaftsbehaftete Energie, über die wir reden, nimmt sowohl die Form von Wellen als auch Schnüren an. Aber Wellen und Schnüre haben eins gemeinsam – sie besitzen individuellen Willen.«

»Was meinen Sie mit individuellem Willen?«

»Ich meine, dass eigenschaftsbehaftete Felder die Fähigkeit haben, mit verschiedenen Stärkegraden zu stoßen oder zu ziehen. Wenn ein eigenschaftsbehaftetes Feld von einem Menschen zum anderen projiziert wird, genügt das für gewöhnlich, um das Feld der Zielperson zu durchdringen. Haftet sich die Zielperson an die Projektion an, werden sich die Eigenschaften der Projektion mit anderen eigenschaftsbehafteten Feldern, die bereits im Feld sind, verbinden und so die Fähigkeit, Intimität zu erfahren, beeinträchtigen.«

»Erklärt das, warum es für Menschen, die das Sehnen nach Wahrheit, Freiheit oder bedingungsloser Liebe haben, immer noch schwer ist, intim zu werden?«

»Ja! Karmischer Ballast ist das Kernproblem, und Projektionen sorgen für eine zusätzliche Schlagkraft dieses Ballasts. Für manche Leute ist das der K.O.-Schlag, der dafür sorgt, dass sie sich in keine intime Beziehung mehr einbringen können.«

»Also kreiert nicht nur karmischer Ballast unauthentische Gefühle?«

»Nein. Sie werden von karmischem Ballast beeinflusst, den Sie in diesem und in Ihren vergangenen Leben angehäuft haben. Außerdem sind Sie von den Projektionen anderer Menschen umgeben: Familie, Freunde, Liebhaber, Ex-Liebhaber – die Liste geht weiter und weiter. Dazu kommt noch die Tatsache, dass, je mehr Sie sich an karmischen Ballast oder Projektionen anhaften, desto leichter wird es für die Verlangen, die auftauchen, Sie und Ihre Beziehungen zu stören.«

»Das ist großartig – wirklich großartig.« Avril fühlte sich niedergeschlagen und begann, unruhig zu werden. Als sie endlich weitersprach, versagte ihr die Stimme und sie hatte Schwierigkeiten, Worte hervorzubringen: »Dass ich das richtig verstehe – ich habe Past-Life-Karma und Freunde und Familie, die auf mich projizieren und mir meine Beziehungen vermasseln, weil sie an ihre Projektionen angehaftet sind. Und als ob das nicht schon schlimm genug wäre, werde ich auch noch an den Schlamassel angehaftet, so dass unauthentische Verlangen die Kontrolle übernehmen und mich zwingen, Dinge zu tun, die meine intimen Beziehungen beeinträchtigen?«

»Tun Sie Dinge, die Sie wirklich wollen, oder tun Sie manchmal auch Dinge und fragen sich dann hinterher, warum Sie sie getan haben?«

»Ich wundere mich über viele Dinge, die ich tue.«

»Und fühlen Sie sich ambivalent?«

»Ja, und verwirrt, und manchmal werde ich zwanghaft, weil ich so im Konflikt bin.«

»In Ordnung, sagen Sie mir, was da los ist.«

»Was los ist, ist, dass ich durch Karma, das ich in vergangenen Leben angesammelt habe, und durch die Leute, die auf mich projizieren, manipuliert werde.« Avril lehnte sich nach vorne und murmelte: »Ich denke, dass ich mit dieser Past-Life-Karma-Sache leben könnte – womit ich allerdings Probleme habe, ist die Vorstellung, dass mich Leute, die ich kenne, mit ihren Projektionen manipulieren.«

»Hören Sie, Avril. Ich weiß, das ist schwer zu akzeptieren. Aber die Menschen glauben, gute Gründe für ihre Projektionen zu haben. Andernfalls würden sie es nicht tun.«

»Wirklich? Selbst wenn Projektionen unauthentische Verlangen erschaffen und Intimität beeinträchtigen?«

»Sie trauen dem Durchschnittsmenschen zu viel zu. Die meisten Menschen verbinden Ursache und Wirkung nicht. Daher ist ihnen auch nicht klar, dass sie unauthentische Verlangen verursachen, die Intimität beeinträchtigen können.«

»Aber das erklärt nicht, warum Menschen auf Menschen projizieren, die sie kennen.«

»Avril, Menschen projizieren aus allen möglichen Gründen und letztendlich tun sie es, weil sie andere Menschen beeinflussen wollen. Vielleicht fühlen sie sich durch das Bedürfnis, kontrollieren zu müssen, dazu veranlasst, oder sie wollen die Person, auf die sie projizieren, verändern, manipulieren, sie an sich binden oder ihr Schaden zufügen.«

»Aber das ist so unfair.«

»Vielleicht, aber in den meisten Fällen ist sich der Täter nicht einmal bewusst, dass die Projektion eines Gedankens, einer Emotion oder eines Gefühls – die durch karmischen Ballast oder die eigenen unauthentischen Verlangen verursacht wird – dem Energiefeld eines anderen Menschen oder dessen Fähigkeit, eine intime Beziehung zu haben, Schaden zufügen kann. Manchmal ist es einfach nur eine Frage des Mechanismus. Ein Mensch wird an einen Gedanken, eine Emotion oder ein Gefühl angehaftet, das aus seinem karmischen Ballast oder einer Projektion auftaucht. Dann taucht ein Bedürfnis oder Verlangen auf, und er projiziert die eigenschaftsbehaftete Energie auf einen anderen Menschen, da er diesem die Schuld gibt oder meint, irgendetwas von ihm zu brauchen oder zu wollen.«

»Wollen Sie damit sagen, dass die Projektion auf denjenigen ausgerichtet ist, an den man denkt?«

»Genau das. Wenn ein Mensch mit starken Abhängigkeitsgefühlen, der bedürftig, wütend oder eifersüchtig ist, absichtlich auf einen anderen Menschen projiziert, wird die Auswirkung stärker sein und länger anhalten.«

»Aber wenn Projektionen so schädlich sind, warum haben wir noch nie davon gehört? Warum sind wir alle so unwissend?«

»Sie haben aber schon davon gehört.«

Avril riss ungläubig ihre Augen auf.

»Wissen Sie, was Jesus über Projektionen gesagt hat?«

»Ich bin zwar zur Sonntagsschule gegangen, aber niemand hat mir etwas über Projektionen erzählt.«

»Das ist schade, denn Jesus hatte einiges darüber zu sagen.«

Avril schüttelte Ihren Kopf und sagte: »In Ordnung, Sie haben meine Aufmerksamkeit.«

»Erinnern Sie sich an den Vers: ›Sündige nicht in Gedanken oder Taten‹? Jesus gab uns diesen Vers, weil er erkannte, dass unauthentische Gedanken, Emotionen und Gefühle von einem Menschen auf den anderen projiziert werden können. Er erkannte auch, dass Projektionen das Energiefeld eines Menschen stören können. Deshalb gab er uns diesen Vers: ›Wer eine Frau auch nur lüstern ansieht, hat in seinem Herzen schon Ehebruch mit ihr begangen.‹« (Matth. 5,27–28)

»Aber das ist ja furchtbar.«

»Ich stimme Ihnen zu, es ist nicht sehr schön – ganz besonders, wenn man derjenige ist, der es abbekommt. Aber das ist noch nicht alles. Es gibt noch etwas, das Sie über Projektionen wissen müssen.«

Avril lachte und schüttelte ihren Kopf. »Was werden Sie mir jetzt erzählen – dass sie gespaltene Haarspitzen verursachen?«

»Nein, aber Projektionen verbinden den Täter mit der Zielperson. Das kann zu einer andauernden Verbindung werden, wenn die Zielperson nichts dagegen unternimmt.«

»Sind wir jetzt fertig, denn ich denke, ich habe genug gehört.« Avril klang erschöpft, aber es gab noch etwas, das sie unbedingt herausfinden wollte: »In Ordnung, jetzt wo ich weiß, wie die Göttin mich vermurkst hat, würde es Ihnen etwas ausmachen, mir zu verraten, was ich gegen Projektionen tun kann? Ich glaube nämlich, dass Menschen auf mich projizieren, während wir hier reden.«

»Das habe ich vor, aber lassen Sie uns erst mal zu Kaffee und Kuchen kommen.«

»Sicher, warum nicht.« Avril strich sich die Haare von den Augen und nahm sich ein Glass Mineralwasser, das Truman aufmerksamerweise zusätzlich auf das Getränketablett gestellt hatte. Sich selbst bereitete er eine Tasse Tee zu. Nach einer kurzen Pause sagte er: »Jetzt noch einmal zurück zu Ihrer letzten Frage. Die beste Möglichkeit, Projektionen zu überwinden, ist, zu lernen, wie man unauthentische Verlangen von authentischen unterscheidet, und dann die unauthentischen gegen die authentischen ersetzt, wann immer es möglich ist.«

Avril ließ einen langen Seufzer fahren. Dann verschränkte sie ihre Arme und sagte: »Ich bin ganz Ohr.«

»Nun, warum verraten Sie mir dann nicht, wo die authentischen Verlangen herkommen.«

»Aus meinem authentischen Verstand natürlich.«

»Das ist richtig. Und authentische Verlangen sind in Ihrem System fest verankert im Gegensatz zu den unauthentischen, die aus Ihrem karmischen Ballast und aus Projektionen auftauchen. Und nicht nur das – ohne authentische Verlangen würden Sie nicht auf der Erde inkarnieren, und selbst wenn, würden Sie nicht lange überleben. Die authentischen Verlangen sind für Ihr Überleben unabdingbar. Statt Ihre intimen Beziehungen und Ihr Dharma zu stören, verstärken sie die Fähigkeit, beides zu erfahren.«

»Ich bin verwirrt. Meinen Sie, dass ich authentische Verlangen brauche, um zu überleben oder um authentisch zu leben?«

»Beides. Yoga lehrt, dass es vier authentische Verlangen gibt.

- Das erste ist Artha. Im Sanskrit bezieht sich Artha auf das Verlangen nach materieller Zufriedenheit oder Wohlstand. Da es eine ökonomische Notwendigkeit ist, genügend Wohlstand anzuhäufen, um frei von der Last unaufhörlicher Arbeit zu sein, ist die Erfüllung dieses Verlangens Vorbedingung für eine anhaltende, intime Beziehung.
- Kama ist das zweite Verlangen. Es bezeichnet sowohl Vergnügen als auch das Verlangen nach Vergnügen. Kama bestärkt Sie, sich in eine intime Beziehung einzubringen. Ohne Kama hätten Sie nichts, was Sie dazu motiviert, Ihre Wahrnehmungsorgane nach Innen zu richten – und das bedeutet, Sie würden die Göttin nicht finden oder ihre universellen Eigenschaften nicht manifestieren.
- Dharma ist das dritte authentische Verlangen. Dharma besitzt zwei Bedeutungen: Es gibt gemeinsames Dharma, das sich die ganze

Menschheit teilt, und es gibt individuelles Dharma, das für jeden Einzelnen spezifisch ist. Über das gemeinsame Dharma haben wir letzte Woche schon gesprochen. Es ist der Weg nach Innen, der mit Vergnügen beginnt und endet, wenn Sie Intimität mit dem universellen Bewusstsein erlangt haben. Individuelles Dharma ist Ihr individueller Weg, und er beginnt mit angemessenem Handeln. Es hilft Ihnen, im authentischen Verstand zentriert zu bleiben und angemessene Ziele zu erschaffen, die Sie in die intime Beziehung mit Ihrem Selbst führen.

- Moksha ist das vierte Verlangen. Moksha bezeichnet Transzendenz und bedeutet andauernde Intimität mit dem universellen Bewusstsein und Befreiung von karmischem Ballast und von Projektionen aus eigenschaftsbehafteter Energie. Von den vier Verlangen ist Moksha das wichtigste.«

»Also ist Intimität kein Prozess der Selbstaufopferung?«

»Das war es nie. Intimität ist der Prozess, das zu werden, was die Verwirklichung des Selbst zur Folge hat.«

Avril erstickte beinahe an ihrer nächsten Frage, doch schließlich gelang es ihr, sie doch hervorzubringen: »Sind Sie sich sicher, dass Sie nicht zu viel von mir erwarten? Ich meine, wir arbeiten erst seit einigen Wochen miteinander und jetzt reden Sie davon, unauthentische Emotionen zu überwinden.«

»Ich weiß, es scheint sehr viel zu sein.«

»Das scheint nicht nur so, das ist es auch. Und, um ehrlich zu sein, ich sehe nicht, wie ich jemals unauthentische Verlangen überwinden könnte, wenn sie sowohl aus karmischem Ballast als auch von den Projektionen der Leute kommen, die ich kenne.«

»Avril, ich kann Ihnen versichern – Sie werden sie überwinden.«

»Wirklich?«

»Ich bin zuversichtlich, dass Sie es können, und das kann ich Ihnen beweisen. Für Anfänger haben unauthentische Verlangen sehr viel Ähnlichkeit mit dem inneren Dialog.«

»Wollen Sie damit sagen, ich kann sie überwinden, indem ich gegenwärtig werde?«

»Eine Möglichkeit wäre, sich in Ihrem authentischen Verstand zu zentrieren und gegenwärtig zu bleiben. Aber es gibt noch eine andere, die auf lange Zeit effektiver ist. Sie lautet: Verändern Sie Ihre Prioritäten.«

»Klingt großartig. Aber sagen Sie mir, wie ich das in meinem Alter noch hinkriegen soll.«

»Indem Sie Intimität zu Ihrer höchsten Priorität machen. Dann machen Sie die Erfüllung Ihrer authentischen Verlangen zu einer höheren Priorität als die Erfüllung Ihrer unauthentischen Verlangen.«

»Glauben Sie ernsthaft, ich kann das bewerkstelligen, während ich noch an meinem individuellen Verstand und mein Ego angehaftet bin und von den Projektionen anderer Leute bombardiert werde?«

»Ich weiß, dass Sie es können, denn Sie haben bereits alle notwendigen Fähigkeiten und auch das Wissen.«

Avril wollte protestieren, aber Truman hob seine Hand und sagte: »Sie wissen bereits, wie Sie Ihre Wahrnehmungsorgane nach Innen richten. Sie wissen, wie man gegenwärtig wird, und Sie können sich in Ihrem authentischen Verstand zentrieren.«

»Also?«

»Also alles, was Sie darüber hinaus noch tun müssen, ist, sich für Ihre authentischen Verlangen zu entscheiden – wann immer Sie im Konflikt sind – anstatt für Ihre unauthentischen.«

»Sie meinen, ich muss all meine unauthentischen Verlangen nicht aufgeben?«

»Genau das – es ist eine Frage der Prioritäten. Wenn es keinen Konflikt gibt, können Sie tun, was immer Sie wollen. Wenn es einen Konflikt zwischen authentischen und unauthentischen Verlangen gibt ...«

»Wie zum Beispiel ...?«

»Wie zum Beispiel das Verlangen nach Kontrolle, nach Schokolade oder Glücklichsein, müssen Sie die authentischen Verlangen zu Ihrer höchsten Priorität machen und sich für sie entscheiden, anstatt für die, die unauthentisch sind.«

»Das klingt nicht so schwer.«

»Ist es nicht.«

»Aber eins beschäftigt mich noch.«

»Was ist es?«

»Warum gibt sich die Gesellschaft nicht den authentischen Verlangen hin anstatt der unauthentischen? Würde sie es tun, würde jeder mehr Vergnügen, Liebe, Intimität und Freude in seinen Beziehungen erfahren.«

»Avril, wir leben in einer patriarchalen Kultur.«

»Sie meinen, eine Kultur, die männlich dominiert ist?«

»Genau das. Die meisten modernen Kulturen sind männlich dominiert und somit von Natur aus autoritär. Das bedeutet, die Institutionen unserer Kultur benutzen ihre Autorität, um den Zugang der Menschen zu Vergnügen – besonders sexuellem Vergnügen – einzuschränken. Sobald eine äußere Autorität oder Institution den Zugang der Menschen zu Vergnügen kontrolliert und die Macht besitzt, ihnen zu sagen, was gut oder schlecht für sie ist, ist es eine leichte Sache, Menschen dazu zu bewegen, authentische Verlangen durch unauthentische zu ersetzen.«

»Auf diese Weise also kontrollieren uns die Institutionen unserer Kultur.«

»Wenn Sie die Beschränkungen näher untersuchen, die den Menschen durch die Institutionen patriarchaler Kulturen auferlegt werden, ist leicht zu erkennen, warum Menschen in ihrem individuellen Verstand und Ego verfangen sind und von unauthentischen Verlangen vereinnahmt.«

»Nun«, schnaubte Avril aufgebracht, »mir gefällt das kein bisschen.«

»Ich weiß, was Sie meinen, aber es wird sich nichts ändern, bis Menschen wie Sie Ihre Kraft für sich zurück beanspruchen und die Kontrolle über Ihr Energiefeld zurückerlangen.«

»Wenn das der Fall ist, dann sagen Sie mir, was ich tun kann, um die Kontrolle zurückzugewinnen.«

»Sie meinen, abgesehen davon, authentische statt unauthentische Verlangen zu wählen, wenn es zum Konflikt kommt?«

»Ja, genau.«

»Sie können Ihr zweites, viertes und sechstes Chakra aktivieren. Das wird die Menge an Vergnügen, Liebe und Willen, die Sie erfahren, vergrößern und Ihnen mehr Kontrolle über Ihr Energiefeld verschaffen.«

»Ich bin nicht sicher, ob ich das verstehe.«

»In Ordnung. Vergnügen ist mit Ihrem zweiten Chakra assoziiert, das auch die geschlechtliche Identität, sexuelle Energie, Vitalität und Kreativität reguliert. Wenn Sie Ihr zweites Chakra aktivieren, verstärken Sie die Erfahrung Ihres Vergnügens.

Ihr viertes Chakra regelt Ihre persönlichen Rechte und spielt eine wichtige Rolle im Umgang mit menschlicher Liebe und Intimität. Wenn Sie Ihr viertes Chakra aktivieren, erlangen Sie die Kontrolle über Ihre persönlichen Rechte – besonders das Recht, das zu lieben, was Ihnen Vergnügen bereitet.

Ihr sechstes Chakra regelt den persönlichen Willen und Ihre Fähigkeit, Unterschiede zwischen authentischen und unauthentischen Energiefeldern wahrzunehmen. Wenn Sie Ihr sechstes Chakra aktivieren, erlangen Sie den Willen zurück, zu lieben, was Ihnen Vergnügen bereitet – selbst wenn es inneren oder äußeren Widerstand gibt.«

»Sie meinen, durch die Institutionen unserer Kultur?«

»Oder durch die Menschen, die die Werte dieser Institutionen verinnerlicht haben. Diese drei Zentren – das zweite, vierte und sechste Chakra – müssen aktiv sein und synchronistisch funktionieren, wenn Sie Ihre Kraft von den Institutionen der patriarchaler Kultur sowie auch die Kontrolle über Ihr persönliches Feld zurückerlangen wollen. Die einfache Wahrheit ist, dass es schwierig sein wird, authentische Verlangen anzunehmen und andauernde Intimität in einer Beziehung zu erfahren, wenn dem Willen das Herz fehlt oder dem Herz das Vergnügen.

Wie dem auch sei, ich habe hierzu eine Übung, die Ihnen dabei helfen wird, die Kontrolle über Ihr persönliches Feld zurückzuerhalten und unauthentische Verlangen durch authentische zu ersetzen, wenn sich diese im Konflikt befinden.«

»Warum überrascht mich das nicht?«, murmelte Avril.

Truman lächelte innerlich, stand dann auf und ging zu seinem Schreibtisch. Er nahm eine Kassette, drehte sich zu Avril um und sagte:

Das Aktivieren des zweiten, vierten und sechsten Chakras

»In dieser Übung werden Sie Ihr Herzchakra aktivieren und sich darin zentrieren. Dann aktivieren Sie Ihr zweites und sechstes Chakra. Sobald sie aktiviert sind, werden Sie gegenwärtig und tauchen dann gleichzeitig von den Ebenen dieser drei Chakren auf. Wenn Sie diese Übung meistern, werden Sie Ihre Fähigkeit, zu lieben, was Ihnen Vergnügen bereitet, und authentische Verlangen zu wählen, statt unauthentische vergrößern und die Kontrolle über Ihr Energiefeld wieder aufnehmen. Haben Sie irgendwelche Fragen, bevor wir beginnen?«

Avril schüttelte mit dem Kopf. Truman legte ein Band in den Kassettenrekorder. Einige Augenblicke vernahm Avril das Geräusch von fließendem Wasser. Dann erklärte Truman: »Finden Sie eine bequeme Haltung mit geradem Rücken. Dann benutzen Sie die Standardmethode, um sich zu entspannen.«

Avril führte die Standardmethode aus. Dann aktivierte sie ihr Herzchakra und zentrierte sich darin. Nach einer kurzen Pause wies Truman sie an, ihr zweites und sechstes Chakra zu aktivieren, was ihr ohne Schwierigkeiten gelang. Dann erklärte Truman: »Um fortzufahren, bekräftigen Sie: ›Auf der Ebene meines zweiten, vierten und sechsten Chakras ist es meine Absicht, meine Wahrnehmungsorgane nach Innen zu richten und im persönlichen Körperraum gegenwärtig zu werden.‹«

Nachdem Avril gegenwärtig geworden war, erklärte Truman: »Um fortzufahren, bekräftigen Sie: ›Es ist meine Absicht, auf den Ebenen des zweiten, vierten und sechsten Chakras aufzutauchen.‹«

Avril folgte Trumans Instruktionen und genoss in den nächsten 15 Minuten die Wirkung. Als sie die Augen öffnete, saß Truman ihr mit einem großen Umschlag auf dem Schoß gegenüber. Avril erwartete bereits seine Frage und sagte: »Ich fühlte mich ganz klar und zentriert – eigentlich immer noch.«

Einen Moment lang betrachtete Truman sie eingehend – dann lächelte er.

»In Ordnung, üben Sie, was Sie gelernt haben. In einigen Tagen werden Sie viel selbstgenügsamer sein, und Ihr Verlangen für bestimmte Dinge wird abnehmen.«

»Und meine authentischen Verlangen – was ist damit?«

Truman stand auf und gab Avril den Umschlag. »Mit weniger Anhaftung an unauthentische Verlangen wird auch weniger Angst da sein, und mit weniger Angst werden Ihre authentischen Verlangen in Ihrer bewussten Wahrnehmung auftauchen.«

»Dann werde ich mir also meiner Verlangen nach Wohlstand, Vergnügen, Wissen und Transzendenz bewusst?«

»Genau das. Nun«, fügte Truman hinzu, während er sie zur Tür begleitete, »genießen Sie Ihre Übung, und wir sehen uns nächste Woche.«

Als Avril nach Hause zurückgekehrt war, gab sie Dieter die Kassette. Dann setze sie sich hin, um den Text zu lesen, den Truman ihr gegeben hatte.

Unauthentische Verlangen

Karma kann man in drei Arten klassifizieren: Past-Life-Karma, karmischer Ballast und potentielles Karma.

- Past-Life-Karma ist bereits vollendet und hat sich von Geburt an in Ihrem Körper und Geist manifestiert. Es bestimmt Ihren Körpertyp, Ihr Talent, Ihre intellektuellen und kreativen Fähigkeiten und welche Menschen zu Ihrer Familie gehören. Außerdem bestimmt es den anfänglichen Status und die genetische Stärke, was man als Kraft, Durchhaltevermögen und körperliche Gesundheit interpretieren könnte. Past-Life-Karma bestimmt, zu welchen Menschen Sie sich hingezogen fühlen und welche Menschen sich von Ihnen angezogen fühlen. Man bleibt in seinem Past-Life-Karma verfangen, bis es abgelaufen ist oder eine Möglichkeit gefunden wird, es zu transzendieren.
- Die zweite Art Karma nimmt die Form von karmischem Ballast an. Im Gegensatz zu Past-Life-Karma manifestiert der karmische Ballast seine Auswirkungen nicht von Geburt an im Körper des Menschen – dennoch kann er massiven Einfluss auf das eigene Energiefeld haben. Wenn der Mensch älter wird, wird der karmische Ballast seine physische Gesundheit und sein Wohlbefinden zunehmend und tief greifend beeinflussen. Je größer die Anhaftung des Menschen an seinen karmischen Ballast ist, desto größer wird dessen Einfluss sein. Karmischer Ballast ist als karmische Ablagerung auf dem persönlichen Körperraum aufgeschichtet. Menschen tragen ihn hauptsächlich vor den Chakren, den drei Herzen und den kleinen Energiezentren in den Händen und Füßen sowie auch als Klumpen, die frei in der Aura umhertreiben. Karmischer Ballast entstammt Handlungen, die der Mensch bereits begangen hat – entweder in diesem oder in vergangenen Leben –, die sich aber noch nicht vollzogen haben. Die Beziehung, die ein Mensch zum karmischen Ballast hat, wird oft mit der Beziehung eines Bogenschützen zu seinem Pfeil verglichen. Der Pfeil wurde abgeschossen, hat sein Ziel aber noch nicht erreicht. Ist er jedoch erst einmal abgeschossen, kann man ihn nicht mehr zurückrufen, und die Auswirkungen des Pfeils können vom Schützen nicht mehr beeinflusst werden. Alles, was der Mensch tun kann, ist, den karmischen Ballast aufzulösen oder seine Beziehung dazu zu verändern. Es gibt verschiedene Möglichkeiten, das zu tun:

- Sie können unauthentische Verlangen durch authentische ersetzen oder unangemessene Handlungen durch angemessene. Das lässt Sie im persönlichen Körperraum und im authentischen Verstand zentriert bleiben. Da eigenschaftslose Energie unendlich machtvoller ist als eigenschaftsbehaftete – die die Form von karmischen Ballast annimmt – können Sie dadurch, dass Sie sich im authentischen Verstand zentrieren und unauthentische Verlangen gegen authentische ersetzen, die Auswirkungen von karmischem Ballast erheblich reduzieren.
- Eine andere Methode ist, eine andauernde intime Beziehung mit einem Partner einzugehen, bis Intimität in geteilte Freude transformiert wurde. Wenn Partner erst einmal Intimität und Freude miteinander teilen, wird es für beide leichter sein, authentisch zu bleiben, selbst wenn karmischer Ballast als unauthentisches Verlangen, als innerer Dialog oder als Druck, Unbehagen oder physischer Schmerz auftaucht.
- Die letzte Möglichkeit, die Auswirkungen von karmischem Ballast zu überwinden, ist, dem Sehnen des dritten Herzens nach dem Ort bzw. Zustand zu folgen, wo das universelle Bewusstsein auftaucht. Wenn man dem Sehnen nach seiner Quelle – dem universellen Bewusstsein – hin folgt, kann man die Ursache/Wirkung-Beziehung transzendieren, die einen in den Mustern verfängt, die aus karmischem Ballast auftauchen.

• Die dritte Art von Karma ist potentielles Karma. Dieses Karma wird nur dann zunehmen, wenn sich der Mensch an Handlungen beteiligt, die durch karmischen Ballast oder Projektionen motiviert sind. Diese Art von Karma können Sie vermeiden, wenn Sie unauthentische Verlangen gegen authentische ersetzen und indem Sie tun, was angemessen ist. Selbst wenn karmische Muster Sie dazu zwingen zu handeln – Sie können diesem Zwang widerstehen und sich stattdessen dafür entscheiden, angemessene Handlungen auszuführen. Wenn Sie sich für angemessenes Handeln entscheiden und Ihrem Dharma verpflichtet bleiben, können Sie einen Zwang, sowie er auftaucht, leicht überwinden, und es wird keine karmische Beziehung oder Anhaftung verursacht werden. Das bedeutet, dass es nichts geben wird, das Ihre Erfahrung von Vergnügen, Liebe, Intimität und Freude überwältigen kann.

Projektionen

Projektionen sind real. Sie sind so real, dass sie Menschen an ungesunde karmische Muster binden können. Sie entstehen, wenn ein Mensch eigenschaftsbehaftete Energie in das Energiefeld eines anderen Menschen projiziert. Zu diesem Zeitpunkt der menschlichen Geschichte sind die Menschen mit ihrem individuellen Verstand und Ego so identifiziert, dass sie ihre authentischen Verlangen, die aus ihrem authentischen Verstand auftauchen, unwissentlich durch ihre unauthentischen ersetzt haben, die aus ihrem karmischen Ballast und aus äußeren Projektionen auftauchen. Die Folge davon ist, dass, wann immer man eine Einstellung, einen Gedanken, eine Emotion, ein Gefühl oder ein Verlangen hat, eine Welle oder Schnur aus eigenschaftsbehafteter Energie auf den Menschen projiziert wird, den man gerade im Sinn hat.

Es gibt zwei Arten von Projektionen, die uns besonders betreffen: Kontrollwellen und Schnüre.

Kontrollwellen: Kontrollwellen sind Felder aus eigenschaftsbehafteter Energie, die polarisiert und hochaktiv sind. Obwohl eine Kontrollwelle bewusst projiziert werden kann, ist es meistens so, dass sich der Mensch, der die Welle projiziert, nur zum Teil der Tatsache bewusst ist, dass er eigenschaftsbehaftete Energie projiziert.

Im Fall einer Kontrollwelle zielt die Projektion darauf ab, den Willen, die Absicht und die Identität des Betroffenen zu beeinflussen – besonders wenn der Mensch, der die Welle projiziert, unerfüllte Erwartungen hat oder von dem Menschen enttäuscht wurde, auf den er/sie projiziert.

Kontrollwellen neigen dazu, auf den karmischen Ballast Druck auszuüben, der sich bereits im Energiefeld des Betroffenen befindet. Der zunehmende Druck, der von Kontrollwellen verursacht wird, ist die am weitesten verbreitete Quelle für Stress und stressbedingte Symptome.

Schnüre: Schnüre sind normalerweise hoch polarisiert und extrem aktiv. Im Gegensatz zu Kontrollwellen sind sie Erscheinungsformen von Abhängigkeit, Bedürftigkeit und/oder Verlangen, das an Besessenheit grenzen kann. Kontrollwellen werden projiziert, um einen Aspekt der Persönlichkeit der Zielperson zu kontrollieren. Eine Schnur hingegen manifestiert das Verlangen oder Bedürfnis des Täters, an jemandem festzuhalten oder mit der Zielperson in Kontakt zu bleiben. Schnüre bleiben aktiv, solange die projizierende Person an dem Eindruck festhält, dass er/sie von der Zielperson irgendetwas braucht oder begehrt – selbst wenn es nur Kontakt ist. Wenn diese Vorstellung aufgegeben wird, ruht die Schnur, was ihre Funktion angeht. Aber selbst im Ruhezustand bleibt sie vom Aufbau her intakt und hält die Verbindung zwischen Täter und Zielperson – in manchen Fällen sogar Jahre über die anfängliche Projektion hinaus.

KAPITEL 8

Avril saß auf dem Rücksitz in Dieters schwarzem Audi und sah auf die Bürogebäude und renovierten Lagerhäuser des Pearl-Bezirks. Obwohl sie und Dieter die meiste Zeit schweigend dasaßen, war daran nichts, das Avril störte. Es war viel angenehmer geworden, mit Dieter Zeit zu verbringen, seit sie aufgehört hatte, ihn für ihre Verfassung verantwortlich zu machen, und stattdessen mit ihm teilte, was sie von Truman gelernt hatte.

Als sie im Pearl-Bezirk angekommen waren, war der Verkehr flüssiger geworden, so dass sie ein paar Minuten zu früh vor Trumans Büro eintrafen. Dieter fuhr gegenüber dem Gebäude in eine Einfahrt und lehnte sich über den Vordersitz zu Avril. »Du weißt, ich habe gemeint, was ich gestern Abend gesagt habe.«

»Ich weiß, lass mich einfach darüber nachdenken.«

»Kein Problem. Denk nur daran – es braucht zwei, um Tango zu tanzen.«

»Ich bin sicher, ich werde es nicht vergessen.« Avril lächelte breit, stieg dann aus dem Auto aus und schloss die Tür hinter sich. Als sie bei Trumans Büro ankam, bebte sie vor Aufregung. Sie hatte die neue Übung, die Truman ihr beigebracht hatte, die ganze Woche lang trainiert, und jetzt fühlte sie sich nicht nur stärker, sondern konnte auch spüren, dass sie endlich Kontrolle über ihr Feld und die unauthentischen Verlangen hatte, die sie beeinträchtigten. Statt den Aufzug zu nehmen, sprang Avril die Treppen hinauf, nahm zwei Stufen auf einmal und war ganz außer Atem, als sie Truman an der Tür begegnete.

Truman schien, wie jeder andere in der Stadt, das für diese Jahreszeit ungewöhnliche warme Wetter zu genießen. Er trug ein dünnes Golfshirt über einer leichten Jeanshose. Avril hatte Wollpullover und Hosen gegen Baumwollbluse und Rock eingetauscht. Statt des schweren Wollmantels trug sie eine leichte Frühlingsjacke mit weitem Kragen und großen Druckknöpfen. Nachdem sie Truman begrüßt und ihre Jacke aufgehängt hatte, setze sie sich hin und begutachtete die vielfältige Gebäckauswahl, die zu einem festen Bestandteil ihrer Sitzungen mit Truman geworden war.

»Na, was meinen Sie?«

Avrils Herz pochte so stark, dass sie nicht an Essen denken konnte.

Außerdem war sie immer noch mit ihren neuesten Erfahrungen mit Dieter beschäftigt.

»Avril, Sie sehen zerstreut aus. Warum sagen Sie mir nicht, was los ist?«

»Wenn Sie's wissen wollen – Dieter und ich hatten ein paar Erfahrungen …«

»Sie meinen, wie die Erfahrung über die Sie letzte Woche gesprochen haben?«

»Ähnlich«, sagte Avril und wurde rot. »Aber dieses Mal waren sie eher gegenseitig.«

»Bedeutet das, Sie haben mit Dieter zu teilen begonnen, was Sie gelernt haben?«

»Ich dachte, das wäre in Ordnung.« Avril unterdrückte ein Krächzen. »Ich habe doch nichts Falsches getan, oder?«

»Nein, haben Sie nicht. Wenn Menschen diese Arbeit so lange wie Sie jetzt gemacht haben, dann teilen sie mit ihren Partnern, was sie gelernt haben, oder sie verlassen sie. Sie hatten nicht die Absicht, Dieter zu verlassen – das wusste ich. Also war es nur eine Frage der Zeit, bis Sie beginnen würden, die Arbeit mit ihm zu teilen.«

»Als ich am Dienstag nach Hause kam«, sagte Avril aufgeregt, »habe ich Dieter den Lesestoff gezeigt und die Kassetten von unseren Sitzungen.«

»Wie hat er reagiert?«

»Er war sehr empfänglich und hatte keine Schwierigkeiten, die Übungen zu machen.«

»Und dann?«

»Dann hat er angefangen anzuwenden, was er gelernt hat – an mir.« Avril begann zu stottern und brach ab.

»Avril, bitten fahren Sie fort.«

»Es war anders – das ist alles, was ich sagen kann. Es war das erste Mal, dass die Chemie gestimmt hat. Und das gab mir das Gefühl, als würden wir zusammengehören. Ich bin immer noch nicht sicher, was der Unterschied war – aber etwas war da …«

»Vielleicht haben Sie gefunden, wonach Sie gesucht haben.«

»Sie meinen, das Göttlich-Männliche?«

»Zwischen Partnern stimmt dann die Chemie, wenn sie es schaffen, in sich einen Raum zu erschaffen, durch den das universelle Bewusstsein als Vergnügen, Liebe, Intimität und Freude auftauchen kann.«

»Es gab mehr Vergnügen und Liebe – das ist ganz sicher.«

Truman ließ Avril den Moment auskosten. Dann sagte er: »Hat er Sie gefragt, ob er auch teilnehmen kann?«

»So weit sind wir noch nicht gekommen, aber ich weiß, dass er Interesse daran hat, mehr zu lernen.«

»Mehr zu lernen kann viele Dinge bedeuten.«

»Ich weiß, allerdings konkurriert er gern. Er mag es, die Kontrolle zu haben, und ich fürchte, dass er Probleme verursachen wird, wenn er teilnimmt.«

»Wenn er die Kontrolle nicht aufgegeben hätte, hätten Sie das Göttlich-Männliche nicht erfahren können.«

»Das weiß ich.«

»In Ordnung«, sagte Truman plötzlich und unvermittelt, »Jetzt, wo sich die Situation verändert hat – wie wollen Sie verfahren?«

»Muss ich mich gleich jetzt entscheiden?«

»Nein, eigentlich wäre es besser, Sie und Dieter würden diese Entscheidung gemeinsam treffen.«

»Ich weiß, Sie haben Recht«, gab Avril widerwillig zu.

»Gut! Da wir das jetzt geklärt haben – haben Sie irgendwelche Fragen zu dem, was wir letzte Woche gemacht haben?«

»Ich weiß nicht. Ich habe die Übung gemacht, die Sie mir gegeben haben, und es hat gut funktioniert – bis auf eine Sache.« Avril seufzte tief, bevor sie fortfuhr. »In Ordnung, Folgendes ist passiert: Donnerstagabend hat Dieter mich angerufen, um mir zu sagen, dass er länger arbeiten muss. Er hat diese wirklich süße Kollegin, die in seiner Praxis arbeitet. Daran hatte ich allerdings gar nicht gedacht, bis ich aufgelegt habe. Dann fühlte ich, wie meine Kehle eng wurde und wie mein Unterleib zu schmerzen begann. Da wusste ich, dass ich eifersüchtig bin. Ich wollte es eigentlich gar nicht erwähnen, denn ich dachte, Eifersucht ist nur ein weiteres unauthentisches Verlangen.«

»Eifersucht ist mehr als ein unauthentisches Verlangen – es ist eine Leidenschaft.«

»Sie meinen wie Wollust?«

»Wie Wollust, Neid, Hass und Verzweiflung. Ich nenne sie Leidenschaften, weil sie stärker sind als unauthentische Verlangen und auch störender.«

»Störend kann vieles bedeuten«, konterte Avril.

»Ich weiß«, erwiderte Truman amüsiert, »aber in diesem Fall sind sie störender, weil sie in Ihren individuellen Verstand und Ihr Ego integriert sind und von Ihrem persönlichen Willen unterstützt werden. Das bedeutet, sie können benutzt werden, um eine ganze Bandbreite unauthentischer Verlangen zu rechtfertigen. Ich gebe Ihnen dafür ein Beispiel: Wenn ein Mensch eifersüchtig wird, kann die Eifersucht benutzt werden, um Wut oder Enttäuschung und eine Vielzahl unangemessener Handlungen zu rechtfertigen, die Ihre intime Beziehung beeinträchtigen können.«

»Würden Sie sagen, dass Eifersucht eine Beziehung vergiften kann?«

»Tatsächlich beeinträchtigen Leidenschaften wie Eifersucht die Intimität so grundlegend, dass – wenn der Mensch erst mal darin verfangen ist – Intimität zu einer Idealvorstellung wie der Weltfrieden werden kann. Man strebt nach ihm, erwartet aber nicht wirklich, ihn erreichen zu können. Wie dem auch sei, wenn es Ihnen mit einer intimen Beziehung ernst ist, ist es unabdingbar, Ihre Leidenschaften zu überwinden. Und die beste Möglichkeit damit anzufangen, ist, Leidenschaften durch Tugenden zu ersetzen.«

»Sie meinen sicher keine altmodischen Tugenden, wie die, über die meine Mutter immer gesprochen hat?«

»Genau die meine ich. Tugenden wie Wahrhaftigkeit, Aufrichtigkeit, selbstloses Handeln und Nicht-Verletzen tauchen aus dem authentischen Verstand auf und sind so machtvoll, dass sie Leidenschaften wie Eifersucht leicht überwinden können. Nicht-Verletzen ist die machtvollste. Um diese Tugenden jedoch effektiv anwenden zu können, müssen Sie wissen, wie Ihr Energiesystem arbeitet – was das heutige Thema sein wird – und wie Prana benutzt wird, um Ihren authentischen Verstand zu unterstützen.«

»Werden wir wieder über die Chakren und die kleinen Energiezentren reden? Das würde ich gern, denn ich habe viel darüber nachgelesen.«

»Wir beginnen mit den Chakren. Dann werden wir über die Meridiane, die kleinen Energiezentren und die aurischen Felder reden. Also, wenn Sie bereit sind?«

»Bereit und willens!«

»Gut. Falls Sie sich erinnern – die Chakren verbinden Sie mit dem universellen Bewusstsein und dienen als Tore, durch die Prana in Ihr Energiefeld eintritt. Aber sie tun noch viel mehr als das. Die Chakren verteilen auch Prana und wandeln es um.«

»Könnten Sie erklären, was Sie mit umwandeln meinen?«

»Wenn Prana aus dem universellen Bewusstsein auftaucht, muss die Vibration oder Resonanz in exakt die Frequenz umgewandelt werden, die von Ihren Energiekörpern in jeder Dimension benötigt wird – und die Chakren führen diese Funktion aus. Das funktioniert folgendermaßen: Das erste Chakra nährt Ihre Energiekörper auf der ersten Dimension, indem es die Pranafrequenz in genau die Frequenz umwandelt, die die Körper brauchen, um entsprechend zu funktionieren. Das zweite Chakra macht dasselbe für die Körper der zweiten Dimension. Genau derselbe Prozess findet auf allen physischen und nicht-physischen Dimensionen statt. Tatsächlich wandeln die Chakren Prana in die gesamte Bandbreite der Frequenzen um, die ein Mensch braucht, um sowohl am physischen als auch am nicht-physischen Universum teilzunehmen. Außerdem sollten Sie wissen, dass mehr Prana durch Ihr Feld strahlen wird, wenn Ihre Chakren aktiv sind. Das bedeutet, dass Sie weniger reaktiv sein werden auf eigenschaftsbehaftete Felder, die versuchen, sich in Ihre Intimitätserfahrung einzumischen.«

»Also verteidigen die Chakren mein Feld auch gegen das Eindringen eigenschaftsbehafteter Energie.«

»Richtig, aber das ist nur ein Teil der Geschichte. Wenn die Chakren aktiviert sind und Prana ohne Unterbrechungen fließt, bleiben Sie authentisch, und Sie werden in der Lage sein, Leidenschaften durch Tugenden zu ersetzen.«

»Ich glaube, ich verstehe es – aber da gibt es noch etwas, das ich wissen möchte: Ist es wahr, dass es nur sieben Chakren gibt? Ich habe nämlich gelesen, es gibt mehr.«

»Sieben Chakren gibt es der traditionellen Anschauung nach. Die Wahrheit ist aber, dass es elf Chakren im persönlichen Körperraum gibt.«

»Zählen Sie die kleinen Energiezentren mit dazu?«

»Nein, es gibt elf Chakren und noch zusätzlich die kleinen Energiezentren in den Händen und Füßen.« Truman stand auf und nahm ein Buch, das auf dem Schreibtisch lag. Es war dasselbe Buch, das er Avril zwei Wochen zuvor gezeigt hatte. Dieses Mal deutete er auf eine Abbildung, die einen Mann mit sieben Chakren in Form eines Lotus darstellte (vgl. S. 127). »Erinnern Sie sich daran?«

»Sie haben sie mir vor zwei Wochen gezeigt.«

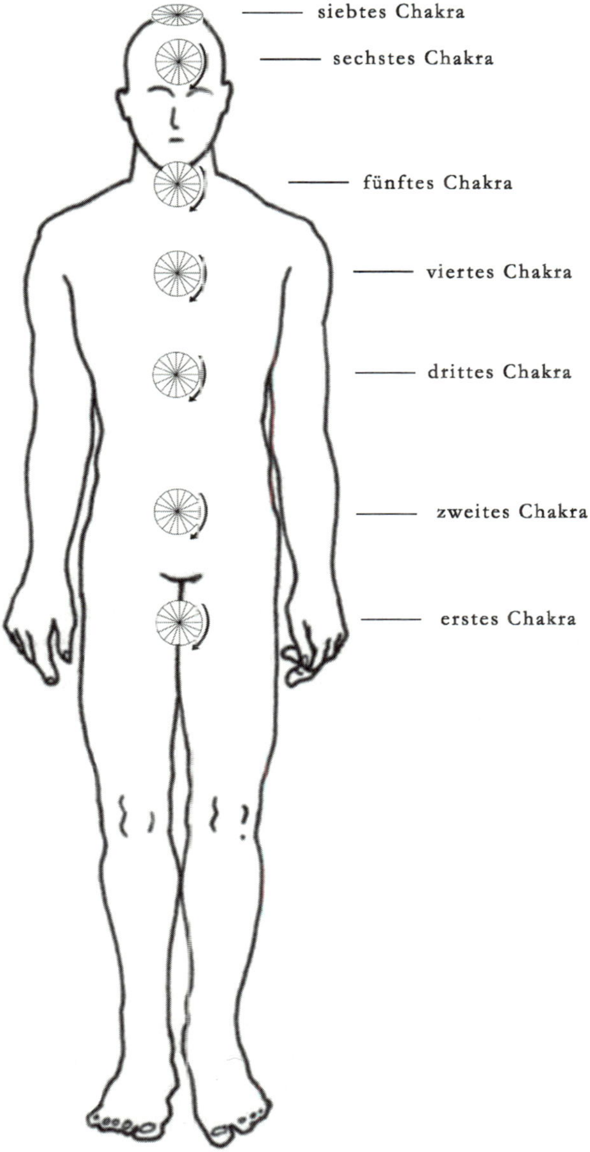
siebtes Chakra
sechstes Chakra
fünftes Chakra
viertes Chakra
drittes Chakra
zweites Chakra
erstes Chakra

»Das Bild illustriert die traditionelle Sichtweise.« Truman blätterte weiter zu einer anderen Abbildung (vgl. S. 129). »Diese Illustration bringt uns einen Schritt weiter. Zu den traditionellen sieben Chakren kommen noch vier weitere.« Truman deutete auf den Unterleib. »Die beiden Chakren, auf die ich zeige, sind als das obere und das untere ätherische Chakra bekannt. Sie regulieren die Verteilung und Umwandlung des Pranas auf der ätherischen Ebene – der Ebene der Gefühle. Das obere ätherische Chakra sitzt bei der Milz, auf der linken Seite des Unterleibs, zwischen dem zweiten und dritten Chakra. Das untere ätherische Chakra liegt ihm direkt gegenüber.«

»Ich dachte, Gefühle tauchen von der Ebene der Seele auf.«

»Das tun sie, aber Yoga ist präziser als das Klassifikationssystem, das Ihnen bekannt ist. Es teilt die Seele in die astrale Ebene, also die Ebene der Emotionen, und in die ätherische Ebene, die Ebene der Gefühle.«

»Könnten Sie den Unterschied zwischen beiden erklären?«

»Emotionen schwingen in einer höheren Frequenz als Gefühle und sie sind präziser. Außerdem gibt es nur vier authentische Emotionen, während es hunderte von authentischen Gefühlen gibt.«

»Und die anderen beiden Chakren?«

»Das sind Ihre physischen Chakren. Zusammen mit Ihren ätherischen Chakren überwinden sie den Graben zwischen Ihrem authentischen Verstand – zu dem Ihre Energiekörper und das menschliche Energiesystem gehören – und Ihrem Nervensystem und Gehirn. Die Zusammenarbeit der ätherischen und physischen Chakren ermöglicht es Ihnen, mit bewusster Wahrnehmung im physischen und im nichtphysischen Universum zu funktionieren.«

»Und sind meine physischen Chakren auch im persönlichen Körperraum?«

»Das obere physische Chakra sitzt im Kopf. Sehen Sie, wo ich hinzeige – es ist direkt über und hinter der Vorderseite des sechsten Chakras. Das untere physische Chakra befindet sich in der Mitte des Beckens, direkt vor und ungefähr fünf Zentimeter unter der Rückseite des zweiten Chakras. Vom Aufbau her sind die ätherischen und physischen Chakren mit den sieben traditionellen Chakren bis auf ihre Länge identisch – sie sind ungefähr um 40 Prozent kürzer.«

»Und was ist mit ihren individuellen Funktionen?«

»Die ätherischen Chakren sind für die Regulierung des Unterschei-

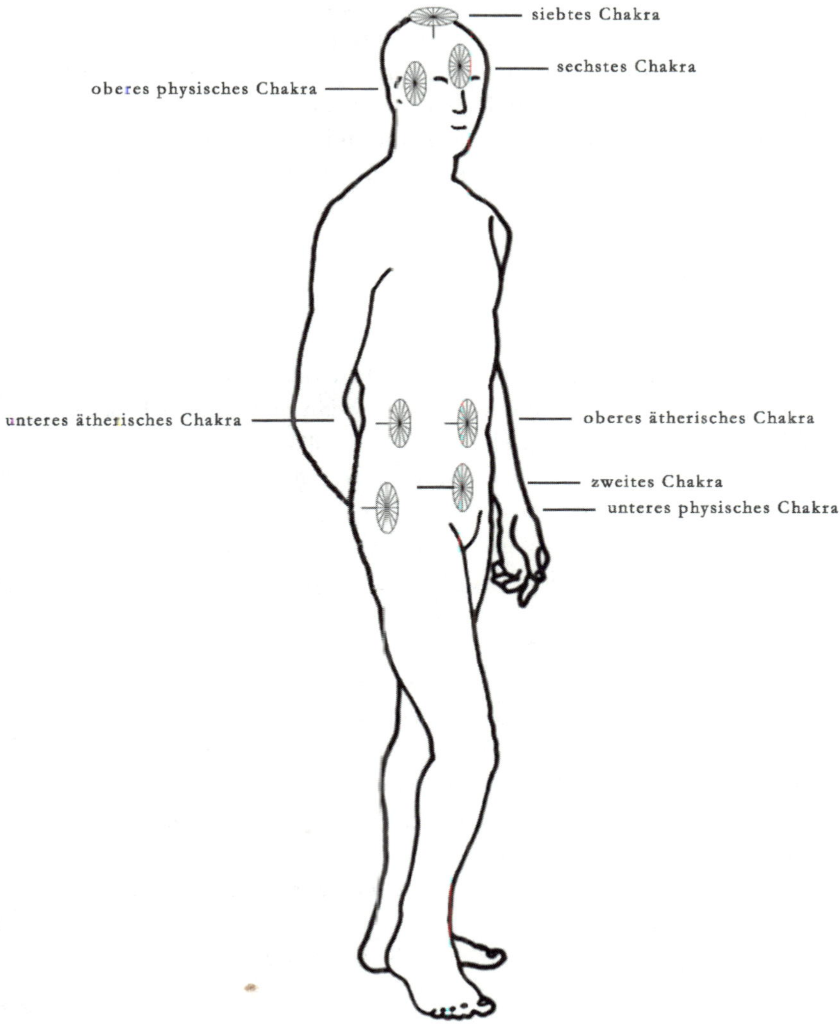
siebtes Chakra
sechstes Chakra
oberes physisches Chakra
unteres ätherisches Chakra
oberes ätherisches Chakra
zweites Chakra
unteres physisches Chakra

dungsvermögens und den Selbstausdruck auf der ätherischen Ebene verantwortlich – und natürlich regeln sie auch die Gefühle.

Die physischen Chakren regeln physische Empfindungen, besonders die, die mit sexueller Stimulation und geteiltem sexuellen Vergnügen zu tun haben. Die Funktion Ihrer Wahrnehmungsorgane und Ihre Fähigkeit, sie auf die äußere Umgebung auszurichten, hat direkt mit dem Zustand Ihrer physischen Chakren zu tun – besonders mit dem oberen physischen Chakra in Ihrem Kopf. Wenn Ihre ätherischen und physischen Chakren aktiv sind, werden Sie in der physischen Welt geerdet sein. Geerdet zu sein ist sehr wichtig, da es Ihnen ermöglicht, körperliches Vergnügen und sexuelle Intimität ohne Beeinträchtigungen zu erfahren. Ebenso sorgt es für eine Verankerung, die Sie davor bewahrt, in der physischen Welt umherzutreiben – ohne die Fähigkeit, gegenwärtig zu sein.«

»Klingt nicht nach einer Menge Spaß.«

»Ich kann Ihnen versichern, das ist es auch nicht. Aber der wichtigste Grund geerdet zu bleiben ist der, dass die physische Welt der Schauplatz ist, auf dem Menschen ihr Past-Life-Karma verarbeiten. Es ist also unabdingbar geerdet zu sein, wenn man seinem Dharma folgen und eine intime Beziehung erfahren will.«

»Haben wir heute die Zeit, um herauszufinden, ob ich richtig geerdet bin?«

»Dem steht nichts im Weg. Sie können Ihre physischen und ätherischen Chakren aktivieren und dann auf beiden Ebenen gleichzeitig gegenwärtig werden. Dadurch sollten Sie in der Lage sein festzustellen, ob Sie geerdet sind …«

»… oder ob ich einfach ankerlos umhertreibe.« Avril rieb Ihre Hände aneinander und rief: »OK, machen wir's.«

»Sie werden die Standardmethode benutzen, um sich zu entspannen. Dann zentrieren Sie sich in Ihrem authentischen Verstand, indem Sie Ihr Herzchakra aktivieren und sich darin zentrieren. Nachdem Sie in Ihren authentischen Verstand gewechselt sind, aktivieren Sie Ihr oberes und unteres ätherisches Chakra und dann ihr oberes und unteres physisches Chakra.«

»Was ist, wenn ich nicht genau weiß, wo sie liegen?«

»Das wird kein Problem sein. Aus der Abbildung haben Sie bereits eine gute Vorstellung, wo sie sich befinden. Den Rest wird Ihre Absicht erledigen – sie wird Ihre Chakren aktivieren und anhand des Glühens, das Sie erfahren, werden Sie wissen, wo sich die Chakren befinden.« Truman stand auf und legte ein Band in den Kassettenrekorder. Es führte Avril durch die Standardmethode. Dann wurde sie angewiesen, Ihr Herzchakra zu aktivieren und sich darin zu zentrieren. Als sie im Herzchakra zentriert war, stoppte Truman das Band und führte die Übung persönlich weiter: »Jetzt, wo Sie in Ihrem Herzchakra zentriert sind, bekräftigen Sie: ›Es ist meine Absicht, mein oberes ätherisches Chakra zu aktivieren.‹«

Nachdem Avril das gelungen war, wies Truman sie an, ihr unteres ätherisches Chakra zu aktivieren. Die Effekte waren sofort spürbar. Avril fühlte sich viel sinnlicher und weitaus stärker mit ihrem Körper verbunden. Truman gab ihr nicht viel Zeit, um über die Veränderung zu reflektieren, denn bereits wenige Momente später wies er sie an, ihre physischen Chakren zu aktivieren – beginnend mit dem oberen physischen Chakra in ihrem Kopf. Nachdem sie ihre physischen Chakren aktiviert hatte, wies Truman sie an zu bekräftigen: ›Es ist meine Absicht, auf den ätherischen und physischen Ebenen gegenwärtig zu werden.‹

Mit den aktivierten, ätherischen und physischen Chakren fühlte sich jede Empfindung reicher und realer an. Es war ein Gefühl, das Avril sehr genoss. Nachdem sie ungefähr zehn Minuten lang geerdet war, zählte Truman von eins bis fünf und führte Avril aus der Meditation hinaus. Als sie ihre Augen öffnete, streckte sie sich, gähnte und sagte dann: »Ist das immer so? Alles fühlt sich so real an.«

»Die meisten Menschen haben dieselbe Erfahrung. Eigentlich geschieht es nur, wenn Menschen geerdet sind, dass sie realisieren, wie viel sie verloren haben, als sie sich an den individuellen Verstand und das Ego anhafteten.«

»Also wird nicht nur die Intimität beeinträchtigt, oder?«

»Nein. Karma beeinträchtigt viel mehr als Intimität. Es stumpft die Sinne ab, stört die Klarheit und verdunkelt die kindliche Freude, die Ihr Geburtsrecht ist.«

»Alles ist so lebendig. Es ist, als wäre ich aus einem tiefen Schlaf erwacht.«

»Sie werden so lange so empfinden, wie Sie geerdet bleiben. Bevor Sie gehen, werde ich Ihnen die Kassette geben, auf der die gesamte Übung ist. Nun, lassen Sie uns weitermachen, es gibt noch viel zu besprechen. Die nächste Organgruppe, über die ich sprechen möchte, sind die kleinen Energiezentren in den Händen und Füßen. Wir haben schon einmal über sie geredet.«

»Ich erinnere mich.«

»Erinnern Sie sich daran, was die Energiezentren in Ihren Händen tun?«

»Sie ermöglichen, dass man Kreativität und Willen manifestiert.«

»Das ist richtig. Wenn Sie ein Geschäft aufziehen, ein Stück schreiben oder eine Beziehung eingehen – die kleinen Energiezentren liefern die Energie, damit es gedeihen kann. Und die Energiezentren in den Füßen, was ist mit denen?«

»Sie haben gesagt, sie ermöglichen es dem Menschen, Fortschritte zu machen.«

»Gut. Wenn die Energiezentren in Ihren Füßen gesund funktionieren, werden karmischer Ballast und Projektionen davon abgehalten, sich in Ihren Fortschritt einzumischen. Haben Sie noch irgendwelche Fragen zu ihren anderen Funktionen?«

Avril schüttelte ihren Kopf.

»Das ist gut, denn ich möchte noch zur nächsten Organgruppe in Ihrem Energiefeld kommen – den Meridianen. Falls Sie sich erinnern, die Meridiane sind Ströme aus eigenschaftsloser Energie – wie Ozeanströmungen –, die die Chakren miteinander verbinden und eigenschaftslose Energie in Ihrem Energiefeld verteilen.«

»Sie haben gesagt, es gibt tausende davon.«

»Das ist richtig. Einige alten Texte sagen, es gebe 72.000 Meridiane, andere sagen, es seien mehr. Wenn Meridiane eigenschaftslose Energie in Ihrem Energiefeld verteilen, unterstützen sie Ihren authentischen Verstand und sorgen dafür, dass Ihr Energiefeld gesund funktioniert.

Aber Meridiane haben noch einige zusätzliche Funktionen. Sie helfen dabei, den Druck in Ihrem Energiefeld zu regeln, indem sie sich ausdehnen oder zusammenziehen, wenn sich die Menge der eigenschaftslosen Energie ändert, und indem sie – wenn nötig – eigenschaftslose Energie von einem Teil Ihres Energiefeldes in einen anderen verlagern. Außerdem übermitteln die Meridiane eigenschaftslose Energie aus unserem Energiesystem an Ihren physischen Körper. Die Energie, die auf diese Weise zur Verfügung steht, wird benutzt, um die Nerven zu versorgen und um die Funktionen Ihres physischen Körpers mit Ihrem Energiefeld abzustimmen.«

»Bedeutet das, dass meine Kreativität und sexuelle Vitalität von meinen Meridianen kontrolliert werden?«

»Kontrolle ist nicht das richtige Wort. Aber Ihre Kreativität und Ihr Level an sexueller Vitalität sind davon abhängig, wie viel Prana durch Ihre Meridiane an Ihren physischen Körper übermittelt wird. Allerdings«, sagte Truman mit einem betroffenen Ausdruck, »ich mute Ihnen heute ganz schön viel zu – ich hoffe, es ist nicht zu viel.«

»Alles in Ordnung, ich bin sehr interessiert.«

»Das ist gut.« Truman war erleichtert und fuhr ohne Unterbrechung fort.

»Die letzte Organgruppe, über die wir heute reden, sind Ihre aurischen Felder. Ihre Auren sind eiförmige Felder aus eigenschaftsloser Energie, die Ihren persönlichen Körperraum auf jeder Dimension umgeben. Sie dehnen Ihr Energiefeld von der Oberfläche Ihres persönlichen Körperraums von circa sechs Zentimetern bis zu mehr als acht Meter in alle Richtungen aus. Jede Aura besteht zu zwei Dritteln aus einem inneren Hohlraum.«

»Dort habe ich die Klumpen gesehen.«

»Genau. Um den Hohlraum herum gibt es eine dünne Membran, die als Grenze dient.«

Avrils Augen wurden groß vor Aufregung. »Werden Sie mir heute verraten, wie ich meine Grenzen stärken kann?«

»Das werde ich gleich. Aber erst müssen Sie noch mehr über Ihre Auren wissen, denn sie haben wichtige Funktionen, die dabei helfen, Gesundheit und Wohlbefinden zu bewahren. Der innere Hohlraum dient als Reservoir für eigenschaftslose Energie, die die Energiekörper in Anspruch nehmen können. Sie können ihn nutzen, um Intimität zu erreichen und aufrechtzuerhalten. Die aurischen Felder dehnen Ihr Energiefeld auf jeder Dimension über die Grenzen Ihres persönlichen Körperraums aus. Das ist wichtig – besonders auf der Ebene der Seele, weil der Raum, den die Auren zur Verfügung stellen, es ermöglicht, authentische Emotionen auszudrücken und auf gesunde Weise aufzulösen. Außerdem dienen die Auren zusammen mit den Chakren als Sensoren. Es ist die Oberfläche der Auren, die die Einwirkung eigenschaftsbehafteter und eigenschaftsloser Energie auf Ihr Energiefeld wahrnimmt. Und es sind die Chakren, die die Eindrücke von der Oberfläche der Auren zu den Zentren des Bewusstseins im persönlichen Körperraum übermitteln, wo sie verarbeitet werden.

Vom Aufbau her ähnelt die Oberfläche der Auren der Haut. Sie ist dünn und porös, und wie die Haut bildet sie eine Grenze gegenüber der äußeren Umgebung. Obwohl die Oberfläche der Auren eigentlich bemerkenswert stark ist und externe Projektionen abwehren kann, ist sie bei den meisten Menschen leider geschwächt. Dies geschieht durch das Hineinlassen nicht-physischer Lebewesen ins aurische Feld. Diese Wesen, die überaus mannigfaltig sind, ernähren sich von dem Prana, das aus den Chakren auftaucht, und von der Kundalini-Shakti.«

»Bitte sagen Sie mir, dass Sie scherzen.«

»Erinnern Sie sich an das Prinzip der Entsprechung?«

Avril nahm einen tiefen Atemzug. Dann antwortete sie mit Schwierigkeiten: »Sicher erinnere ich mich. Es sagt, dass es eine Entsprechung gibt zwischen dem, was in der physischen und dem was in den nichtphysischen Dimensionen existiert.«

»Wenn das wahr ist, und es Parasiten und Lebewesen in der physischen Welt gibt, die von anderen Lebewesen leben, dann muss dasselbe auch für die nicht-physischen Welten wahr sein.«

»Wollen Sie mir erzählen, dass es nicht-physische Wesen gibt, die versuchen, mich zu essen?«

»Sie sind zu groß und machtvoll, um gegessen zu werden«, sagte Truman mit einem schelmischen Grinsen. »Aber es gibt eine ganze Bandbreite von Lebewesen auf den nicht-physischen Dimensionen, die sich von Ihrem Prana ernähren, wenn sie die Gelegenheit dazu bekommen. Und alle diese Wesen haben eins gemeinsam – die Fähigkeit, die Funktionen Ihres Energiesystems zu stören, wenn sie aktiv oder passiv die Erlaubnis erhalten, in Ihr Energiefeld einzudringen.«

»Also lass ich sie einfach draußen.«

»Das könnten Sie versuchen, aber viele Handlungen, die nicht-physische Wesen in das menschliche Energiefeld hineinlassen, waren seit dem Ursprung unserer Spezies Teil der menschlichen Kultur. Ich beziehe mich auf Aktivitäten wie Channeln oder das Anrufen von Geistführern und Engeln. Diese und ähnliche Praktiken haben eine lange Tradition, und unsere Ahnen haben diese Dinge tausende von Jahren lang bereitwillig angenommen. Avril, vielleicht ist es Ihnen nicht bewusst, aber in einem frühen Stadium der menschlichen Geschichte hatten die Menschen eine weltweite spirituelle Tradition gemeinsam, die Schamanismus genannt wird.«

»Was hat das mit mir zu tun? Ich bin kein Schamane.«

»Das müssen Sie auch nicht, aber da Schamanismus eine weltweite Tradition gewesen ist, müssen Sie in mindestens einem Ihrer vergangenen Leben daran teilgenommen haben. Dabei haben Sie nicht-physischen Wesen gehuldigt, indem Sie sie verehrt, ihre Eigenschaften angenommen oder sie in Ihren individuellen Verstand und Ihr Ego integriert haben. Handlungen wie diese haben den nicht-physischen Wesen die Erlaubnis gegeben, in Ihr Energiefeld einzudringen.«

»Sie meinen, dass nicht-physische Wesen bereits seit tausenden von Jahren in meinem Feld leben?«

»Darauf will ich hinaus. Nicht-physische Wesen sind in den karmischen Ballast integriert, den Sie mit sich tragen. Das erklärt, warum die größte Dichte aus karmischem Ballast in Ihrem Feld um die Pranaquellen herum zu finden ist – den drei Herzen, den Chakren und den kleinen Energiezentren in den Händen und Füßen.«

»Sind nicht-physische Wesen für Leidenschaften wie Eifersucht verantwortlich?«

»Das ist möglich. Nicht-physische Wesen können ihren Willen, ihre begrenzte Wahrnehmung, ihre Emotionen, Gefühle, Empfindungen und feinstoffliche Materie dem karmischen Ballast in Ihrem Feld hinzufügen.«

»Also sind tote Liebhaber und Freunde, die auf mich projizieren, nicht mein größtes Problem.«

»Avril, Sie haben eine sehr lange Zeit mit nicht-physischen Wesen in Ihrem Feld gelebt, und Sie haben überlebt. Jetzt, wo Sie wissen, dass sie da sind, haben Sie auch die Möglichkeit, Ihre Grenzen zu stärken und ihnen gleichzeitig die Erlaubnis zu entziehen, in Ihr Feld einzudringen und dort zu bleiben. Der effektivste Weg, das zu erreichen, ist, sich selbst gegenüber eine Reihe von Verpflichtungen einzugehen, Ihre Verbindung zu nicht-physischen Wesen für immer abzubrechen und nicht länger mit ihnen zu interagieren.«

»Kann ich diese Verpflichtungen jetzt machen?«

»Wenn Sie wissen, dass es angemessen ist, sie zu machen und auch, dass Sie sie dauerhaft aufrechterhalten werden, dann lesen Sie die Verpflichtungen mit normaler Stimme und bekräftigen Sie: ›Ich stimme diesen drei Verpflichtungen zu.‹« Truman übergab Avril ein Blatt Papier, auf dem die Verpflichtungen standen:

- »Erste Verpflichtung: Wenn ich irgendwelchen nicht-physischen Wesen die Erlaubnis gegeben habe oder unbeabsichtigt die Erlaubnis gegeben habe, in meinem Feld des Geistes, des Intellekts, der Seele, in meinem ätherischen Feld, meinem physischen Feld oder in irgendeinem Teil meines authentischen Verstandes zu sein, so widerrufe ich diese Erlaubnis jetzt und dauerhaft für die Zukunft.
- Zweite Verpflichtung: Es ist mein Wunsch und mein Wille, dass sich alle nicht-physischen Wesen aus meinem Feld des Geistes, des Intellekts, der Seele, aus meinem ätherischen Feld, meinem physischen Feld oder irgendeinem Bereich meines authentischen Verstandes entfernen und jetzt und dauerhaft in der Zukunft außerhalb davon bleiben. Ich möchte, dass ihr jetzt geht.
- Dritte Verpflichtung: Mein Feld des Geistes, des Intellekts, der Seele, mein ätherisches Feld und physisches Feld und mein authentischer Verstand sind mein heiliger Raum. Es ist mein Wunsch und mein Wille, dass sie ausschließlich von mir selbst eingenommen werden – jetzt und dauerhaft in der Zukunft.

Wenn Sie diese Verpflichtungen eingehen, werden Sie einen Wechsel erfahren, der Ihre Selbstwahrnehmung verstärkt und es für Sie leichter macht, im authentischen Verstand zentriert zu bleiben. Wenn der Wechsel stattfindet, ist es nicht ungewöhnlich, dass Schichten aus karmischem Ballast gelöst und vom persönlichen Körperraum weggedrückt werden. Mischen Sie sich in diesen Prozess nicht ein, indem Sie sich darauf konzentrieren oder Ihre Aufmerksamkeit darauf ausrichten. Er wird so lange andauern, bis Ihr Energiefeld ein neues Gleichgewicht erlangt hat, was normalerweise zwischen fünf und zehn Minuten dauert.«

Avril legte das Blatt beiseite. Sie wusste, dass es angemessen war, die Verpflichtungen einzugehen, und mit fester Stimme bekräftigte sie: »Ich stimme diesen drei Verpflichtungen zu.« Dann schloss sie ihre Augen und wartete, bis sie ihr neues Gleichgewicht erlangt hatte und fühlte, wie ihre Grenzen wieder stabil wurden. Danach wandte sie sich zu Truman und sagte: »Muss ich die Verpflichtungen noch einmal machen?«

»Einmal ist genug. Alles was Sie jetzt tun müssen, ist, sie einzuhalten.«

»Ich muss Ihnen sagen – ich bin vollkommen erschöpft.«

»Das überrascht mich nicht. Sie haben heute viel getan.« Truman stand auf und ging zu seinem Schreibtisch. Dann öffnete er eine Schublade und fand eine Kassette, die er in einen großen Umschlag steckte. »Das ist für Sie. Es sind alle Grundübungen und der Lesestoff für diese Woche.«

Avril steckte den Umschlag in ihre Tasche. Dann stand sie auf und ging mit Truman zur Tür. Nachdem sie ihren Mantel angezogen hatte, schüttelte sie Trumans Hand und ging.

Dieter war bereits zu Hause, als sie um sechs eintraf. Sie hängte ihren Mantel auf und gab Dieter den Umschlag. Er tastete ihn einen Moment lang ab und klemmte ihn dann unter seinen Arm. »Nun, hast du mit ihm gesprochen?«

»Er hat gesagt, wir sollen entscheiden.«

»Ich dachte, wir haben bereits entschieden.«

»Du hast mich gebeten, mit ihm zu sprechen, und das habe ich getan – das war alles, was wir entschieden hatten.«

»Avril, warum musst du es so kompliziert machen?«

»Ich mach's nicht kompliziert. Ich will nur wissen, was passieren wird, wenn ihr euch nicht mögt oder wenn er meint, es wäre nicht angemessen, mit dir zu arbeiten. Wirst du es mir dann hinterher schwer machen?«

»Ich habe gesagt, das würde ich nicht.«

»Ich bin dieser Arbeit verpflichtet, und ich werde sie tun, egal ob du teilnimmst oder nicht.«

»Das weiß ich. Darum denke ich auch, wir sollten Schritt für Schritt vorgehen. Erzähl Truman, dass ich ihn gern treffen würde – mal sehen, was er sagt.« Dieter lehnte sich nach vorn und küsste Avril spielerisch auf die Wange.

»In Ordnung, Schatz.« Avril lächelte widerwillig.

»Sieh mal, das war gar nicht so schwer.«

»Ich will keine Probleme mit Truman haben, ist das klar?«

Dieter wedelte mit dem Umschlag vor Avril herum. Dann lächelte er und sagte: »Warum öffnen wir ihn nicht und schauen, was drin ist?« Nachdem Dieter den Lesestoff herausgezogen hatte, setzte er sich neben Avril und begann laut zu lesen.

Das menschliche Energiesystem

Das menschliche Energiesystem ist aus Chakren, Meridianen, Auren und kleinen Energiezentren zusammengesetzt. Diese nicht-physischen Organe arbeiten synchronistisch zusammen, um den Menschen mit dem universellen Bewusstsein zu verbinden und eigenschaftslose Energie im gesamten Energiefeld zu verteilen.

Eigenschaftslose Energie trägt viele Namen – Lebenskraft, Prana, Chi, Shakti, Prakriti und Kundalini-Shakti. Sobald eigenschaftslose Energie aus dem universellen Bewusstsein auftaucht, wandeln die Chakren sie in genau die Frequenz um, die von den physischen und nicht-physischen Körpern gebraucht wird. Dann verteilen die Meridiane sie an Ihre Energiekörper und an die aurischen Felder, die sie umgeben.

Die Hierarchie der physischen und nicht-physischen Körper funktioniert – gemeinsam mit dem menschlichen Energiesystem, das sie unterstützt – als Gemeinschaft, die man den authentischen Verstand nennt. Die Hauptfunktion des menschlichen Energiesystems ist, die Energie bereitzustellen, die der authentische Verstand braucht, um gesund zu funktionieren und an einer intimen Beziehung teilzunehmen.

Die Organe des Systems

Die sieben traditionellen Chakren befinden sich im persönlichen Körperraum – dem Raum, der von den Energiekörpern auf den nicht-physischen Dimensionen eingenommen wird. Die sieben traditionellen Chakren werden durch zwei ätherische und zwei physische Chakren vervollständigt. Das obere ätherische Chakra liegt bei der Milz zwischen dem zweiten und dritten Chakra und das untere liegt ihm direkt gegenüber.

Das obere physische Chakra liegt etwa sechs Zentimeter vom Hinterkopf entfernt zwischen dem sechsten und siebten Chakra. Das untere physische Chakra liegt direkt drei Zentimeter vor der Wirbelsäule – im Beckenbereich zwischen dem ersten und zweiten Chakra.

Obwohl die Hauptfunktion der Chakren die Verbindung des Menschen zum universellen Bewusstsein und die Verteilung und Umwandlung eigenschaftsloser Energie ist, haben sie noch zusätzliche Funktionen. Sie helfen, den Druck innerhalb des menschlichen Energiesystems aufrechtzuerhalten, so dass eigenschaftslose Energie ohne Störungen hindurchfließen kann. Und sie dienen als Sensoren, die es dem

Menschen mit Hilfe der aurischen Felder ermöglichen, Energiefelder unterscheiden zu können, die einen Eindruck auf den Oberflächen der Auren hinterlassen.

Die Kanäle, die die Chakren mit dem menschlichen Energiefeld verbinden, sind als Meridiane bekannt. Die Meridiane sind sehr zahlreich. Ein alter yogischer Text berichtet, dass es 72.000 Meridiane gibt. Andere Texte sprechen von 250.000.

Die Hauptmeridiane

Unter den tausenden von Meridianen, die Energie verteilen, haben einige eine größere Aufnahmefähigkeit als andere. Die mit der größten Aufnahmefähigkeit nennt man Hauptmeridiane. Das tantrische Yogasystem lehrt uns, dass Gouverneur, Ida und Pingala die drei wichtigsten Hauptmeridiane sind. Der Gouverneur entspringt am ersten Chakra – an der Basis der Wirbelsäule – und verläuft durch die Rückseite der traditionellen sieben Chakren bis hoch zum siebten Chakra an der Spitze des Kopfes.

Ida und Pingala entspringen jeweils seitlich des ersten Chakras. Der Ida erarbeitet sich seinen Weg auf der linken Seite des Gouverneurs nach oben und verläuft durch das linke Nasenloch. Der Pingala erarbeitet sich seinen Weg rechts vom Gouverneur nach oben und verläuft durch das rechte Nasenloch. Sowohl Ida als auch Pingala treffen erneut auf den Gouverneur in der Region des sechsten Chakras.

Die Chakren und Meridiane werden durch die aurischen Felder vervollständigt. Aurische Felder bestehen zu zwei Dritteln aus einem inneren Hohlraum, der den persönlichen Körperraum umgibt. Er dient als Reservoir für eigenschaftslose Energie und als äußere Oberflächengrenze, die das menschliche Energiefeld bis zu acht Meter über den persönlichen Körperraum hinaus ausdehnt. Die Oberfläche der Aura dient als Grenze, die das menschliche Energiefeld von der äußeren Umgebung trennt.

Die letzte Organgruppe sind die kleinen Energiezentren in den Händen und Füßen. Sie sind Punkte, in denen die Hauptmeridiane zusammenlaufen. Sie haben zwei grundlegende Funktionen: Sie erleichtern die Bewegung der eigenschaftslosen Energie durch die Chakren und Meridiane, und sie helfen dabei, einen gesunden Druck im menschlichen Energiesystem aufrechtzuerhalten.

Die kleinen Energiezentren und die elf Chakren im persönlichen

Körperraum müssen alle aktiv und in Balance sein, wenn der Mensch erwartet, bei guter Gesundheit zu sein, und eine intime Beziehung eingehen will. Leider variiert bei der Mehrheit der Menschen die Aktivität – je nachdem, wie viel karmischen Ballast der Mensch angesammelt hat und wie sehr er sich an den individuellen Verstand und das Ego angehaftet hat.

Eine einfache Möglichkeit, um zu bestimmen, welche Energiezentren blockiert sind, ist, auf die Körperteile zu achten, die sich verengen oder zu schmerzen beginnen, wenn Sie überlastet sind, da all die Energie, die hindurchfließt, nicht verarbeitet werden kann. Wenn Sie bei Überlastung Kopfschmerzen bekommen, ist Ihr sechstes Chakra – das dritte Auge – oder das siebte Chakra – die Krone – blockiert. Wenn es zu einer Beklemmung im Hals oder zu Anspannungen in Ihrem Rücken oder Nacken kommt oder Ihre Schultern sich versteifen und zu schmerzen beginnen, haben Sie eine Blockade im fünften Chakra bei Ihrem Hals. Wenn Ihr Herz zu klopfen beginnt oder Sie Herzrasen bekommen, wenn Sie gestresst sind, liegt die Blockade im vierten Chakra. Wenn sich Ihr Bauch anspannt oder zu schmerzen beginnt, liegt die Blockade im dritten Chakra, beim Solarplexus. Blockaden im zweiten Chakra, dem sexuellen Zentrum, können sich entweder als Unterleibsschmerz manifestieren, als Verdauungsprobleme oder sexuelle Störungen. Frauen leiden eventuell an Regelstörungen. Eine Blockade im ersten Chakra, an der Basis der Wirbelsäule, kann sich ebenfalls als Verdauungsproblem manifestieren oder als Problem mit dem Stuhlgang. Eine Blockade im unteren oder oberen ätherischen Chakra kann Sie von Ihren Gefühlen entfremden oder lässt Sie auf äußere Projektionen reaktiv werden. Wenn die physischen Chakren blockiert sind, kann es zu sexuellen Störungen beim Menschen kommen, zu einer Entfremdung vom Körper und zum Verlust der sensorischen Wahrnehmung. Eine übermäßige Ansammlung aus karmischem Ballast um die physischen Chakren herum kann auch zu körperlichen Symptomen führen, zu denen Migräne, Nebenhöhlenentzündung und viele andere stressbedingte Symptome gehören. Wurden die kleinen Energiezentren blockiert, werden die Hände und Füße schmerzen, Krämpfe entwickeln oder übermäßig heiß oder kalt werden.

KAPITEL 9

Nach Ihrer letzten Sitzung mit Truman hatte Avril beschlossen, ihm Dieter vorzustellen. Dennoch fürchtete sie, dass Dieter mit seinem überaktiven Intellekt Truman gegen sich aufbringen und ihre Beziehung zu ihm stören würde. Trotz ihrer Befürchtungen jedoch hatte sie sich entschieden. Sollte Truman den Startschuss geben, würde sie die Arbeit als Teil eines Paares weitermachen, und es wären nicht mehr allein ihre Muster sondern auch Dieters, mit denen sie umgehen müsste. Dieser Wechsel gefiel ihr nicht wirklich. Aber was sonst hätte sie tun können?

Als Avril zu ihrem Termin eintraf, war sie überrascht, dass die Tür offen stand, ohne dass Truman in Sicht war. Avril trat vorsichtig über die Schwelle. Erst dann konnte sie Truman hinter seinem Schreibtisch stehen sehen, der gerade ein ziemlich dickes Buch überflog.

»Sind Sie beschäftigt?«

»Nein, ich bin gleich fertig. Kommen Sie herein, und machen Sie es sich bequem.«

Der Winter war zwei Tage zuvor mit voller Kraft zurückgekehrt, und Avril hatte sich in ihren dicken Wollmantel eingehüllt, einen Schal um ihren Hals gewickelt, trug Stiefel und einen dicken Filzhut.

»Wir werden heute über Emotionen reden, und es gibt einige Illustrationen, die ich Ihnen zeigen will.«

Avrils Augen ruhten für einige Sekunden auf Truman, dann hängte sie ihren Mantel und Hut auf und setzte sich hin.

»Ich wusste nicht, dass man Emotionen sehen kann.«

»Sie können sie nicht direkt sehen, aber Sie können ihre Entwicklung durch Ihr Energiefeld nachvollziehen. Geben Sie mir eine Minute, dann werde ich es Ihnen zeigen.« Truman legte das Buch auf den Tisch und nahm ein anderes aus dem Regal. »OK – hier müsste es drin sein.«

Er legte es zwischen ihnen auf den Tisch und blitzte Avril mit vergnügtem Lächeln an. »Nun, wie ist es Ihnen ergangen?«

»Die gute Nachricht ist, dass ich meine physischen und ätherischen Chakren die ganze Woche aktiviert habe. Die schlechte Nachricht ist, dass mich mein Becken total verrückt macht.«

»Machen Sie sich nicht zu viel Sorgen. Wenn Sie weiterhin üben, werden Sie eine gesunde Balance zwischen Ihrem Becken und dem

Rest Ihres Energiesystems erreichen. Aber abgesehen von Ihrem überaktiven Becken – ist noch irgendetwas anderes vorgefallen?«

»Ich habe Gefühle und körperliche Empfindungen viel lebendiger erfahren, wenn Sie das meinen. Und – ach ja, mein Kopf hat einige Male gesummt, nachdem ich mein oberes physisches Chakra aktiviert habe.«

»Hat es Sie gestört?«

Avril dachte über Trumans Frage nach. Dann schüttelte sie ihren Kopf und sagte: »Nein, nicht wirklich.«

»Dann machen Sie sich darüber keine Sorgen. Wenn Sie eine Erfahrung nur gelegentlich machen, hat das kaum eine langzeitliche Bedeutung.«

Endlich nahm Avril all ihren Mut zusammen und sagte: »Bevor wir fortfahren, möchte ich über Dieter reden. Wir haben noch einmal miteinander gesprochen, und er hat klargestellt, dass er die Arbeit machen will.«

»Bevor wir eine Entscheidung treffen, möchte ich wissen, wie Sie sich dabei fühlen.«

»Ich bin natürlich zwiegespalten – aber nicht dumm. Ich weiß, dass es nicht sinnvoll ist, Dieter auszuschließen, wenn ich eine intime Beziehung haben will.«

»Wahrscheinlich nicht. Ich vermute, Sie haben ihm erläutert, was dafür nötig ist.«

»Wir haben am Wochenende darüber gesprochen und gestern Abend noch einmal. Er möchte Sie nächste Woche treffen.« Avril hielt für einen Moment inne, um Trumans Reaktion abzuschätzen, bevor sie hinzufügte:

»Natürlich nur, wenn es Ihnen recht ist.«

»Sie beide sind sich einig?«

»Ja, sind wir. Aber ich habe ihm gesagt, dass nichts endgültig ist, bis ich mit Ihnen gesprochen habe. Aber falls Sie mit Ihm sprechen wollen, bevor er einsteigt ...«

»Das wird nicht nötig sein. Bringen Sie ihn nächste Woche mit, und wir werden sehen, wie es läuft.«

»Klingt großartig«, rief Avril. Sie klatschte in die Hände und sah dann Truman an. »Sie müssen gar nichts sagen – das sind meine Emotionen –manchmal überwältigen sie mich einfach. Tatsächlich gibt es Tage, wo mir vor Emotionsflut schwindlig wird – und seit unserem Treffen vor zwei Wochen ist es noch schlimmer geworden.«

»Warum das?«, fragte Truman interessiert.

»Nun, seit wir über Verlangen gesprochen haben, bin ich nicht mehr sicher, ob überhaupt irgendwelche meiner Emotionen authentisch sind. Davor war ich einfach nur verwirrt – jetzt bin ich benebelt und verwirrt.« Avril kicherte und fügte dann hinzu: »Es ist wirklich quälend, nicht zu wissen, welche Emotionen authentisch sind und welche nicht.«

»Ich weiß, was Sie meinen. Aber machen Sie sich keine Sorgen – heute werden wir über Emotionen reden und einige der Mysterien enthüllen, die sie umgeben.«

»Das ist prima.«

»Wie dem auch sei«, fügte Truman mit einem verschmitzten Lächeln hinzu, das Avril überraschte, »ich hatte gar nichts zu Mittag. Warum fangen wir nicht mit Kaffee und Kuchen an? Dann können wir über die Unterschiede zwischen authentischen und unauthentischen Emotionen reden.«

Avril stimmte enthusiastisch zu und nahm sich ein Stück ihrer Lieblingsgebäcksorte. Etwas Süßes zu naschen half ihr dabei, ihre Befürchtung wegen Dieter zu verringern. Es hielt sie jedoch nicht davon ab, sich zu fragen, ob sie jemals die Kontrolle über ihre schwer zu bändigen Emotionen erlangen würde. Nachdem sich Truman zwei Gebäckstücke genommen hatte, klapperte er mit dem Löffel in seinem Kaffeebecher und sagte: »Wenn Sie fertig sind, lassen Sie uns anfangen.«

Avril setzte ihre Tasse ab und lehnte sich nach vorn, um ihn besser hören zu können.

»Falls Sie sich erinnern, wir haben vor einigen Wochen über authentische Emotionen gesprochen.«

»Ich glaube, das war vor den Ferien.«

»Das stimmt. Dann erinnern Sie sich wahrscheinlich auch, dass es zwei Arten von Emotionen gibt – die, die authentisch sind und die, die es nicht sind. Authentische Emotionen tauchen aus einem bestimmten Teil ihres authentischen Verstandes auf, den man die Astralebene nennt. Und da sie aus dem authentischen Verstand auftauchen …«

»… müssen sie aus eigenschaftsloser Energie zusammengesetzt sein.«

»Das ist richtig. Außerdem bedeutet es, dass sie den Fluss der eigenschaftslosen Energie durch Ihr Energiefeld nicht stören können und dass Sie nicht an sie angehaftet werden können. Dasselbe kann man von unauthentischen Emotionen, so wie Sie sie gerade beschrieben haben, nicht sagen. Da sie Eigenschaften besitzen, können Sie an sie angehaftet werden, und das kann sehr störend sein, besonders wenn sie von einem Menschen zum anderen projiziert werden.«

Avril setzte sich mit einem überraschten Ausdruck auf dem Gesicht abrupt aufrecht hin. »Moment mal, Sie haben mir nie gesagt, dass unauthentische Emotionen projiziert werden können.«

»Jede eigenschaftsbehaftete Energie kann projiziert werden – auch unauthentische Emotionen, Sie können sich nur nicht mehr erinnern.«

Nach einem Moment des Zögerns begann Avril herumzuzappeln. Dann kämmte sie sich mit den Fingern durchs Haar und sagte: »Wenn unauthentische Emotionen so störend sind, sind sie dann dasselbe wie negative Emotionen?«

»Nicht genau. Die Energie hinter unauthentischen Emotionen ist an sich nicht negativ – obwohl sie unangenehm sein kann. Vielmehr jedoch können die Auswirkungen negativ sein. Welche Auswirkung genau die projizierte unauthentische Emotion hat, wird jedoch von der Reaktion der Zielperson abhängen.«

»Sie meinen, ob man negativ auf sie reagiert?«

»Oder ob man sich daran anhaftet.«

»Also gibt es so etwas wie eine negative Emotion nicht – nur unauthentische Emotionen, die negative Auswirkungen haben?«

»Das stimmt.«

»Und wie kann ein Mensch den Unterschied zwischen Emotionen feststellen, die authentisch sind, und denen, die es nicht sind?«

»Bevor ich das beantworte, müssen Sie Folgendes wissen – bloß weil eine Emotion unauthentisch ist, bedeutet das nicht, dass Sie sie nicht fühlen werden. Eine Emotion ist aus zwei Gründen unauthentisch: Sie taucht aus karmischem Ballast oder Projektionen auf – was bedeutet, dass sie individuelle Eigenschaften aufweist wie Angstzustände, Traurigkeit oder Enttäuschung; und sie kann nicht durch die Ausdrucksorgane Ihres Kopfes in Form von Kreischen, Weinen oder Schreien aufgelöst werden. Genau genommen können ausschließlich authentische Emotionen durch Ihr Energiesystem und die entsprechenden Organe des physischen Körpers ausgedrückt und aufgelöst werden.«

»Sie meinen, mit meinem Mund?«

»Nicht nur mit Ihrem Mund. Authentische Emotionen können auch durch Ihre Augen und über die Gesichtsmuskulatur ausgedrückt und aufgelöst werden.«

»Gibt es noch andere Möglichkeiten herauszufinden, ob eine Emotion unauthentisch ist?«

»Wenn das, was als Emotion hervortritt, von einer Position außerhalb des persönlichen Körperraums her auftaucht oder noch mit anderen Eigenschaften wie Schuld, Verurteilung oder Überzeugung einhergeht, dann kann es sich um keine authentische Emotion handeln.«

»Sie haben gesagt, man kann sie durch Kreischen, Weinen oder Schreien auflösen.«

»Das stimmt. Wenn Sie der authentischen emotionalen Energie erlauben, zu den Ausdrucksorganen in Ihrem Kopf aufzusteigen, dann können Sie sie ausdrücken und somit auflösen. Wie dem auch sei, erinnern Sie sich daran, wie viele authentische Emotionen es gibt?«

»Ich meine, Sie hätten gesagt, es seien vier.«

»Das ist richtig. Aber wenn es nur vier authentische Emotionen gibt, bedeutet das, dass die meisten Emotionen, die Menschen für real halten, unauthentisch sind.«

Bevor Avril reagieren konnte, fügte Truman hinzu: »Protestieren Sie jetzt nicht. Ich weiß, dass Ihre Wahrnehmung dem, was ich sage, wahrscheinlich widerspricht.«

»Eigentlich«, erwiderte Avril mit einem selbstzufriedenen Lächeln, »wollte ich überhaupt nicht protestieren. Ich habe schon immer gespürt, dass vieles von dem, was Menschen fühlen und von mir erwartet haben zu akzeptieren, nicht real war.«

»Da Sie schon etwas über das Thema nachgedacht und wir darüber schon vor einigen Wochen gesprochen haben – warum verraten Sie mir nicht, welche Emotionen authentisch sind? Dann werden wir uns anschauen, wie authentische Emotionen ausgedrückt und aufgelöst werden können.«

Avril ging in ihrem Kopf eine Liste möglicher Emotionen durch. Dann rang sie sich ein Lächeln ab und sagte: »In Ordnung, nach sorgfältiger Überlegung würde ich sagen, dass Wut authentisch ist.«

»Sie haben ein gutes Gedächtnis. Wut ist eine authentische Emotion und kann daher durch Kreischen und Schreien gelöst werden.«

Avril lehnte sich nach vorn und stützte ihr Kinn auf ihre Handfläche. Dann ließ sie verlauten, dass sie sich außer an Wut noch an Angst erinnern könnte, aber nicht genau wüsste, ob Liebe eine authentische Emotion war oder nicht.

»Angst ist die zweite authentische Emotion, aber menschliche Liebe ist keine.«

»Das stimmt«, fügte Avril sarkastisch hinzu, »sie ist eine Reflexion.«

»In Ordnung, jetzt haben sie zwei von vier.«

»Ich glaube, mich zu erinnern, dass die dritte so etwas wie Traurigkeit ist.«

»Fast. Die dritte authentische Emotion ist Schmerz.«

»Und die vierte?«, fragte Avril gleichgültig.

»Die vierte ist Freude.«

»Jetzt erinnere ich mich. Ich habe vier authentische Emotionen, und drei davon sorgen dafür, dass es mir schlecht geht. Können Sie mir vielleicht verraten, ob ich die Einzige bin, die denkt, dass das ein schlechter Deal ist?«

»Ich höre Sie, Avril, aber wenn Sie den Sinn authentischer Emotionen kennen, werden Sie nicht mehr glauben, dass sie schlecht sind.«

»Wenn sie einen Sinn haben, würde ich gern wissen, welcher das ist.«

»... Beziehungen zu erleichtern. Es ist eine Tatsache, dass authentische Emotionen nur dann auftauchen, wenn es zu einer Störung in der intimen Beziehung kommt.«

»Bedeutet das, dass authentische Emotionen auftauchen, wenn ein Mensch auf den anderen projiziert?«

»Wenn jemand auf einen anderen Menschen projiziert und diese Energie die Fähigkeit intim zu sein stört, wird eine authentische Emotion entstehen. Leider ist diese Art von Störung in der modernen Welt weit verbreitet – besonders in den Feldern, die vom zweiten, dritten, vierten und fünften Chakra geregelt werden.

Der Mensch kann an seinen karmischen Ballast und an die Muster, die daraus entstehen, so angehaftet werden, dass er unbeabsichtigt den Pranafluss durch sein eigenes Feld und seine Fähigkeit beeinträchtigt, intim zu sein. Auch dann wird eine authentische Emotion auftauchen.«

»Ich verstehe, dass die Störung des Pranaflusses eine intime Beziehung beeinträchtigt, aber ich verstehe nicht, warum das zweite bis fünfte Chakra dabei so wichtig sind.«

»Sie sind wichtig, weil authentische Emotionen durch das zweite, dritte, vierte und fünfte Chakra hervortreten. Sie erinnern sich, dass ich Ihnen erzählt habe, dass das zweite Chakra die geschlechtliche Identität und die sexuelle Vitalität regelt?«

»Ja.«

»Nun, außerdem regelt es die Wut. Wenn es zu einer Störung des Pranaflusses durch das zweite Chakra gekommen ist und der Mensch nicht in der Lage ist, seine geschlechtliche Identität voll auszudrücken oder sexuelle Intimität mit dem Partner zu erfahren, wird Wut auftauchen.

Das dritte Chakra regelt das Zugehörigkeitsgefühl, Vertrauen, Behaglichkeit und Freundschaft. Wenn es eine Störung des Pranaflusses im dritten Chakra gegeben hat und entweder Vertrauen, Behaglichkeit oder Freundschaft gestört worden sind, dann wird die authentische Emotion, die auftaucht, Angst sein.«

»Und das vierte Chakra?«

»Das vierte Chakra bewahrt die persönlichen Rechte des Menschen. Wenn der Pranafluss beim vierten Chakra beeinträchtigt wurde und die persönlichen Rechte verletzt wurden, wird Schmerz auftauchen. Die authentische Emotion, die zum fünften Chakra gehört, ist Freude. Freude wird immer dann auftauchen, wenn die Fähigkeit eines Menschen, sich selbst authentisch und spontan auszudrücken, beeinträchtigt wurde.«

Avril hörte aufmerksam zu, aber etwas quälte sie noch. Schließlich fragte sie: »In Ordnung, ich höre, was Sie sagen, aber da gibt es etwas, das ich wissen muss – sind authentische Emotionen und Prana dasselbe?«

»Sie haben natürlich miteinander zu tun. Treffender wäre es jedoch zu sagen, dass authentische Emotionen für Prana das Gleiche sind wie Farben für das Licht. Wenn Licht reflektiert wird, entstehen Farben. Wenn der Pranafluss, der durch das hauptmännliche Meridian aufsteigt, beschränkt ist, werden authentische Emotionen auftauchen. Das ist ein interessanter Prozess …«

»… den Sie mir jetzt erklären werden, habe ich Recht?«

»Sicher haben Sie Recht, und ich habe einige Abbildungen, die das verständlicher machen.« Truman öffnete das Buch, das er aus dem Regal genommen hatte, und schob es hinüber zu Avril. Auf der einen Seite war die Abbildung einer Frau, die die Organe des menschlichen Energiefeldes klar darstellte.

Nachdem Truman Avril etwas Zeit gelassen hatte, um das Bild zu betrachten, deutete er auf einen Pfeil, der die Aufwärtsbewegung des Pranas am Rücken der Frau aufzeigte.

»Erinnern Sie sich, dass wir über das Prinzip der Polarität gesprochen haben?«

»Ja, das war vor drei Wochen.«

»Nun, es ist die Polarität, die regelt, wie authentische Emotionen auftauchen, sich entwickeln und aufgelöst werden, denn die Polarität bestimmt die Richtung, in welche die Energie sich bewegt. Es gibt eine Regel, mit der man sich leicht erinnern kann. Energie, die am Rücken hinauffließt, ist männlich – Energie, die vorn hinabfließt, ist weiblich. Da der Hauptfluss der eigenschaftslosen Energie im Rücken durch das hauptmännliche Meridian, den Gouverneur, nach oben fließt und an der Vorderseite hinab durch das hauptweibliche Meridian, den Konzeptual, ist die Rückseite des persönlichen Körperraums männlich im Gegensatz zur Vorderseite, die weiblich ist. Wenn der Strom der männlichen Energie den Rücken hoch vom zweiten bis zum sechsten Chakra ungehindert fließen kann, werden keine authentischen Emotionen auftauchen.«

»Folgen authentische Emotionen derselben Route wie die Kundalini?«

»Ja, aber in diesem Fall ist es Prana, das durch den Gouverneur-Meridian aufwärts fließt. Solange Prana an der Rückseite störungsfrei nach oben fließen kann, wird keine Emotion auftauchen. Authentische Emotionen tauchen nämlich nur auf, wenn die Energie durch eines der vier Chakren, über die wir reden, zur Vorderseite des Körperraums fließt.«

»Sie meinen, durch das zweite, dritte, vierte oder fünfte Chakra.«

»Richtig.« Truman deutete auf einer anderen Buchseite auf die Abbildung eines Mannes. »Sie können sehen, dass der Gouverneur durch die Rückseiten der sieben traditionellen Chakren verläuft. Da karmischer Ballast und Projektionen Stellen bevorzugen, an denen Energie entsteht oder übertragen wird, sammeln sie sich um diese Chakren herum an. Wenn sich genügend eigenschaftsbehaftete Energie um ein Chakra herum angesammelt hat, wird die Energie, wenn sie sich durch den Gouverneur-Meridian nach oben bewegt, an genau dieser Stelle gestört werden. Dort hat sie dann nur die Möglichkeit, nach vorne durch das Chakra zu fließen.« Truman deutete auf das zwei-

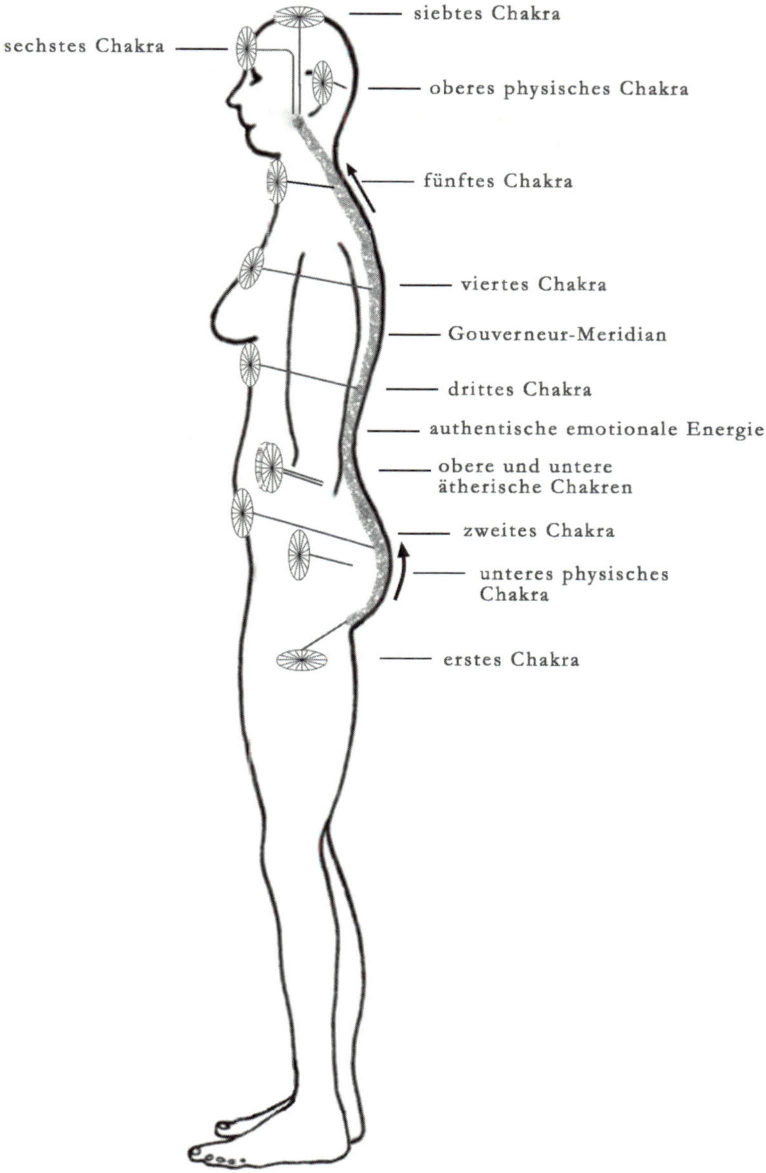

Authentische emotionale Energie fließt vom ersten zum sechsten Chakra durch den hauptmännlichen Meridian, den Gouverneur, nach oben.

te Chakra. Avril konnte sehen, wie eigenschaftslose Energie, die sich durch den Gouverneur-Meridian nach oben bewegt, daran gehindert wird, weiter aufwärts zu fließen, und gezwungen ist, nach vorne durch das zweite Chakra zu strömen.

»So lange wie sich das Prana, das jetzt zur Vorderseite fließt, noch in der Rückseite des persönlichen Körperraums befindet, kann sich das jeweilige Chakra warm oder kalt anfühlen oder sogar vibrieren. Es wird jedoch keine Emotion hervorbringen, da die rückwärtige Hälfte des persönlichen Körperraums männlich ist im Gegensatz zur Vorderseite, die weiblich ist. Emotionen tauchen nämlich nur auf, sobald Prana in die weibliche Hälfte des persönlichen Körperraums eingetreten ist.«

»Bedeutet das, dass Frauen von Natur aus emotionaler sind als Männer?«

»Ganz sicher nicht. Emotionen sind eine Funktion der Polarität – nicht des Geschlechts. Wenn es um das menschliche Energiefeld geht, sind Frauen wie Männer auf der Rückseite männlich und auf der Vorderseite weiblich. Es wäre also falsch zu sagen, dass Frauen von Natur aus emotionaler sind als Männer. Frauen sind vielleicht mehr von verschiedenen hormonellen und kulturellen Einflüssen betroffen als Männer – aber es gibt nichts in ihrem Energiefeld, das sie von Natur aus emotionaler macht. Alles, was wir mit Sicherheit sagen können, ist: Wenn Prana durch ein Chakra gedrückt wird und die Vorderseite des persönlichen Körperraums erreicht, wird eine authentische Emotion auftauchen. Außerdem wird Prana, das durch das Chakra gedrückt wird, damit fortfahren, sich nach vorne zu bewegen, selbst nachdem eine authentische Emotion aufgetaucht ist.«

»Was passiert dann?«

»Die Energie wird durch die Vorderseite Ihres Chakras in Ihr aurisches Feld strömen – dort wird sie sich im karmischen Ballast verfangen. Wenn Sie sie jedoch spontan ausdrücken, wird die Energie durch das Chakra bis hin zum Gouverneur-Meridian zurückgezogen und dann damit fortfahren, nach oben zu den Ausdrucksorganen in Ihrem Kopf zu fließen, wo sie gelöst werden wird.«

»Sie meinen, durch Schreien oder Weinen aufgelöst.«

»Genau. Authentische Emotionen durchlaufen einen Drei-Stufen-Prozess: Sie tauchen auf, werden ausgedrückt und dadurch gelöst. Eine authentische Emotion durchläuft drei Phasen – egal, ob sie aus dem

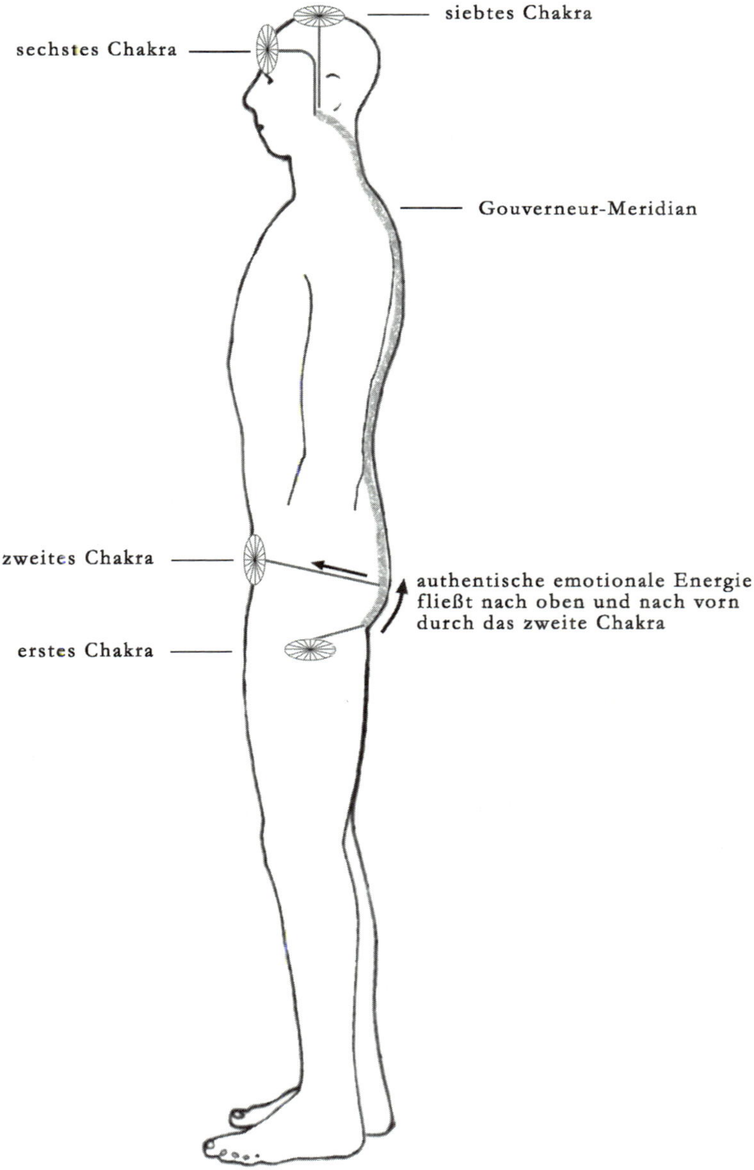
siebtes Chakra
sechstes Chakra
Gouverneur-Meridian
zweites Chakra
authentische emotionale Energie fließt nach oben und nach vorn durch das zweite Chakra
erstes Chakra

zweiten, dritten, vierten oder fünften Chakra auftaucht.«

»Können Sie diesen Prozess erläutern?«

»Das mache ich sofort – und zwar so, wie wir es immer machen.«

»Sie meinen, systematisch.«

»Richtig. Aber erst müssen Sie wissen, dass authentische Emotionen als Sicherheitsventile funktionieren, die sich zusammen mit Ihren Ausdrucksorganen entwickelt haben, um zu gewährleisten, dass Ihr Energiefeld effizient funktioniert, und um Intimität wiederherzustellen, wenn sie durch karmischen Ballast oder Projektionen gestört wurde.«

»Also gibt es tatsächlich eine Ökologie von Körper und Geist, und es handelt sich nicht nur um eine Metapher.«

»Richtig. Ihr physischer und Ihre nicht-physischen Körper sind Teil des Prozesses einer Co-Evolution, die geschaffen wurde, um Intimität wiederherzustellen, sofern sie beeinträchtigt wurde. Lassen Sie uns nun zusammen durch diesen Prozess gehen, denn es ist wichtig für Sie, darüber Bescheid zu wissen, wie authentische Emotionen auftauchen, wie sie ausgedrückt und wie sie gelöst werden können. Der Prozess beginnt, wenn sich Prana, das sich durch den männlichen Hauptmeridian – den Gouverneur – nach oben bewegt, blockiert wurde.«

»Entweder durch karmischen Ballast oder durch Projektionen.«

»Richtig. Wenn Prana bei der Rückseite des zweiten Chakras blockiert wird – was passiert dann?«

Avril grinste Truman auf eine überraschend grimassenhafte Weise an. »Bitten Sie mich, fortzufahren?«

»Falls es Ihnen nichts ausmacht?«

»Kein Problem«, sagte Avril, um Zeit zu gewinnen. »Das ist leicht. Wenn es da karmischen Ballast gibt, der das zweite Chakra blockiert, wird sich der Mensch anspannen.« Avril sah plötzlich verwirrt aus, und Truman deutete auf die Abbildung.«

Avril starrte sie einen Moment lang an, bevor sie hinzufügte: »Dann ist das blockierte Prana gezwungen, sich durch das Chakra zu bewegen, und wenn es die Mitte des Chakras überschritten hat, wird es in dessen vordere Hälfte eintreten, die weiblich polarisiert ist. In diesem Augenblick wird eine authentische Emotion auftauchen.« Avril verschränkte ihre Arme und grinste triumphierend.

»Sehr gut. Und im Falle des zweiten Chakras wird es sich um welche Emotion handeln?«

»Wut.«

»Jetzt zum schweren Teil – was passiert, nachdem die Emotion aufgetaucht ist?«

»Sie muss spontan ausgedrückt werden. Dann wird sie in den Gouverneur zurückgezogen und hinauf bis zu den Ausdrucksorganen im Kopf, wo sie gelöst werden wird.«

»Und wenn sie nicht spontan ausgedrückt wird?«

»Dann wird sie durch die Vorderseite des Chakras in das aurische Feld strömen, wo sie sich verfangen wird.«

»Sie sehen – letztendlich ist es gar nicht so kompliziert.«

»Nein, ist es nicht«, stimmte Avril zu. »Aber eine Sache beschäftigt mich noch.«

»Nur zu.«

»Wenn Prana meine Energiekörper mit Kraft und Vitalität versorgt, dann muss es sehr machtvoll sein.«

»Es ist machtvoll.«

»Warum dominieren dann unauthentische Emotionen unser Leben? Das verstehe ich nicht.«

Truman nickte zustimmend. »Sie sprechen da einen wichtigen Punkt an. Prana ist viel mächtiger als eigenschaftsbehaftete Energie, aber unauthentische Emotionen dominieren, denn Menschen identifizieren sich selten mit ihrem authentischen Verstand. Meistens identifizieren sie sich mit ihrem individuellen Verstand und Ego. Und wenn sie das tun, dann identifizieren sie sich mit ihren unauthentischen Emotionen, die aus karmischem Ballast und Projektionen auftauchen, und sie werden den Zugang zu ihrer Kraft verlieren, die aus ihrem Prana auftaucht.« Trumans Ausdruck wurde ernst. Als er weitersprach, schien er seine Worte sorgsam auszuwählen, und Avril fragte sich, ob er besorgt war, welche Auswirkungen seine Worte haben könnten.

»Da ist noch etwas anderes. Da wir in einer patriarchalen Kultur leben, verschlimmern kulturelle und spirituelle Institutionen noch das Problem, indem sie unauthentischen Emotionen dasselbe Gewicht verleihen wie authentischen.«

»Also werden authentische Verlangen oder Emotionen nicht unterstützt – so viel ist klar.«

»Das ist richtig, aber Ihnen kann das gelingen, und ich habe eine Reihe von Übungen, die Ihnen dabei helfen werden. Sie wurden entworfen, um Ihre Fähigkeit zu steigern, jede der vier authentischen Emotionen auszudrücken und aufzulösen. Heute werden Sie die erste dieser Übungen praktizieren. Sie wird Ihre Fähigkeit verbessern, Wut auszudrücken und aufzulösen. Die anderen drei Übungen dieser Reihe werden Ihnen helfen, dasselbe mit Angst, Schmerz und Freude zu tun. Im Grunde genommen sind alle diese Übungen gleich – wenn Sie also eine gemeistert haben, wird Ihnen das mit allen gelingen.«

»Klingt gut.«

»Noch zwei Dinge, bevor wir beginnen.«

Avril sah Truman erwartungsvoll an.

»Um authentische Emotionen auszudrücken und aufzulösen, müssen Sie die Konzepte über ›richtig‹ und ›falsch‹ und ›gut‹ und ›böse‹ aufgeben.«

»Ich bin nicht sicher, ob ich verstehe.«

»Ich meine, wenn Sie Ihre Wut ausdrücken und auflösen wollen, können Sie nicht das Schuld-Spiel spielen.«

»Ich erinnere mich, dass Sie darüber im Tagungszentrum gesprochen haben.«

»Darüber, dass man sich selbst die Schuld gibt, habe ich nicht gesprochen.«

Avril sah überrascht auf.

»Es ist genauso wichtig aufzuhören, sich selbst für seine authentischen Emotionen Schuld zuzuweisen – besonders wenn sich diese Emotionen im Konflikt mit den Erwartungen anderer Menschen befinden oder mit einem Ihrer eigenen karmischen Muster. Sie dürfen eins nicht vergessen – Sie haben das Recht, Ihre authentischen Emotionen auszudrücken und aufzulösen, und niemand, nicht einmal Ihr individueller Verstand und Ihr Ego, hat das Recht, Ihnen das vorzuenthalten.«

»Wollen Sie damit sagen, dass ich mich in meinem individuellen Verstand und meinem Ego verfange, wenn ich mir selbst Schuld zuweise?«

Truman nickte. Dann ging er hinüber zum Schreibtisch und legte ein Band in den Kassettenrekorder. »Das Zweite ist, dass Sie in dieser Übung die Rückseite Ihrer Chakren aktivieren und sich darin zentrieren werden, um den Pranafluss den Gouverneur hinauf zu Ihren Ausdrucksorganen im Kopf zu erhöhen. Wir werden mit der Wut-Meditation für das zweite Chakra beginnen. Heute Abend können

Sie dann die Angst-Meditation für das dritte Chakra machen, dann können Sie mit der Meditation für das vierte und fünfte Chakra fortfahren.«

»Und wenn ich alle vier gemacht habe?«

»Dann beginnen Sie von vorn.«

»Klingt, als hätte ich was vor.«

»Schön, dann lassen Sie uns anfangen.«

Avril spielte mit ihrer Kaffeetasse herum. Als Truman aufstand, setzte sie sie ab und rutschte in ihrem Sitz nach vorn.

Meditation für das zweite Chakra – Wut

Die Kassette begann mit dem Klang von fließendem Wasser. Dann erklärte Truman: »Sobald Sie bereit sind, setzen Sie sich bequem und aufrecht hin. Dann benutzen Sie die Standardmethode, um sich zu entspannen. Wenn Sie entspannt sind, bekräftigen Sie: ›Es ist meine Absicht, mein Herzchakra zu aktivieren.‹ Fahren Sie fort, indem Sie bekräftigen: ›Es ist meine Absicht, mich in der Rückseite meines Herzchakras zu zentrieren.‹« Nach einer kurzen Pause erklärte Truman: »Jetzt, wo Sie in der Rückseite Ihres Herzchakras zentriert sind, bekräftigen Sie: ›Es ist meine Absicht, die Rückseite meines zweiten Chakras zu aktivieren.‹ Wenn die Rückseite Ihres zweiten Chakras aktiviert ist, fahren Sie fort, indem Sie bekräftigen: ›Es ist meine Absicht, die Rückseite meines dritten Chakras zu aktivieren.‹ Auf dieselbe Weise aktivieren Sie dann auch Ihr fünftes und sechstes Chakra.«

Avril hatte keine Schwierigkeiten, den Anweisungen zu folgen. Als sie ihre Chakren aktiviert hatte, erklärte Truman: »Nachdem Sie die Rückseite des zweiten bis sechsten Chakras aktiviert haben, beginnen Sie damit, ›Om‹ zu chanten, so dass es zu einer wohligen Schwingung im zweiten Chakra kommt. Die Schwingung des zweiten Chakras entspricht der Frequenz von A auf der Tonleiter. Während Sie chanten, werden Sie fühlen, dass das Chakra aktiver zu glühen beginnt. Wenn es aktiver ist, wird Prana vom zweiten Chakra hoch zum dritten fließen, was zur Folge hat, dass auch das dritte Chakra intensiver zu glühen beginnt. Wechseln Sie dann die Tonlage, um der Schwingung des dritten Chakras zu entsprechen – also dem B auf der Tonleiter. Fahren Sie auf dieselbe Weise fort, und chanten Sie von jedem Chakra aus ungefähr zwei Minuten lang. Der Ton des vierten Chakras ist das C, der des fünften das D und der des sechsten das E.«

Avril chantete aus jedem Chakra. Sie war sich nicht sicher, ob sie jeden Ton richtig traf, aber nach einigen Momenten bemerkte sie, dass jedes ihrer Chakren zunehmend aktiver geworden war. Nachdem Sie von allen fünf Chakren aus gechantet hatte, gab Truman ihr 15 Minuten, um die Meditation zu genießen. Dann zählte sie von eins bis fünf und öffnete ihre Augen. Truman nahm die Kassette aus dem Rekorder und ging mit vier Kassetten in der einen Hand und einem großen Umschlag in der anderen auf sie zu. Nachdem er sich hingesetzt hatte, steckte er die Kassetten in den Umschlag und gab ihn Avril. »Die Kassetten sind alle beschriftet. Im Umschlag sind auch der Lesestoff für diese Woche und Anleitungen dazu, wie man die anderen drei Übungen durchführt.«

Avril nahm den Umschlag unter ihren Arm und lächelte: »In Ordnung, dann denke ich, habe ich alles.«

»Es sei denn, Sie haben noch abschließende Fragen.«

Avril schüttelte ihren Kopf.

»Nun dann«, sagte Truman, stand auf und nahm ihre Hand, »ich sehe Sie nächste Woche.«

Als Avril nach Hause kam, arbeitete Dieter am Küchentisch. Nachdem sie ihren Mantel aufgehängt hatte, nahm sie den Umschlag aus ihrer Tasche und gab ihn Dieter. Mit einem verwirrten Ausdruck im Gesicht hielt er ihn fest.

»Studiere den Lesestoff. Mit der ersten Übung können wir nach dem Essen beginnen.«

Dieter sah Avril besorgt an. »Hast Du mit Truman gesprochen?«

»Wir haben nächste Woche einen gemeinsamen Termin. Tu uns beiden einen Gefallen, und benimm dich, wenn du ihm begegnest.« Avril lächelte in sich hinein und ging dann ins Badezimmer, um sich auszuziehen. Dieter murmelte etwas, das sie nicht verstehen konnte. Dann öffnete er den Umschlag, nahm den Lesestoff heraus und begann zu lesen.

Polarität und Geschlecht

Das Prinzip der Polarität spielt eine bedeutende Rolle beim Ausdrücken und Auflösen authentischer Emotionen, da Polarität die Richtung bestimmt, in die sich das Prana durch das menschliche Energiesystem bewegt. Die allgemeine Regel lautet: Energie, die nach oben fließt, ist männlich. Energie, die nach unten fließt, ist weiblich. Da der größte Energiefluss in der Rückseite des menschlichen Energiesystems durch den Gouverneur-Meridian nach oben führt und der größte Fluss vorn durch den Konzeptual-Meridian nach unten, ist die Rückseite des persönlichen Körperraums männlich im Gegensatz zur Vorderseite, die weiblich ist. Das kann man sich leicht merken, da die Rückseite des Körpers hart ist, während die Vorderseite weich ist. Wenn es um den Ausdruck und die Auflösung authentischer Emotionen geht, haben wir es in erster Linie mit einer Hoch-Runter-Polarität zu tun.

Polarität ist mehr als hinten und vorn

Hinten-Vorn-Polarität ist nicht die einzige Polaritätsform, die die Fähigkeit des Menschen, sich in eine intime Beziehung einzubringen, beeinflussen kann. Polarität kann sich noch auf zwei weitere Arten manifestieren. Es gibt Links-Rechts-Polarität und Hoch-Runter-Polarität.

Links-Rechts-Polarität ist recht simpel und gilt bei Männern und Frauen gleichermaßen. Rechtshänder/innen sind auf der rechten Hälfte ihres Energiefeldes männlich und auf der linken Hälfte weiblich. Sie lassen männlich-bestimmende Energie durch ihre rechte Handfläche, ihre rechte Fußsohle und durch das rechte Auge fließen, und sie neigen dazu, Energie durch ihre linke Handfläche, linke Fußsohle und durch ihr linkes Auge zu empfangen.

Im Gegensatz dazu tendieren Linkshänder/innen dazu, eine männlich-bestimmende Energie durch ihre linke Handfläche, ihre linke Sohle und ihr linkes Auge fließen zu lassen und Energie durch ihre rechte Handfläche, ihre rechte Fußsohle und ihr rechtes Auge zu empfangen.

Menschen, deren männliche Seite blockiert ist, haben Schwierigkeiten, sich sexuell zu behaupten, ihre authentischen Gefühle und Emotionen auszudrücken und ihre Kreativität und ihre Vorstellungen zu manifestieren.

Menschen, deren weibliche Seite blockiert ist, haben Schwierigkeiten, sich in ihren Partner einzufühlen und sexuelle Intimität zu akzeptieren. Zudem haben sie Schwierigkeiten, authentische Emotionen und Gefühle auszudrücken und Vorstellungen anderer Menschen nachzuvollziehen und zu integrieren.

Das Überbrücken der großen Kluft

Die letzte Polaritätsform ist die Hoch-Runter-Polarität. Im menschlichen Energiesystem bestimmt diese Polarität, ob der Mensch sexuelle Intimität und eine intime Beziehung mit dem Partner erfahren kann. Im Folgenden wird beschrieben, wie sich diese Polarität manifestiert.

In Beziehungen zwischen Mann und Frau sind Männer im zweiten Chakra maskulin und im vierten feminin. Frauen sind im zweiten Chakra feminin und im vierten maskulin. Als Funktion ihrer polaren Beziehung bestimmen Männer Energie mit ihrem zweiten Chakra, während Frauen durch ihr zweites Chakra für Energie empfänglich sind. Im Gegensatz dazu bestimmen Frauen Energie mit ihrem vierten Chakra, während Männer durch ihr viertes Chakra für Energie empfänglich sind.

In der Praxis wird die männlich-bestimmende Energie einer Frau den Mann empfänglicher machen (einfühlsam und sanft), und die männlich-bestimmende Energie eines Mannes wird eine Frau mit Kraft erfüllen und sie durchsetzungsfähiger machen. Die Unterschiede in der männlichen und weiblichen Polarität sind dafür verantwortlich, dass Liebe, Intimität und Verpflichtung von Männern und Frauen auf verschiedene Weise ausgedrückt werden. Frauen streben danach, in einer Beziehung ganz aufzugehen – besonders in einer intimen Beziehung –, und sie erwarten, dass die Beziehung sie zutiefst berührt. Männer hingegen haben ein tief sitzendes Bedürfnis, ihre Individualität und Eigenständigkeit zu bewahren, selbst wenn sie sich einer intimen Beziehung verpflichtet fühlen.

Obwohl Männer und Frauen eigenschaftslose Energie verschiedenartig anwenden, fördern gesunde polare Interaktionen Liebe und Intimität, indem sie den Energiefluss zwischen den Partnern steigern.

Dieter legte den Text beiseite. Dann leerte er den Umschlag. Außer den vier Kassetten fand er noch einen weiteren Text in einem separaten Umschlag. Nachdem er einen Moment gezögert hatte, beschloss er, die Anweisungen zu lesen, angefangen mit der Meditation für das dritte Chakra.

Meditation für das dritte Chakra – Angst

Die Angst-Meditation für das dritte Chakra ist dazu bestimmt, Ihre Fähigkeit zu steigern, Angst spontan auszudrücken. Angst hat viele Ursachen, die alle darauf zurückzuführen sind, dass eigenschaftslose Energie nicht frei fließen kann. Im 21. Jahrhundert hat Angst die Ausmaße einer Epidemie erreicht. Das sollte keine Überraschung für diejenigen sein, die in patriarchalen Kulturen leben, denn solche Kulturen sind von Natur aus autoritär. Die Abtretung der eigenen Autorität, die von patriarchalen Kulturen gefordert wird, erschafft Persönlichkeiten, die von Angst dominiert werden. Die Meditation für das dritte Chakra ist dazu bestimmt, die Auswirkungen des Patriarchats und die Projektionen anderer Leute zu überwinden, die sich in die Funktionen des dritten Chakras einmischen und Intimität beeinträchtigen.

Sobald Sie bereit sind, setzen Sie sich bequem und aufrecht hin. Dann benutzen Sie die Standardmethode, um sich zu entspannen. Wenn Sie entspannt sind, bekräftigen Sie: ›Es ist meine Absicht, die Rückseite meines Herzchakras zu aktivieren.‹ Fahren Sie fort, indem Sie bekräftigen: ›Es ist meine Absicht, mich in der Rückseite meines Herzchakras zu zentrieren.‹

Wenn Sie sich in der Rückseite Ihres Herzchakras zentriert haben, bekräftigen Sie: ›Es ist meine Absicht, die Rückseite meines dritten Chakras zu aktivieren.‹ Wenn die Rückseite Ihres dritten Chakras aktiviert ist, fahren Sie fort, indem Sie bekräftigen: ›Es ist meine Absicht, die Rückseite meines fünften Chakras zu aktivieren.‹ Dann aktivieren Sie auf dieselbe Weise die Rückseite Ihres sechsten Chakras.

Wenn die Rückseiten Ihres dritten bis sechsten Chakras aktiviert sind, beginnen Sie ›Om‹ zu chanten, so dass es zu einer wohligen Schwingung in der Rückseite Ihres dritten Chakras kommt. Die Schwingungsfrequenz des dritten Chakras entspricht dem B der Tonleiter. Fahren Sie auf die gleiche Weise fort, und chanten Sie von jedem Chakra aus ungefähr zwei Minuten. Der Ton des vierten Chakras ist das C, der des fünften das D und der des sechsten Chakras das E.

Nachdem Sie Ihr drittes bis sechstes Chakra aktiviert haben, nehmen Sie sich fünfzehn Minuten, um die Übung zu genießen. Anschließend zählen Sie von eins bis fünf. Bei fünf öffnen Sie Ihre Augen – Sie werden sich hellwach fühlen, vollkommen entspannt und besser als zuvor.

Meditation für das vierte Chakra – Schmerz

Die Schmerz-Meditation des vierten Chakras ist dazu bestimmt, die Fähigkeit zu steigern, Schmerz spontan auszudrücken. Ohne die Fähigkeit, authentischen Schmerz auszudrücken und aufzulösen, wird Prana beim vierten Chakra blockiert, die persönlichen Rechte werden verletzt und intime Beziehungen gestört.

Es ist wichtig zu erkennen, dass authentischer Schmerz nicht auftaucht, wenn einem Unglück widerfährt oder Chancenlosigkeit – sondern nur dann, wenn es zur Störung einer intimen Beziehung kommt.

Sobald Sie bereit sind, setzen Sie sich bequem und aufrecht hin. Benutzen Sie die Standardmethode, um sich zu entspannen. Wenn Sie entspannt sind, bekräftigen Sie: ›Es ist meine Absicht, die Rückseite meines Herzchakras zu aktivieren.‹ Wenn Ihr Herzchakra aktiviert ist, zentrieren Sie sich in dessen Rückseite, indem Sie bekräftigen: ›Es ist meine Absicht, mich in der Rückseite meines Herzchakras zu zentrieren.‹

Nachdem Sie sich in der Rückseite Ihres Herzchakras zentriert haben, bekräftigen Sie: ›Es ist meine Absicht, die Rückseite meines fünften Chakras zu aktivieren.‹ Dann bekräftigen Sie: ›Es ist meine Absicht, die Rückseite meines sechsten Chakras zu aktivieren.‹ Wenn das vierte bis sechste Chakra aktiviert sind, beginnen Sie ›Om‹ zu chanten, so dass es zu einer wohligen Schwingung in der Rückseite Ihres vierten Chakras kommt. Die Schwingung des vierten Chakras entspricht der Frequenz des C auf der Tonleiter. Während Sie chanten, werden Sie spüren, wie die Rückseite des Chakras zu glühen beginnt. Fahren Sie auf dieselbe Weise fort und chanten Sie von jedem Chakra aus ungefähr zwei Minuten. Der Ton des fünften Chakras ist D und der des sechsten E.

Nachdem Sie das vierte bis sechste Chakra aktiviert haben, nehmen Sie sich fünfzehn Minuten, um die Meditation zu genießen. Danach zählen Sie von eins bis fünf. Wenn Sie bei fünf angelangt sind, öffnen Sie Ihre Augen – Sie werden sich hellwach fühlen, vollkommen entspannt und besser als zuvor.

Meditation für das fünfte Chakra – Freude

Die Freude-Meditation des fünften Chakras ist dazu bestimmt, Ihre Fähigkeit zu steigern, Freude spontan auszudrücken. Ohne die Fähigkeit, authentische Freude auszudrücken und aufzulösen, wird Prana beim fünften Chakra blockiert, was die Beeinträchtigung des restlichen Energiesystems zur Folge hat. Obwohl man Freude als positive Emotion ansieht, ist das menschliche Energiesystem so aufgebaut, dass Prana vom ersten Chakra – an der Basis der Wirbelsäule – bis hin zum siebten Chakra – zum Scheitel des Kopfes – aufsteigen sollte. Jede Blockade, die das Prana daran hindert, das Kronenchakra zu erreichen, wird das Wohlbefinden beeinträchtigen und Intimität einschränken.

Sobald Sie bereit sind, setzen Sie sich bequem und aufrecht hin. Dann benutzen Sie die Standardmethode, um sich zu entspannen. Wenn Sie entspannt sind, bekräftigen Sie: ›Es ist meine Absicht, die Rückseite meines Herzchakras zu aktivieren.‹ Wenn das Chakra aktiv ist, zentrieren Sie sich in der Rückseite Ihres Herzchakras, indem Sie bekräftigen: ›Es ist meine Absicht, mich in der Rückseite meines Herzchakras zu zentrieren.‹

Nachdem Sie sich in der Rückseite Ihres Herzchakras zentriert haben, bekräftigen Sie: ›Es ist meine Absicht, die Rückseite meines fünften Chakras zu aktivieren.‹ Fahren Sie auf dieselbe Weise fort, und aktivieren Sie die Rückseite Ihres sechsten Chakras.

Wenn das fünfte und sechste Chakra aktiviert sind, beginnen Sie ›Om‹ zu chanten, so dass es zu einer wohligen Schwingung in der Rückseite des fünften Chakras kommt. Das fünfte Chakra schwingt mit der Frequenz des D der Tonleiter. Während Sie chanten, werden Sie spüren, wie die Rückseite des Chakras zu glühen beginnt. Fahren Sie auf dieselbe Weise fort, und chanten Sie von jedem Chakra ungefähr zwei Minuten. Der Ton des sechsten Chakras ist E.

Nachdem Sie das fünfte und sechste Chakra aktiviert haben, nehmen Sie sich fünfzehn Minuten, um die Meditation zu genießen. Anschließend zählen Sie von eins bis fünf. Wenn Sie bei fünf angelangt sind, öffnen Sie Ihre Augen – Sie werden sich hellwach fühlen, vollkommen entspannt und besser als zuvor.

Als Dieter zu Ende gelesen hatte, legte er die erste Kassette in den Rekorder, der neben dem Bett stand. Dann macht er es sich bequem und rief nach Avril.

KAPITEL 10

»Also, wir haben beschlossen, dass wir die Arbeit zusammen machen werden.«

Avrils Reaktion auf Dieters Kommentar war ein gequälter Gesichtsausdruck. »Genau das haben wir beschlossen.«

»Und du bist sicher, dass du deine Meinung nicht noch einmal ändern willst?«

»Ganz sicher nicht – Truman erwartet uns.«

Dieter lächelte Avril begeistert an, dann betrachtete er sich im Spiegel. »Also, wie sehe ich aus?«

Normalerweise trug Dieter Businessgarderobe, aber an diesem Morgen hatte er ein kariertes Hemd, alte Jeans und einen schlabberigen Pullover angezogen, den er ganz unten aus dem Kleiderschrank gezogen hatte. Sein Gesamteindruck war exzentrisch und etwas altmodisch.

»Du siehst gut aus«, sagte Avril und fühlte sich etwas irritiert. »Ich sehe dich um eins im Drake. Wir werden nicht viel Zeit zum Essen haben, also verspäte dich nicht.«

»Ich komme niemals zu spät – das weißt du.«

Pünktlich um eins traf Avril im Drake ein. Sie erspähte Dieter im hintersten Teil des Restaurants und bahnte sich ihren Weg an einigen besetzten Tischen vorbei bis hin zu dem langen Fenster, das zur Straße hinausführte. Als sie sich näherte, sah Dieter auf und winkte ihr zaghaft zu.

»Bist du aufgeregt?«, fragte Avril atemlos. Dieter dachte über ihre Frage nach, antwortete jedoch nicht, bis Avril ihren Mantel über ihren Stuhl gehängt und sich gesetzt hatte.

»Ich bin nicht sicher, ob aufgeregt das richtige Wort ist.«

»Natürlich nicht – er ist ein Mann, du bist ein Mann …«

»Was soll das jetzt bedeuten?«

Avril war übler Laune. Sie war mit einem Knoten in ihrem Unterleib aufgestanden und hatte damit den ganzen Morgen zu kämpfen gehabt. »Du bist doch clever«, schoss sie zurück. »Zähl eins und eins zusammen.«

Dieter sah sie scharf an, was Avril mit geübter Geschäftigkeit abtat. Sie war viel unbeugsamer als er, aber nachdem sie einen Moment darüber nachgedacht hatte, entschloss sie sich nachzugeben. »In Ordnung«, sagte sie, nachdem sie einen tiefen Atemzug genommen hatte, um sich zu beruhigen. »Es bedeutet, dass du vielleicht akzeptieren musst, dass ein anderer Mann mehr über Persönlichkeitsentwicklung weiß als du.«

»Also ...?«

»Also, wir wissen beide, dass du ein Problem mit männlicher Autorität hast.«

»Ich kann nicht glauben, dass du denkst, dass ich so egozentrisch bin.«

»Ich glaube nicht, dass du egozentrisch bist. Ich glaube, dass du es brauchst, etwas Besonderes zu sein, und wenn dann jemand mehr weiß als du, wird das natürlich heftig.«

Dieter sah Avril finster an, dann drehte er sich weg und starrte aus dem Fenster. Am liebsten hätte er ihre Worte ignoriert, aber sie bahnten sich ihren Weg in ihn hinein und irritierten ihn zutiefst. »Avril, weißt du was? Vielleicht hast du Recht. Vielleicht brauche ich es, etwas Besonderes zu sein, aber so etwas zu sagen ist ziemlich gemein.«

Avril überging seine Worte und begann, die Speisekarte zu lesen. Nachdem sie ihre Wahl getroffen hatte, sah sie auf, um Dieter ins Gesicht zu blicken. Er starrte sie mit wehleidigem Blick an.

»In Ordnung, es tut mir Leid, wenn ich dir wehgetan habe. Ganz besonders jetzt, wo du den ersten Schritt gewagt hast.«

»Den ersten Schritt – was soll das wieder bedeuten?«

»Ich meine, jetzt wo du akzeptiert hast, dass du nicht immer der Größte sein kannst.«

»Ha, ha, ha – ganz schön clever.« Dieter nahm die Speisekarte, dann zeigte er damit auf Avril und sagte: »Du weißt, wer im Glasshaus sitzt, sollte nicht mit Steinen werfen.«

»Touché!«, warf Avril zurück ohne darüber nachzudenken. Gerade als sie sich zu fragen begann, ob sie zu weit gegangen war, kam der Kellner, um ihre Bestellung aufzunehmen. Dieter bestellte sich einen Maissalat und Avril den Salat der Saison mit frischen Früchten. Keiner von ihnen hatte jedoch großen Appetit, und die nächsten zwanzig Minuten stocherten sie beide in ihrem Essen herum. Nachdem Dieter die Rechnung bezahlt hatte, legten sie die kurze Strecke zu Trumans Büro zu Fuß zurück. Auf dem Weg dorthin wurde Avril sanfter. Kurz darauf nahm sie Dieters Arm und hielt ihn fest, bis sie bei Trumans Haus angekommen waren. Am Fahrstuhl hing ein Schild, auf dem ›außer Betrieb‹ stand.

»Wir müssen also zu Fuß gehen«, witzelte Avril. Dieter, der an ein tagtägliches Fitnessprogramm gewöhnt war, nahm die Anstrengung kaum zur Kenntnis, während Avril ein Stück zurückblieb und atemlos auf Trumans Etage eintraf. Die Tür stand offen, und Truman wartete auf sie am Ende des langen Flurs. Als sie näher kamen, lächelte er gutmütig und begrüßte sie beide mit festem Handschlag. Nachdem er Dieter einen Moment lang studiert hatte, sagte er: »Es ist mir ein Vergnügen, Sie endlich kennen zu lernen.«

Dieter nickte etwas steif, schien jedoch aufrichtig erfreut zu sein. Nachdem Truman die Tür hinter ihnen geschlossen hatte, nahm Avril Dieters Jacke und hängte sie neben ihrer auf. Dann folgten sie Truman und setzten sich ihm gegenüber.

»Also, Dieter, bevor wir anfangen, haben Sie irgendwelche Fragen bezüglich dieser Arbeit?«

»Nein, nicht wirklich.«

»Avril hat mir erzählt, Sie hätten bereits geübt – ist das richtig?«

»Sie meinen die Übungen auf den Kassetten? Avril hat mir beigebracht, meine Chakren zu aktivieren und mich darin zu zentrieren. Und ich habe die vier Übungen praktiziert, die Sie ihr letzte Woche gegeben haben.« Dieter gelang ein dünnes Lächeln, dann fügte er hinzu: »Um ehrlich zu sein, war ich überrascht, wie effektiv sie waren. Aber ich möchte nicht zu viel Zeit von der Arbeit wegnehmen. Mir wäre es recht, Sie würden einfach da weitermachen, wo Sie aufgehört haben, und falls ich eine Frage habe, werde ich sie stellen.«

»In Ordnung, kommen wir zunächst einmal zu dem hier.« Truman deutete auf das Gebäcktablett auf dem Tisch vor ihm. »Hat Avril Ihnen von den tollen Erfrischungen erzählt, die wir während unserer Sitzungen genießen?«

»Nein, hat sie nicht.«

»Das ist schade, da haben Sie ja das Beste für sich behalten, nicht wahr?«

Avrils Augen weiteten sich mit gespieltem Entsetzen.

»Sie sollten eins probieren.«

»Lassen Sie mich das machen«, sagte Avril schnell. Sie nahm einen Teller und legte zwei Gebäckstücke darauf. Dann bereitete sie Dieter eine Tasse Kaffee zu. Truman lächelte, während er ihr Tun beobachtete. »Beim letzten Mal habe ich mit Avril über authentische Emotionen gesprochen, hat sie Ihnen davon erzählt?«

»In aller Länge. Sie war freundlich genug, mir zu erklären, dass es mir an Freude mangelt, da mein fünftes Chakra blockiert ist.«

»Das habe ich nicht gesagt.« Avril klang aufgebracht. »Ich habe gesagt, du solltest mehr Freude in dein Leben lassen – das ist ein großer Unterschied.«

Truman beendete das Gezänke, indem er einwarf: »Sie wissen also, dass Ihr fünftes Chakra Freude regelt.«

»Ja, das weiß ich.«

»Hat sie Ihnen auch erzählt, dass es vier authentische Emotionen gibt und dass sie authentisch sind, weil sie aus den Chakren auftauchen?«

Dieter nickte.

»Gut, dann können wir ja zu unserem heutigen Tagesthema übergehen – die Interaktion von Feldern. Dabei handelt es sich um energetische Interaktionen, die zwischen zwei Menschen stattfinden, die sich begegnen, sich beziehen oder eine Beziehung eingehen. Sie sind wichtig, da die Mehrheit der menschlichen Interaktionen energetischer Natur sind.«

Dieter reagierte als Erster: »Wenn das wahr ist, habe ich grundlegend missverstanden, wie Menschen aufeinander einwirken.«

»Was das angeht, sind Sie nicht anders als jeder andere, dem beigebracht wurde, dass Interaktionen zwischen Menschen von der Genetik und Kultur geregelt werden.«

»Genau das wurde mir beigebracht.«

»Das wurde uns allen beigebracht. Leider sind Menschen, die diesem Paradigma vertrauen, nicht in der Lage, Verhaltensmuster, die menschliche Intimität beeinträchtigen, entlang der Ursache-Wirkung-Kette auf ihre wirkliche Ursache zurückzuführen – karmischen Ballast und Projektionen.«

»Ist deshalb immer noch nicht anerkannt, dass Feldeinwirkungen existieren?«

»Ganz genau.«

»Ich bin ausgebildeter Therapeut, und ich fand es schon immer seltsam, dass man keine zwei Therapeuten finden kann, die darin übereinstimmen, was eine Beziehung stört, wie sich Emotionen bilden und was getan werden muss, um Intimität zu erreichen.«

»Das überrascht mich nicht. Die Wahrheit ist, dass Beziehungsprobleme, wie Sie sie gerade erwähnt haben, nur gelöst werden können, wenn man versteht, wie Feldinteraktionen stattfinden. Wenn man das nicht weiß …«

»… sitzt man in der Patsche.«

Truman drehte sich zu Avril und lächelte zustimmend. »Genau das meine ich. Nun, um zu verstehen, wie Feldinteraktionen stattfinden und wie sie Intimität beeinflussen, müssen Sie wissen, dass jeder Mensch das Universum als Mikrokosmos ist. Das bedeutet, jeder Mensch existiert in allen physischen und nicht-physischen Energiedimensionen, und da Menschen energetische Wesen sind, strahlen sie Energie aus, wenn sie miteinander zu tun haben. Außerdem müssen Sie wissen, dass nicht alle Interaktionen authentisch sind.« Truman wandte sich an Dieter: »Können Sie mir folgen?«

»Ich habe den Lesestoff gebüffelt, den Sie Avril gegeben haben.«

»Gut, dann wissen Sie ja, dass Feldinteraktionen zwischen Partnern auf authentischen Energiefeldern beruhen müssen, um Intimität aufrechtzuerhalten.«

»… und diese authentischen Felder tauchen aus dem authentischen Verstand der Partner auf«, warf Avril ein.

»Das stimmt.« Truman blitzte Avril ironisch an. »Da Sie den Prozess zu verstehen scheinen, können Sie uns vielleicht mehr über den authentischen Verstand erzählen.«

»Ganz sicher kann ich das.« Avril setzte sich gerade hin. Ihr Lächeln war ein bisschen zu breit, um echt zu sein. »Der authentische Verstand taucht aus dem universellen Bewusstsein als eine Gemeinschaft nicht-physischer Körper und dem Energiesystem auf, das diese Körper unterstützt.«

»Und die Energiekörper und das Energiesystem – können Sie uns sagen, woraus sie zusammengesetzt sind?«

»Sowohl die Energiekörper als auch das Energiesystem sind aus Prana zusammengesetzt – oder eigenschaftsloser Energie, falls Ihnen das lieber ist.«

»Und die Quelle von Prana ist?«

»Das universelle Bewusstsein natürlich.« Avril grinste breit und lehnte sich dann mit verschränkten Armen zurück. Sie war deutlich zufrieden mit sich. Truman nickte ihr zu und wandte sich dann an Dieter. »Das macht das universelle Bewusstsein zur Grundlage des authentischen Verstandes.«

Dieter biss sich auf die Lippe und lehnte sich nach vorne. Er hatte einen betroffenen Ausdruck im Gesicht. »Das ist der Teil, den ich nicht verstehe – wenn Sie sagen, universelles Bewusstsein ist die Grundlage des authentischen Verstandes, bin ich nicht sicher, was Sie damit meinen.«

»Damit meine ich, dass das universelle Bewusstsein die Quelle der Ur-Schwingung ist, die sich vervielfältigte und sowohl zum Universum der Erscheinungen als auch zu den Körpern und Organen des menschlichen Energiefeldes wurde. Es bedeutet auch, dass alle Feld-Interaktionen innerhalb des Feldes des universellen Bewusstseins stattfinden.«

»Man könnte also auch sagen im Geist Gottes.«

»Das stimmt.«

»Also hatten die Hebräer Recht, als sie erklärten: ›Höre, o Israel – unser Gott ist eins.‹«

Avril lächelte breit. Dieter war jüdischer Abstammung, aber es war selten, dass er seine Herkunft jemandem anvertraute, den er kaum kannte.

»Die Hebräer hatten erkannt, dass das universelle Bewusstsein die Singularität ist, durch die das Universum der Erscheinungen und alles darin auftauchte. Aber es gibt noch einen anderen Aspekt des universellen Bewusstseins, der genauso wichtig ist, aber weder von den Juden noch von anderen westlichen Religionen betont wurde – nämlich, dass das universelle Bewusstsein außerhalb der linearen Zeit existiert. Da die lineare Zeit den Abstand zwischen einer Handlung und einer anderen misst, bedeutet das, dass das universelle Bewusstsein nicht in der Lage ist, irgendwelche unabhängigen Handlungen innerhalb des Universums der Erscheinungen auszuführen. Also nichts, was innerhalb des Universums der Erscheinungen stattfindet, findet durch den Willen des universellen Bewusstseins statt.«

»Wollen Sie damit sagen, dass das universelle Bewusstsein statisch ist und sich niemals verändert?«

»Genau das. Auch wenn alles aus dem universellen Bewusstsein aufgetaucht ist, ist es nicht direkt in Feldinteraktionen involviert. So gesehen könnte man das universelle Bewusstsein mit einem stillen Teilhaber vergleichen. So etwas wie ein Geldgeber, der das Kapital zur Verfügung stellt und jemand anderem die Firmenleitung überlässt.«

»Und wer ist dieser andere, über den Sie sprechen?«, fragte Dieter mit wachsendem Interesse.

»Die Göttin natürlich. Die Göttin war es, die als Ur-Schwingung auftauchte, und diese Ur-Schwingung entwickelte sich zum Universum der Erscheinungen. Als Wirkkraft des universellen Bewusstseins ist es die Göttin, die sowohl die Form von eigenschaftsloser als auch eigenschaftsbehafteter Energie annimmt.«

»Also ist es die Göttin, die direkt in alle Feldinteraktionen involviert ist.«

»Das stimmt. Wenn ein Mensch in seinem authentischen Verstand zentriert ist, finden die Feldinteraktionen im eigenschaftslosen Energiefeld der Göttin statt – diese Art von Interaktionen verstärken Vergnügen, Liebe, Intimität und Freude. Wenn die Interaktionen in dem anderen Feld der Göttin – dem der eigenschaftsbehafteten Energie – stattfinden, werden Partner davon abgehalten, Vergnügen, Liebe, Intimität und Freude zu erfahren und sie miteinander zu teilen.«

Dieter hörte weiter aufmerksam zu. Gelegentlich nickte er. Schließlich lehnte er sich nach vorn und sagte: »Finden die Interaktionen, über die Sie sprechen, ausschließlich zwischen Menschen statt?«

»Nicht immer. Feldinteraktionen können zwischen Menschen, zwischen Mensch und Tier oder selbst zwischen Menschen und unabhängigen Energiefeldern stattfinden. Genau genommen müssen Sie nicht einmal in körperlichem Kontakt mit einem anderen Wesen sein, damit Feldinteraktionen stattfinden können.«

»Also kann man mit alten Freunden oder Ex-Partnern fortfahren zu interagieren?«

»Richtig. Sie können energetisch damit fortfahren, selbst wenn die Beziehung beendet wurde.«

»Das ist schlecht«, murmelte Avril.

»Es wird noch schlimmer, denn Sie haben schon viele Male gelebt. Also können Sie energetisch immer noch mit Menschen interagieren, die Sie in vergangenen Leben kannten.«

»Moment mal«, rief Avril, »wollen Sie damit sagen, wir können mit Menschen interagieren, die tot sind?«

»Genau das meine ich.«

»Warten Sie«, warf Dieter ein. Die Farbe war aus seinem Gesicht gewichen, was ihn aschfahl aussehen ließ. »Feldinteraktionen sind eine Sache – aber es gibt keinen Beweis, dass sie zwischen Menschen, die leben und Menschen, die tot sind, stattfinden können.«

»Das stimmt nicht ganz. Es gibt eine große Anzahl von Einzelberichten, die darauf hinweisen, dass Menschen mehr als einmal inkarnieren und dass sie immer noch durch Beziehungen vergangener Leben beeinflusst sein können. Da ist z.B. das Sehnen, das Menschen nach ihrem Seelenpartner haben – jemand, dem sie in diesem Leben nicht begegnet sind, aber nach dessen Eigenschaften sie verzweifelt suchen. Und das ist nicht alles – manche Menschen können sich sogar an ihre vergangenen Leben erinnern und an die Menschen, mit denen sie zu tun hatten. Geben Sie mir eine Minute. Ich möchte Ihnen etwas zeigen, das Sie interessieren dürfte.« Truman stand auf und deutete auf das Gebäcktablett. »Nehmen Sie sich noch ein Stück, es wird eine Minute dauern.« Nachdem er einen Stapel Ordner auf seinem Schreibtisch durchstöbert hatte, kam er mit einem Internetausdruck zurück und überreichte ihn Dieter. »Würden Sie das bitte laut vorlesen?«

Dieter fingerte für einen Moment an dem Papier herum. Dann lächelte er Avril an und begann, laut zu lesen: »Titu wurde in Nordindien geboren. Als er ungefähr drei war, begann er, über sein früheres Leben zu sprechen. Er erzählte seiner Familie, dass er in der nördlichen Stadt Agra gelebt hatte und Besitzer eines kleinen Elektroladens gewesen war, in dem Fernseher, Radios und Videos verkauft wurden. Er erzählte ihnen, dass sein ehemaliger Name Suresh Verma lautete. Zum Zeitpunkt seines Todes sei er mit einer Frau verheiratet gewesen, die Uma hieß und ihm zwei Kinder geboren hatte. Er erklärte weiter, dass er an einer Schusswunde gestorben und anschließend verbrannt worden sei. Zunächst wurde der Junge nicht ernst genommen. Doch Titus älterer Bruder, der von dieser Geschichte fasziniert war, reiste nach Agra, um die Aussagen seines Bruders zu überprüfen.

Zu seiner Überraschung fand er ein Videogeschäft mit dem Namen Suresh Radio, das von einer Frau namens Uma geführt wurde. Ihr Mann war erschossen und anschließend eingeäschert geworden.

Nachdem Uma von Titus Geschichte und seinen Behauptungen gehört hatte, beschloss sie, dem Jungen einen Besuch abzustatten. Als sie eintraf, erkannte Titu sie sofort und fragte nach den Kindern. Er fuhr fort, zusätzliche Details aus seinem Leben in Agra zu beschreiben, die von Sureshs Familie bestätigt wurden.«

Truman unterbrach Dieter, der von dem Blatt aufsah: »Ich glaube, wir haben genug gehört.«

Dieter gab Truman das Blatt zurück. »Das ist eine interessante Geschichte«, murmelte er.

»Ja, das ist sie«, stimmte Truman zu. »Und wenn Sie an dem Thema interessiert sind, werden Sie sehen, dass schon viele Nachforschungen bezüglich vergangener Leben gemacht worden sind. Aber wenn es um intime Beziehungen geht, ist es wichtig, dass man sich vergegenwärtigt, dass man das Vermächtnis vergangener Leben und Beziehungen in seinem Energiefeld trägt – in Form von karmischem Ballast. Dieser Ballast besteht aus Karma, das man in vergangenen Leben angesammelt hat.«

»Darüber haben wir bereits gesprochen«, erinnerte Avril Truman.

»Ich weiß, aber es gibt noch mehr darüber zu erzählen. Zusätzlich haben Sie auch Karma angehäuft, als Sie im Mutterleib waren.«

»Aber ich habe im Mutterleib überhaupt nichts getan«, protestierte Avril.

»Das macht nichts. Menschen haben auf Sie reagiert, und jedes Mal fand dabei eine Feldinteraktion statt.«

»Selbst als ich noch nicht geboren war?«

»Selbst dann.«

»Also, Sie sagen mir, dass ich in meinem Feld Karma aus diesem Leben, aus meinen vergangenen Leben und aus meiner Zeit im Mutterleib trage?«

»Das ist richtig. Und da Sie das Vermächtnis vergangener Beziehungen zu Menschen in Form von karmischem Ballast und Projektionen in Ihrem Feld tragen, können Sie immer noch mit ihnen interagieren.«

Avril schüttelte ungläubig ihren Kopf. »Ich kann immer noch nicht glauben, dass ich mit toten Menschen interagiere.«

»Vielleicht hilft es Ihnen zu wissen, dass tote Menschen nicht wirklich tot sind – zumindest nicht so, wie Sie sich das denken.«

Dieter sah Truman skeptisch an: »Sie machen Witze.«

»Über so etwas macht er niemals Witze.«

»Dieter, wenn Menschen interdimensionale Wesen sind, glauben Sie, dass sie sich zusammen mit dem Karma, das sie angesammelt haben, einfach in Luft auflösen, wenn sie sterben?«

»Wollen Sie damit sagen, dass sie umhertreiben wie Geister?«

»Nicht wie Geister, aber Menschen existieren weiter und interagieren durch ihre nicht-physischen Körper und durch den karmischen Ballast, der sie umgibt. Und das bedeutet, sie können, obwohl sie tot sind, weiterhin mit Ihnen interagieren.«

Dieter wollte gerade unterbrechen, als Truman seine Hand hob: »Bevor Sie etwas sagen, lassen Sie mich ausreden, denn da ist noch etwas, das Sie wissen müssen.«

»Ich habe so ein Gefühl, dass ich es nicht mögen werde«, murmelte Avril. Truman wandte sich ihr zu und schenkte ihr ein verständnisvolles Lächeln. »Da Feldinteraktionen Sie karmisch an Menschen anhaften, die gestorben ist, können Tote Ihre Fähigkeit, in diesem Leben intime Beziehungen mit Ihrem Partner zu erfahren, beeinflussen.«

»Ich kann also in einen toten Menschen verliebt sein?«

»Oder sich nach einer seiner Eigenschaften sehnen. Natürlich ist es unwahrscheinlich, dass Sie die Person, nach der Sie sich sehnen, finden werden – wahrscheinlich ist sie entweder tot, im falschen Alter oder lebt auf der anderen Seite der Welt.«

»Ich sage dir, das wird von Mal zu mal besser«, wandte sich Avril an Dieter, der ausrief: »Vielleicht hätten wir eine bessere Beziehung, wenn einer von uns tot wäre.« Truman und Dieter lachten beide herzlich, und das nahm ein wenig von der Spannung, die sich aufgebaut hatte.

»In Ordnung«, sagte Dieter gedankenvoll. »Sie hätten das Thema nicht aufgebracht, wenn es nicht etwas geben würde, das wir dagegen tun können.«

»Es gibt etwas, dass Sie tun können. Sie können die Anhaftung an tote Menschen überwinden, indem Sie Ihre Verbindung zu ihnen durchtrennen.«

»Selbst Beziehungen zu toten Menschen, an die wir uns nicht erinnern können?«

Truman nickte mit dem Kopf. »Sie können – sagen Sie einfach nein.«

»Was meinen Sie damit – einfach nein sagen?« Dieters Stimme hob sich.

»Ich meine, dass es nicht genügt, ja zu sagen zu Intimität und Beziehungen. Um eine intime Beziehung zu genießen, müssen Sie auch zu allem oder jedem nein sagen, der Sie in karmischen Mustern festhält oder Sie davon abhält, authentisch zu sein.«

»Aber wie sagt man nein zu jemandem, der tot ist und an den man sich nicht erinnern kann.«

»Man muss weder den Namen kennen noch wissen, wie derjenige aussieht. Sie müssen nicht einmal wissen, wann und wo Sie ihn oder sie gekannt haben oder welche Art von Beziehung Sie miteinander hatten. Alles was Sie tun müssen, ist, die Eigenschaft isolieren, nach der Sie sich sehnen. Wenn Sie das tun, isolieren Sie die Energie, die in Ihr Feld projiziert wurde. Und wenn Sie die Energie isoliert haben, können Sie die energetische Verbindung trennen, die Sie an diesen Menschen anhaftet. Dazu müssen Sie sich in Ihrem authentischen Verstand zentrieren und Ihre Absicht benutzen.« Truman sah Avril fest an. »Gibt es irgendwelche Freiwillige?«

Avril errötete peinlich berührt und senkte den Blick. »Ich bin sicher, ich habe viele Past-Life-Liebhaber, die noch immer hoffnungslos in mich verliebt sind, aber ich glaube wirklich nicht, dass ich das schaffe.«

»Es wird nicht so schwierig sein, wie Sie denken. Sie werden nach einer Eigenschaft Ausschau halten, nach der Sie sich sehnen, die Sie aber bei noch keinem Mann gefunden haben. Eine Eigenschaft, von der Sie glauben, dass sie Ihnen ein tiefes Gefühl von Befriedigung und Zufriedenheit verschaffen wird.«

»Das ist nicht schwer. Ich habe mich schon immer danach gesehnt, mit einem Mann zusammen zu sein, der mich versteht. Und ich habe immer gespürt, dass ich ihn erkennen würde, sobald ich ihm in die Augen sehe.«

»Gut. Das klingt, als hätten wir eine Past-Life-Anhaftung, mit der wir arbeiten können. Also, wenn Sie bereit sind, machen Sie es sich bequem und lassen Sie uns anfangen.«

Avril seufzte. Dann lehnte sie sich in ihrem Stuhl zurück und schloss ihre Augen.

»Sie werden mit der Standardmethode beginnen. Dann werden Sie sich in Ihrem authentischen Verstand zentrieren und Ihre Wahrnehmungsorgane nach Innen richten. Der Rest wird nicht schwer sein – folgen Sie einfach meinen Instruktionen.« Truman benutzte eine Kassette, um Avril durch die Standardmethode zu führen und um die Rückseite ihres Herzchakras zu aktivieren, damit sie sich darin zentrierte. Dann stoppte er die Kassette und machte selbst weiter.

»Jetzt, wo Sie in Ihrem authentischen Verstand zentriert sind, möchte ich, dass Sie bekräftigen: ›Es ist meine Absicht, meine Wahrnehmungsorgane nach Innen zu richten und das Energiefeld zu beobachten, das mich veranlasst, mich danach zu sehnen, verstanden zu werden.‹«

Avril folgte Trumans Instruktionen und spürte sofort Druck auf ihrem dritten Chakra.

»Sehen Sie irgendwelche Klumpen oder irgendetwas, das wie eine Schnur aussieht, die aus Ihrem dritten Chakra auftaucht oder aus dem Bereich um Ihren Solarplexus herum?« Truman wandte sich an Dieter und erklärte: »Eine Schnur ist eine Projektion. Sie ist lang und dünn und verbindet sie mit der Person, die projiziert.«

»Ich habe sie gefunden«, sagte Avril atemlos.

»Gut, bleiben Sie einfach zentriert. Dann benutzen Sie Ihre Wahrnehmungsorgane, um ihre Eigenschaften zu beobachten.«

»In Ordnung, das mache ich jetzt. Ich glaube, ich kann die Eigenschaften fühlen und sogar die Person am anderen Ende spüren.«

»Das machen Sie großartig. Machen Sie sich bereit – Sie werden Ihre Absicht benutzen, um die Schnur zu durchtrennen, indem Sie bekräftigen: ›Es ist meine Absicht, die Schnur, die ich beobachte, zu durchtrennen und ihren Ursprung und ihre Ausläufer zu entlassen.‹«

Nachdem sie Trumans Instruktionen befolgt hatte, fühlte Avril einen sofortigen Wandel in ihrem Feld. Der Druck auf ihren Solarplexus verringerte sich, und sie fühlte sich zentrierter im persönlichen Körperraum. Weichere Gefühle und ein erneutes Wohlbefinden tauchten auf. Truman lächelte Dieter an und wandte sich dann an Avril: »Nehmen Sie sich einen Moment, um den Wandel zu genießen. Dann zählen Sie von eins bis fünf und öffnen Sie Ihre Augen.«

Als Avril ihre Augen öffnete, sah sie einen betroffenen Ausdruck in Dieters Gesicht, der ihn dümmlich aussehen ließ. »Dieter, setz ein anderes Gesicht auf – ich fühle mich gut.« Als Nächstes wandte sie sich an Truman: »Also, was meinen Sie – habe ich die Verbindung getrennt?«

»Ich denke, Sie haben die Schnur und die Anhaftung aufgelöst.«

»Etwas hat sich definitiv verändert. Ich fühle mich weniger getrieben und bin mehr ich selbst.«

»Sie werden die Veränderungen innerhalb der nächsten Stunden integrieren – machen Sie sich also keine Sorgen, falls Sie etwas desorientiert sind.« Truman wandte sich an Dieter und sagte: »Ist Ihnen danach, eine Ihrer Past-Life-Anhaftungen zu durchtrennen?«

Dieter hatte einen entschlossenen Ausdruck im Gesicht. »Ich bin zwar etwas nervös, aber ich bin bereit, es zu versuchen.«

Truman erklärte, wie man die Eigenschaften einer Schnur beobachtete. Dann führte er Dieter durch dieselbe Übung. Wie Avril gelang es auch Dieter, eine Schnur zu finden und sie aufzulösen. Seine Sehnsucht war die nach einer Frau, die ihm das Gefühl gab, etwas Besonderes zu sein. Für Avril war das keine Überraschung. Sie war erleichtert, denn sein Bedürfnis, etwas Besonderes zu sein, war ein Thema, das sich jetzt nicht mehr in ihre Beziehung einmischen würde.

Nachdem Dieter seine Erfahrung beschrieben und Trumans Fragen beantwortet hatte, stand Truman auf und ging hinüber zum Schreibtisch. Er kehrte mit dem Umschlag, in dem der Lesestoff war, und einer Übungskassette zurück. Er steckte die Kassette in den Umschlag und überreichte ihn Dieter.

»Also, was denken Sie?«

Dieters Begeisterung war schwer zu übersehen. »Ich hätte nie gedacht, dass die Arbeit so faszinierend sein würde.«

Avril lächelte vergnügt. »Ich wusste, er würde die Arbeit genießen.«

»Dann sehe ich Sie beide nächste Woche um dieselbe Zeit.«

Avril nickte und stand auf. Sie sah Dieter an, der den Umschlag fest unter seinen Arm geklemmt hatte. Sie waren bereits an der Tür, als Truman fragte: »Hat jemand von Ihnen noch abschließende Fragen?«

Dieter schüttelte den Kopf. »Ich bin sicher, ich werde ganz viele haben, sobald ich aus der Tür raus bin.«

»Ich zeige ihm, wie man eine Liste macht«, sagte Avril zum Spaß.

Als sie auf der Straße waren, wandte sich Dieter an Avril und sagte: »Also, was möchtest du tun?«

»Lass uns ins Drake gehen und schauen, was im Umschlag steckt.«

»Bist du sicher, dass du zum Drake gehen willst?«

»Warum nicht? Wir können in der Lobby sitzen und den Text gemeinsam studieren.«

Beim Drake angekommen, fanden sie in der Ecke der weitläufigen Lobby einen abgelegenen Tisch und bestellten Kaffee. Dieter rückte seinen großen Lounge-Stuhl neben den von Avril. Dann öffnete er den Umschlag und sagte: »Was meinst du?«

»Du fängst an.«

Dieter nickte zustimmend. Dann hielt er den Text hoch und begann, ihn laut vorzulesen.

Feldinteraktionen

Feldinteraktionen finden in allen physischen und nicht-physischen Aktivitätsfeldern statt. Dazu gehören das Feld des Geistes, des Intellekts, der Seele, das ätherische und das physische Feld. Die Hierarchie dieser Felder entwickelte sich schrittweise. Diese Schritte werden Tattvas genannt, wobei Felder mit höherer Schwingung zuerst auftauchten. Das erste authentische Feld, das auftauchte, war das Feld des Geistes.

Mit jedem dieser Schritte – bzw. mit jedem Tattva – entwickelten die Menschen Körper, die es ihnen ermöglichten, sich selbst auszudrücken und mit anderen Lebewesen in Form von Feldinteraktionen zu interagieren.

Diese Körper, die dieselbe Form und Größe wie der physische Körper haben, sind aus eigenschaftsloser Energie zusammengesetzt. Sie bilden zusammen mit dem menschlichen Energiesystem eine funktionale Gemeinschaft, die man den authentischen Verstand nennt.

Nach der Hierarchie authentischer Felder tauchte eine zweite Feldhierarchie auf – bekannt als die Felder der Maya. Die Felder der Maya, die aus eigenschaftsbehafteter Energie und Materie bestehen, haben die Fähigkeit, Funktionen authentischer Energiefelder zu fälschen, einschließlich jener, die den authentischen Verstand des Menschen zusammensetzen.

Alle Feldinteraktionen zwischen individuellen Energiefeldern finden innerhalb des Feldes des universellen Bewusstseins statt – genauso wie die Interaktionen von Individuen innerhalb eines Traumes nur im Bewusstsein des Träumers stattfinden.

Die wirkende Kraft hinter all diesen Feldinteraktionen ist die Göttin. Als Wirkkraft des universellen Bewusstseins manifestiert sie ihre Macht auf drei Arten:

- als uranfänglicher Wille bzw. als Absicht zu interagieren,
- als uranfängliches Wissen bzw. als Wissen, das für Interaktionen notwendig ist,
- als uranfängliche bzw. potentielle Kraft.

Die Felder der Maya

Die Hierarchie der Felder, die als Maya bekannt sind, sind das Haupthindernis in einer intimen Beziehung – denn sie haben die Fähigkeit, einen gefälschten Verstand zu erschaffen, den man den individuellen Verstand und das Ego nennt.

Obwohl es so scheint, als seien der individuelle Verstand und das Ego die alleinigen Träger des menschlichen Bewusstseins, funktionieren sie genau genommen wie eine Bauchrednerpuppe. Die Puppe weist alle Merkmale von Gewahrsein und Erkenntnisvermögen auf – sie spricht, zeigt Emotionen und Gefühle, und sie reagiert auf den Bauchredner und das Publikum, das sie unterhält.

Aber ganz gleich wie clever sie ist oder wie realistisch sie zu sein scheint, das Gewahrsein und das Erkenntnisvermögen stammen vom Bauchredner (dem authentischen Verstand) – denn er ist der authentische Träger von Bewusstsein, Wissen und Empfindung.

Der individuelle Verstand und das Ego können auf fünf verschiedene Arten Gewahrsein und Selbstausdruck beschränken und intime Beziehungen stören:

- Sie können dafür sorgen, dass sich der Mensch machtlos fühlt, obwohl jeder Mensch die Kraft des unbegrenzten Bewusstseins und eigenschaftsloser Energie zu seiner Verfügung hat.
- Sie können das Wissen des Menschen begrenzen, sein Unterscheidungsvermögen und die Fähigkeit, zu beobachten, obwohl jeder Mensch die Fähigkeit besitzt, sich Wissen anzueignen, indem er seine Wahrnehmungsorgane benutzt, um authentische und unauthentische Energiefelder beobachten und unterscheiden zu können.
- Sie können die Fähigkeit des Menschen, karmischen Ballast und Projektionen zu überwinden, schwächen, indem sie seine Wahrnehmungsorgane nach Außen verlagern, obwohl die Fähigkeit, die Wahrnehmungsorgane nach Innen zu richten, in jedem Menschen ruht.
- Sie können den zeitlosen Zustand verschleiern, der als stets gegenwärtiges Jetzt bekannt ist, und verfangen den Menschen in der linearen Zeit, obwohl der authentische Verstand und das universelle Bewusstsein weder durch die lineare Zeit noch durch sonst etwas begrenzt werden können.
- Sie scheinen das Bewusstsein von der Gottesgegenwart stören zu können, das auftaucht, sobald Intimität erreicht wurde, obwohl Intimität der eigentliche und natürliche Zustand eines jeden Menschen ist.

Es ist wichtig zu wissen, dass der individuelle Verstand und das Ego gestärkt werden, wenn sich der Mensch an sie anhaftet.

Wenn unangemessenes Handeln erst einmal durch angemessenes ersetzt ist und der Mensch anhaltende Intimität mit seinem Partner, sich selbst und dem universellen Bewusstsein erfährt, wird die Macht des individuellen Verstandes und des Egos für immer zerstört sein.

Das Prinzip der Felddominanz

Feldinteraktionen werden durch das Prinzip der Felddominanz geregelt. Das Prinzip der Felddominanz lehrt uns: ›Energiefelder interagieren. Felder mit einer höheren Schwingung haben einen größeren Einfluss und/oder Auswirkung als Felder mit einer geringeren Schwingung.‹ Bei allen Feldinteraktionen verdrängen Felder mit höherer Schwingung Felder mit geringerer Schwingung.

Wenn wir das Prinzip der Felddominanz auf Feldinteraktionen anwenden, dann lernen wir, dass das universelle Bewusstsein alle Feldinteraktionen dominiert. Yoga lehrt sogar, dass untergeordnete Felder keinen Einfluss auf das universelle Bewusstsein ausüben können, wohingegen das universelle Bewusstsein untergeordnete Felder beeinflussen, kontrollieren, umwandeln oder auflösen kann.

Wenn untergeordnete Energiefelder miteinander interagieren, bestimmt das Prinzip der Felddominanz, dass eigenschaftslose Energiefelder eigenschaftsbehaftete dominieren werden und Felder mit einer höheren Schwingung Felder mit niedrigerer Schwingung.

Das Prinzip der Felddominanz erklärt somit, warum der Mensch den individuellen Verstand und das Ego überwinden kann, wenn er im authentischen Verstand zentriert bleibt.

Diejenigen, die sich an das Prinzip der Felddominanz halten und sich in ihrem authentischen Verstand zentrieren, werden nicht länger vom individuellen Verstand und vom Ego dominiert oder auf eigenschaftsbehaftete Felder reagieren, die aus karmischem Ballast und Projektionen auftauchen. Diese Menschen werden anhaltende Intimität erfahren – in all ihren Beziehungen.

KAPITEL 11

Eine Woche lang hatten Avril und Dieter die Übungen durchgeführt, die Truman ihnen beigebracht hatte. Sie waren mit ihren Fortschritten zufrieden und von der Arbeit, seitdem sie sie zusammen machten, noch begeisterter.

Als Avril und Dieter Dienstagnachmittag zu ihrem Termin erschienen, begrüßte Truman sie an der Tür. Dann ließ er sie hinein und Avril nahm Dieters Mantel und hängte ihn neben ihrem auf. Nachdem sie sich gesetzt hatten, sah Truman auf seine Uhr und tippte mit seinem Finger darauf. »Heute haben wir viel vor – lassen Sie uns gleich zur Sache kommen. Letzte Woche haben wir über Past-Life-Beziehungen gesprochen und wie sie sich in Intimität einmischen.«

»Ich erinnere mich«, sagte Avril freiwillig. »Sie haben uns erzählt, dass wir nein zu diesen Beziehungen sagen sollen, indem wir unsere Anhaftungen daran lösen.«

»Hat einer von Ihnen versucht, weitere Anhaftungen zu lösen?«

»Ich zwei Mal«, erwiderte Dieter. »Und ich glaube, ich war beide Male erfolgreich.«

Truman wandte sich an Avril: »Und Sie?«

»Ich war so mit Arbeit überhäuft, dass ich es lediglich geschafft habe, meine Chakren und meine kleinen Energiezentren zu aktivieren.«

»Aber Sie erinnern sich daran, wie …«

»Natürlich – und ich habe eine Liste aufgestellt«, fügte Avril scherzhaft hinzu.

»Gut. Diese Woche möchte ich noch andere Dinge ansprechen. Es gibt Kunstgriffe, die die Göttin einsetzt, um Intimität zu stören und Menschen im individuellen Verstand und Ego gefangen zu halten.« Truman wandte sich an Avril, aber es war Dieter, der als Erster sprach: »Wenn Sie Kunstgriffe sagen, meinen Sie dann unangemessene Handlungen?«

»Ich rede von allem, zu dem Sie nein sagen müssen – dazu gehören unangemessene Handlungen und die Überzeugungen und Muster, die diese unterstützen.«

»Aber Sie haben gesagt, wenn wir authentisch bleiben und uns für eine intime Beziehung entscheiden, dann sagen wir bereits nein zu unangemessenen Handlungen.«

»In gewisser Weise schon. Aber die Göttin kann immer noch versuchen, Sie zu beeinträchtigen – selbst wenn Sie tun, was angemessen ist, und sich für eine intime Beziehung entscheiden. Wie dem auch sei, wir haben nicht viel Zeit – lassen Sie uns einen Blick auf die Kunstgriffe werfen, die wir bereits kennen. Avril, warum fangen Sie nicht an?«

»Ich?«

»Ja! Warum verraten Sie uns nicht, was die Göttin einsetzt, um Menschen zu beeinträchtigen und sie in ihrem individuellen Verstand und Ego festzuhalten?«

»Ich weiß, dass sie karmischen Ballast benutzt, um Menschen zu beeinträchtigen.«

»Ja, das ist wahrscheinlich ihr Lieblings-Kunstgriff. Wie ist es mit Ihnen, Dieter – irgendwelche Vorstellungen?«

»Sie benutzt die unerwiderte Liebe zu toten Menschen.«

»... unerwiderte Liebe und Past-Life-Anhaftungen – das sind zwei. Noch etwas?«

Dieter und Avril schüttelten den Kopf.

»In Ordnung. Karmischer Ballast und Anhaftungen an Past-Life-Beziehungen sind zwei ihrer Lieblings-Kunstgriffe. Aber es gibt noch andere, über die wir noch nicht gesprochen haben – wie

- persönliche Überzeugungen und Vorschriften, die einem vorschreiben, wie man sich zu verhalten hat;
- oder alte Wunden, die von Trauma, Schock und Stress verursacht wurden;
- auch Beziehungen, von denen man annimmt, sie wären vorüber – obwohl sie aktiv geblieben sind.
- Außerdem gibt es noch das Verlangen, ein gutes Mädchen oder ein guter Junge sein zu müssen. Dabei handelt es sich um nichts anderes als das kindliche Bedürfnis, es anderen Menschen – besonders den Eltern – Recht machen zu wollen.
- Wir werden uns auch den Zustand des kollektiven Mayafeldes anschauen und lernen, wie es Feldinteraktionen beeinflusst.
- Den letzten Kunstgriff oder das Thema, das wir uns ansehen werden, ist der Mangel an persönlicher Verpflichtung gegenüber dem authentischen Verstand.«

Truman deutete auf die Gebäckauswahl auf dem Kaffeetisch. »Zunächst jedoch zum Kaffee. Danach werden wir damit beginnen, uns karmischen Ballast genauer anzuschauen.«

Avril entschuldigte sich und ging auf die Toilette. Als sie gegangen war, bereitete Dieter zwei Tassen Kaffee zu – eine für Avril und eine für sich selbst. Als er damit fertig war und aufsah, bemerkte er, dass Truman ihn konzentriert ansah. »Jetzt, wo wir allein sind – kann ich Ihnen eine Frage stellen?«

»Sicher, nur zu.«

»Haben Sie je darüber nachgedacht, warum Sie hier sind und mit Avril diese Arbeit machen?«

»Um ehrlich zu sein, das habe ich mich auch schon gefragt. Zunächst dachte ich, es wäre so, weil ich Avril besser verstehen möchte. Aber ich glaube, das ist es nicht wirklich oder zumindest nicht die ganze Geschichte. Nachdem ich etwas von den Sachen gelesen habe, die Sie ihr mitgegeben haben, dachte ich, es hätte vielleicht etwas mit meinem Dharma zu tun. Aber ich weiß nicht, ob ich genügend Erfahrung habe, um mir da sicher zu sein.«

»Ist Ihnen jemals in den Sinn gekommen, dass es nicht das erste Mal ist, das Sie und Avril zusammen sind?«

»Nach der Sitzung letzte Woche habe ich gedacht, dass wir wahrscheinlich eine karmische Past-Life-Verbindung haben.«

»Wenn Menschen karmisch miteinander verbunden sind, werden sie Leben für Leben wieder zusammengeführt – doch wenn sie auf diese Weise zusammengeführt werden, ist Karma ein zweischneidiges Schwert. Es sorgt dafür, dass sie karmisch miteinander verbunden bleiben und sich daher Leben für Leben wiederfinden. Gleichzeitig stört es ihre Fähigkeit, eine intime Beziehung zu erfahren, indem es sie in karmischen Mustern verfängt.«

»Wenn das wahr ist, dann müssen wir die karmische Verbindung trennen, die uns zusammengeführt hat.«

»Das klingt nicht sehr spaßig.« Avril hatte der Unterhaltung von dem kleinen Flur aus, der zur Toilette führte, zugehört. Sie seufzte, als sie an Dieter vorbeiging, und setzte sich hin. Truman schenkte ihr ein warmes Lächeln, wandte sich an Dieter und fuhr dann fort: »In der Bibel gibt es ein Gleichnis, das den Punkt verdeutlicht, den Sie gerade angesprochen haben.«

»Das Gleichnis mit den Perlen?«

»Genau das. Avril, Kennen Sie es?«

Avril schüttelte ihren Kopf, dann nahm sie ihre Tasse auf und hielt sie, während sie abkühlte, in der Hand. Sie ließ Truman nicht aus den Augen.

»Das Gleichnis von den Perlen handelt von einem reichen Händler, der eine Sammlung wertvoller Perlen besaß. Er musste sich entscheiden, ob er sie behalten oder alle verkaufen sollte, um eine einzigartige Perle zu erwerben, die weitaus wertvoller war und die er sein ganzes Leben lang gesucht hatte. Letzten Endes verkaufte er, was er hatte, um die Perle zu erwerben, nach der er gesucht hatte.«

»Ich verstehe das Gleichnis«, erklärte Avril, »aber ich verstehe nicht, wie wir aufgeben könnten, was uns zusammengebracht hat, ohne dabei unsere Beziehung zu zerstören.«

»Sie müssen nicht aufgeben, was Sie zusammengebracht hat. Sie müssen nur den authentischen Verlangen eine höhere Priorität einräumen als dem karmischen Ballast, der Sie miteinander verbindet – das ist alles. Und wenn es da etwas gibt, nach dem Sie sich sehnen, das wertvoller ist …«

»Sie meinen wie Liebe, Freiheit oder Wahrheit … «

»… oder Intimität – dann müssen Sie ja zur Intimität sagen, der Perle von allerhöchstem Wert, und nein zu karmischem Ballast, der Anhaftung verursacht und Intimität beeinträchtigt. Natürlich wäre aber für die meisten Menschen das Aufgeben der Anhaftung an ihren Partner gleichbedeutend mit dem Tod ihrer Beziehung.«

»Sie sagen also, dass wir die alte Struktur zerstören müssen, um Platz für eine neue zu schaffen?«

Truman wog Dieters Worte einen Moment lang ab. »So könnte man es ausdrücken, außer, dass Sie gar nichts zerstören müssen. Wenn Sie sich über Ihre Prioritäten klar sind und ja zu dem sagen, was angemessen ist, und nein zu dem, was unangemessen ist, wird eine authentische Struktur auftauchen und die alte, die von Ihrem individuellen Verstand und Ego geschaffen wurde, ersetzen.

Jetzt, wo das klar ist, lassen Sie uns einige der anderen Kunstgriffe anschauen, die die Göttin benutzt, um Menschen zu beeinträchtigen und in karmischen Mustern festzuhalten. Der gängigste Kunstgriff ist karmischer Ballast. Er mischt sich auf verschiedene Arten in eine Beziehung ein: Er verursacht Anhaftungen, verfängt den Menschen im individuellen Verstand und im Ego und beeinträchtigt den Fluss der eigenschaftslosen Energie durch Ihr Feld. Wie der karmische Ballast das macht, wissen Sie bereits.« Truman grinste Avril vergnügt an und richtete seine Aufmerksamkeit dann auf Dieter: »Was Sie vielleicht nicht wissen, ist, dass karmischer Ballast außerdem eine ganze Bandbreite destruktiver Muster verursacht, die von unauthentischen Gedanken, Emotionen, Gefühlen und Empfindungen genährt werden. Vielleicht hilft es Ihnen, wenn ich demonstriere, wovon ich spreche.« Truman sah Dieter plötzlich scharf an, so dass dieser zurückschreckte und verlegen lächelte.

»Auf genau so etwas wollte ich hinaus.« Truman wandte sich an Avril. »Haben Sie jemals gesehen, dass Dieter so reagiert hat?«

»Nein, normalerweise ist er sehr selbstsicher.«

»Dieses Mal war er es nicht. Er regierte auf meinen scharfen Blick, weil er ein karmisches Muster hat, das den Pranafluss durch sein Feld beeinträchtigt. Wann immer er sich durch eine männliche Autoritätsperson bedroht fühlt, wird dieses Muster aktiviert, und er fühlt sich verletzlich.«

»Also habe ich ein Problem mit männlicher Autorität, weil mein Prana blockiert ist?«

»Richtig. Sie fühlen sich verletzlich, wenn der Mangel an Prana ein Gefühl der Schwäche verursacht. Und wenn Sie sich verletzlich fühlen, reagieren Sie, indem Sie sich anspannen.«

»Das macht Sinn«, gab Dieter zu.

»Natürlich verstehen Sie das, aber Sie müssen sich noch etwas anderes klar machen: Sie reagieren nicht auf mich – es ist vielmehr der karmische Ballast in Ihrem Feld, der dafür sorgt, dass Sie sich schwach und verletzlich fühlen.«

»Also reagiere ich auf meinen karmischen Ballast.« Dieter rieb sich das Kinn und schien in Gedanken versunken. »Das erklärt, warum ich nicht in der Lage war, mein Muster zu überwinden, wenn ich versucht habe, es zu verstehen oder indem ich die Techniken benutzte, die ich als Coach gelernt habe.«

»Das stimmt, und es erklärt auch, warum sich das Muster immer wiederholt.«

»Und die Göttin benutzt das Muster, um mich im individuellen Verstand und im Ego festzuhalten.«

»… und in Ihrem persönlichen Drama.«

Dieter rieb sich immer noch das Kinn, während Avril ihre Frustration nicht mehr länger zurückhalten konnte: »Aber, es muss doch einen Weg da raus geben.«

»Den gibt es auch. Sie können nein zu Ihren Mustern sagen und ja zum authentischen Verstand.«

»Und wie können wir das bewerkstelligen?«

»Indem Sie sich in der Dimension zentrieren, in der die Anspannungen stattfinden. Dann können Sie Ihr Chakra in dieser Dimension aktivieren, Ihren Körperraum mit Prana füllen und gegenwärtig werden.«

»Wir haben unseren Körperraum noch nie mit Prana gefüllt«, erinnerte Avril Truman.

»Ich weiß, aber wenn sich jemand freiwillig meldet, kann ich Ihnen zeigen, wie man das macht.«

»Ich würde mich gern zur Verfügung stellen«, sagte Dieter begeistert.

»In Ordnung, dann fangen wir an – denn wir haben noch viel zu besprechen.« Truman wies Dieter an, es sich bequem zu machen und die Augen zu schließen. Dann führte er ihn durch die Standardmethode. Nach einer kurzen Pause aktivierte Dieter sein Herzchakra und zentrierte sich darin. Dann wies Truman ihn an zu bekräftigen: »Es ist meine Absicht, mich in der Dimension zu zentrieren, in der ich am meisten auf Herrn Truman reagiert habe.« Als Dieter zentriert war, ließ Truman ihn bekräftigen: »Es ist meine Absicht, mein Chakra in der Dimension zu aktivieren, in der ich zentriert bin.« Einige Momente später erklärte Dieter: »Ich kann fühlen, wie mein zweites Chakra vibriert.«

»Gut. Ich möchte, dass Sie jetzt bekräftigen: ›Auf der Ebene meines zweiten Chakras ist es meine Absicht, meinen Körperraum mit Prana zu füllen.‹«

Dieter folgte Trumans Anweisungen und fühlte, wie Prana durch sein Feld strömte. Es geschah so schnell, dass ihm schwindlig wurde. »Ich kann fühlen, wie das Prana meinen Körperraum erfüllt.«

Truman gab Dieter einen Moment, um die Auswirkungen zu genießen. Dann fuhr er fort: »Jetzt möchte ich, dass Sie bekräftigen: ›In der Dimension, in der ich zentriert bin, ist es meine Absicht, im persönlichen Körperraum gegenwärtig zu werden.‹«

Dieter folgte Trumans Anweisungen und fühlte unmittelbar seine persönliche Kraft aufwallen. »Ich glaube, es funktioniert«, rief er aus.

»Gut, nehmen Sie sich noch zwei oder drei Minuten, um die Übung zu genießen. Dann zählen Sie von eins bis fünf und öffnen Ihre Augen.«

Als Dieter einige Minuten später mit den Augen zu blinzeln begann, starrte Truman ihn interessiert an. »Also, wie fühlen Sie sich?«

Dieter fächelte sich mit der Handfläche Luft zu. »Mein Körper fühlt sich ganz warm an – aber ich fühle mich viel selbstbewusster.«

Avril schätzte Dieter einen Moment lang ab und sagte dann: »Dein Gesicht ist viel entspannter.« Sie drehte sich zu Truman: »Und er sieht viel selbstsicherer aus.«

»Kann ich dieselbe Übung benutzen, um auch andere Muster zu überwinden, wenn sie auftauchen?«

»Sie können sie benutzen, wann immer es angemessen ist. Aber seien Sie sich darüber klar, dass Muster sehr komplex sein können. Also, seien Sie nicht überrascht, wenn Sie die Technik mehr als einmal wiederholen müssen.« Truman sah Dieter und Avril abwechselnd an. «OK – gibt es noch andere Fragen?«

Dieter schüttelte seinen Kopf. »Nein, ich denke, so weit verstehe ich alles.«

»Was ist mit Ihnen?«

»Mir geht's gut«, erwiderte Avril. Ihre Augen waren auf Dieter gerichtet, aber sie schien nicht annähernd so zuversichtlich zu sein wie er.

»In Ordnung, dann lassen Sie uns weitermachen – es gibt noch viel zu behandeln. Der zweite Kunstgriff, den wir uns anschauen werden, sind persönliche Überzeugungen. Persönliche Überzeugungen sind Vorschriften, die vorgeben, welche Handlungen in bestimmten Situationen akzeptabel sind und welche nicht. Die meisten Menschen haben Vorschriften dieser Art im Erwachsenenalter bereits verinnerlicht. Meist geht es dabei um das Verlangen akzeptiert zu werden oder darum, das eigene Ansehen innerhalb einer bestimmten Gruppe zu bewahren.«

Dieter fühlte sich genötigt, Truman zu unterbrechen und diesen Punkt zu klären. »Aber kulturelle Werte und Wissen werden dabei doch auch eine Rolle spielen.«

»Sie haben Recht. Ich rede jedoch nicht von authentischem Wissen, das für ein Überleben notwendig ist – wie z.B. traditionelle Jagdtechniken. Und ich spreche auch nicht von Werten, die Vergnügen, Liebe,

Intimität und Freude unterstützen. Eine Überzeugung hat wenig innewohnenden Wert für das Überleben, und sie unterstützt auch keine intime Beziehung. Es handelt sich vielmehr um ein System darüber, was man darf und was nicht. Es wird von bestimmten Institutionen oder der gesellschaftlichen Institution im Allgemeinen verhängt, die sicherstellen wollen, dass alles so bleibt, wie es ist. Tatsache ist – je patriarchalischer und strenger die Kultur, desto stärker wird der Druck sein, sich diesen Vorschriften zu unterwerfen – ganz besonders für Frauen.«

»Und hinter dem Druck, sich unterwerfen zu müssen, steht die Androhung von Gewalt.«

»Das ist richtig. Die Androhung von Gewalt kann aus der Familie kommen, von Geheiminstitutionen, von religiösen Institutionen oder sogar von der Regierung selbst.«

»Aber warum muss das so sein?«

Truman wandte sich an Avril, die einen Ausdruck der Empörung auf dem Gesicht hatte: »Es ist so, weil die Menschen und Institutionen, die diese Überzeugungen vertreten, die Menschen belohnen, die sich nach diesen Überzeugungen richten, und diejenigen bestrafen, die das nicht tun.«

»Selbst auf Kosten einer intimen Beziehung und des eigenen Wohlbefindens?«

»Selbst wenn es gegen die eigene Intuition und die Eingebungen des authentischen Verstandes ist. Die Wahrheit ist, dass der Druck, einer Überzeugung zu entsprechen, normalerweise so groß ist, dass nur ein Mensch mit dem Sehnen nach Wahrheit, Freiheit oder göttlicher Liebe es riskieren wird, von Freunden und Familie getadelt zu werden oder gar durch Gewalt bedroht, um einen höheren Verhaltensstandard anzunehmen, der auf dem höheren Verstand basiert.«

Truman wartete, um zu sehen, ob es noch weitere Fragen gab, bevor er fortfuhr: »Den nächsten Kunstgriff, den wir uns anschauen werden, sind alte Wunden.«

»Sie meinen aber keinen körperlichen Wunden, oder?«, fragte Avril.

»Nein, ich rede von energetischen Wunden. Es handelt sich dabei um Wunden, die Menschen in ihrem Energiefeld aus vergangenen Leben, aus der Zeit im Mutterleib und aus ihrer Kindheit tragen. Für gewöhnlich werden sie durch äußere Projektionen verursacht.«

»Über Projektionen haben Sie bereits gesprochen.«

»Ich weiß, ich habe Ihnen aber nicht erzählt, dass einige Projektionen so stark sind, dass sie einen Angst-Aversions-Reflex erschaffen, den die Zielperson immer wieder erfährt, wenn sich das traumatische Ereignis wiederholt. Dieser Angst-Aversions-Reflex macht eine Wunde zu etwas Schlimmerem als eine einfache Projektion. Ein Angst-Aversions-Reflex stört das Energiefeld des Menschen auf verschiedene Weise:

- Er kann Vertrauen beeinträchtigen – besonders wenn die Wunde durch einen Elternteil oder eine Schutzperson zugefügt wurde. Wenn das Vertrauen gestört wurde, wird es für den verwundeten Menschen im Erwachsenenalter schwierig werden, eine intime Beziehung einzugehen.
- Die Wunde kann auch die persönliche Kraft beeinträchtigen, indem sie den Pranafluss stört. Das macht es für den verwundeten Menschen schwierig, im authentischen Verstand zentriert zu bleiben. Sie kann ihn davon abhalten, sich durchzusetzen oder sein Energiefeld gegen energetische Projektionen und Intrusionen zu verteidigen, die von dominanten oder aggressiven Menschen stammen.
- Die Wunde kann auch die Selbstkontrolle oder die Selbstachtung stören und Depressionen, Angstattacken, Motivationsverlust, Kreativitätsblockaden und Abgrenzungsprobleme verursachen.

Menschen, die häufig verwundet wurden, nehmen in Gruppen oft untergeordnete Rollen an, um Konflikte zu vermeiden – unabhängig davon, über welche Talente oder Fähigkeiten sie verfügen. Hat einer von Ihnen irgendwelche Fragen dazu?«

Sowohl Dieter als auch Avril antworteten mit einem nachdrücklichen Nein.

»Nun, dann lassen Sie uns über die Probleme reden, die auftauchen, wenn man ein gutes Mädchen oder ein guter Junge ist.«

»Was ist falsch daran, ein gutes Mädchen zu sein?«, fragte Avril alarmiert.

»Ein gutes Mädchen zu sein, ruft viele Probleme auf den Plan. Zunächst einmal ist es ein erlerntes Verhalten – also ist es nicht authentisch. Vielleicht war es hilfreich, solange Sie Kind waren, denn Sie haben dadurch Liebe und Aufmerksamkeit erfahren. Aber wenn Sie auf Kosten des authentischen Seins damit fortfahren, wird es Sie davon abhalten, als Erwachsene Intimität zu erfahren.«

»Wollen Sie damit sagen, Avril muss mit ihrem bösen Selbst aufwarten, um Intimität zu erfahren?«

»Nein, das habe ich nicht gesagt.«

»Das ist gut«, sagte Dieter erleichtert. »Denn in all den Jahren, in denen ich Menschen gecoacht habe, bin ich nie jemandem begegnet, der sich mit einem negativen Selbstbild wohl gefühlt hätte.«

»Ein negatives Selbstbild anzunehmen ist keine Lösung«, stimmte Truman zu. «Der einzige Weg, das Bedürfnis, ein gutes Mädchen zu sein, aufzugeben, ist, die Anhaftung an den karmischen Ballast aufzugeben, der dieses Muster unterstützt.«

Avril war durch ihre anfängliche Reaktion peinlich berührt – doch jetzt brachte sie sich wieder in die Unterhaltung mit ein: »Ist es die Angst vor einem negativen Selbstbild, das Kinder dazu veranlasst, gut zu sein?«

»An der Wurzel des Problems liegt Angst – aber nicht nur vor einem negativen Selbstbild, sondern auch die Angst davor, Liebe und Aufmerksamkeit zu verlieren.«

»Also gibt es sowohl eine positive als auch eine negative Bestärkung«, erklärte Dieter.

»Und die Kombination aus positiver und negativer Bestärkung macht diesen Kunstgriff so wirkungsvoll.«

»Und das Ausleben negativer Muster wird dabei einfach vermieden.«

»Das stimmt, aber Vermeidung verursacht zusätzliche Probleme – denn je länger der Mensch an ein Muster angehaftet ist, desto gewaltiger wird die Gegenreaktion ausfallen, wenn das Pendel in die andere Richtung schwingt.«

»Also, wenn man an der Vorstellung festhält, ein gutes Mädchen sein zu müssen oder ein guter Junge, dann kann man sicher sein, dass man früher oder später vom Pendel erwischt wird, wenn es in die andere Richtung schwingt.«

»Ganz genau. Letztendlich ist es ein verlorener Posten, sich daran anzuhaften, ein guter Junge oder ein gutes Mädchen zu sein.«

»Also, was würden Sie empfehlen?«

Avril warf Dieter ein übertriebenes Lächeln zu und rief aus: »Ganz du selbst zu sein, Dummerchen.« Nachdem sie Dieters Reaktion abgeschätzt hatte, klimperte sie mit den Augen und verschränkte die Arme.

»In Ordnung, jetzt da wir das geklärt haben«, sagte Truman amüsiert, »werden wir uns den Zustand des Mayafeldes anschauen, denn auch der kann Sie stören und Ihre Fähigkeit, Intimität zu erreichen, beeinträchtigen. Die Wichtigkeit des Mayafeldes wurde in alter Zeit durch yogische Meister entdeckt. Aufgrund ihrer Fähigkeit, Feldinteraktionen zu beobachten, entdeckten sie, dass Menschen vom Zustand des Mayafeldes genauso beeinträchtigt werden können wie durch individuelle Felder aus eigenschaftsbehafteter Energie. Sie beobachteten auch, dass sich das Mayafeld im Laufe der Zeit langsam veränderte – je dichter und polarisierter es wurde, desto negativer waren auch seine Einflüsse auf menschliche Angelegenheiten. Dieselben Weisen entwickelten ein Klassifikationssystem, dass die Geschichte der Menschen in Epochen einteilte, die Yugas genannt werden.«

»Ist ein Yuga dasselbe wie ein Millennium?«, fragte sich Avril laut.

»Nein, ein Yuga ist viel länger und misst nicht nur eine Zeitspanne – es geht auch mit veränderten Bedingungen für die Menschheit einher.«

Dieter sprach als Nächster: »Dass klingt, als wären die Yugas ein Fenster zum kollektiven Bewusstsein.«

»In gewisser Weise sind sie das. Aber sie gemahnen auch daran, dass Ereignisse auf der physischen Ebene vom Feld der Maya beeinflusst werden. Wie dem auch sei, es gibt vier traditionelle Yugas. In drei haben die Menschen bereits gelebt – dem Satya Yuga, dem Treta Yuga und dem Dwapara Yuga. Gegenwärtig leben wir im Kali Yuga, dem vierten und letzten Yuga des Kreislaufes.«

- Im ersten Yuga, dem Satya Yuga, auch bekannt als das Goldene Zeitalter der Menschheit, war die Dichte der eigenschaftsbehafteten Energie im Feld der Maya am geringsten und kaum intrusiv. Während dieser Epoche haben die Menschen lange gelebt, waren in ihrem authentischen Verstand zentriert und in der Lage, Vergnügen, Liebe, Intimität und Freude ohne Störung miteinander zu teilen. Aber in jedem nachfolgenden Yuga wurde das Mayafeld dichter. Vergnügen, Liebe, Intimität und Freude verringerten sich, und es wurde für die Menschen zunehmend schwieriger, im authentischen Verstand zentriert zu bleiben.

- Im zweiten Yuga, dem Treta Yuga, das als Silbernes Zeitalter bekannt ist, nahm das Gewahrsein um 25 Prozent ab.
- Im Dwapara Yuga hat es um 50 Prozent abgenommen.
- Im Kali Yuga, der gegenwärtigen Epoche, ist es um 75 Prozent gesunken. Im Kali Yuga ist eine gewaltige Menge aus dichter, eigenschaftsbehafteter Energie in das kollektive Feld der Maya eingeleitet worden«, fügte Truman gezielt hinzu. »Diese Infusion aus dichter, eigenschaftsbehafteter Energie macht es den Menschen zunehmend schwierig, Vergnügen, Liebe, Intimität und Freude zu erfahren.«

»Wissen Sie, wie viel länger das Kali Yuga noch andauern wird?«

Truman wandte sich an Avril: »Das kann ich nicht genau sagen. Schätzungen reichen von ein paar hundert Jahren bis hin zu einigen tausend. Auf jeden Fall können Sie die Auswirkungen des Kali Yugas überwinden, indem Sie den Pranafluss in Ihrem Feld erhöhen, authentisch bleiben und indem Sie ganz Sie selbst sind, Dummerchen.«

Truman lächelte scherzhaft und Avrils Wangen wurden rot. Truman aber ignorierte ihre Empörung, verzog keine Miene und fügte hinzu: »Nun, wenn es keine weiteren Fragen gibt, lassen Sie uns weitermachen. Der nächste Kunstgriff, den wir uns anschauen werden, sind alte Beziehungen. Davon gibt es zwei Arten – die, die wirklich vorbei sind, und die, die es nicht sind. Damit eine Beziehung wirklich vorbei ist, muss sie auf allen physischen und nicht-physischen Dimensionen beendet sein. Das bedeutet, sie ist nur vorbei, wenn die Erlaubnis für Feldinteraktionen für immer entzogen wurde.«

»Bedeutet das, dass man energetisch mit jemandem verbunden bleiben kann, selbst wenn die körperliche Beziehung beendet ist?«

Truman nickte, während er Dieters Frage zuhörte. »Genau das bedeutet es. Wenn einer der Partner, nachdem die Beziehung beendet wurde, weiterhin Interesse hat, aber gerade keine Möglichkeit sieht oder sein Interesse nur ruht, können energetische Interaktionen anhalten. So kann die Energie des interessierten Partners damit fortfahren, auf das Energiefeld des uninteressierten Partners einzuwirken oder sich sogar in dessen Fähigkeit einmischen, eine intime Beziehung zu erfahren.«

»Und es hilft nichts, die Natur dieser Beziehung zu verändern?«

»Nein, nichts. Selbst wenn Sie aus Ihrer Ex-Liebe einen Freund, einen Geschäftspartner oder einen Begleiter machen, wird die alte energetische Beziehung andauern, da die Erlaubnis, Zugang zu Ihrem Energiefeld zu haben, nicht entzogen wurde. Das bedeutet, dass die alten energetischen Anhaftungen, die aus dem individuellen Verstand und dem Ego auftauchen, Sie immer noch aneinander binden, selbst wenn die Anziehung oder Intimität von Ihrer Seite aus beendet ist. Man könnte das mit einer Firma vergleichen, die eine neue Technologie eingeführt hat, die Angestellten aber weiterhin das alte System benutzen, das nicht vollständig abgebaut und auseinander genommen worden ist.«

»Als ob man einen neuen Flicken auf einen alten Weinschlauch näht.«

»Ganz genau.«

Dieter grinste und fügte dann hinzu: »Also können Feldinteraktionen Ex-Liebende auf unbestimmte Zeit miteinander verbinden.«

»... bis die Erlaubnis, sich in Feldinteraktionen einzubringen, entzogen wird.«

»Und was muss ich tun, um die Erlaubnis zu entziehen?«

»Sie müssen klarstellen, dass die ursprüngliche Beziehung für immer vorbei ist, und falls nötig, müssen Sie diesen Menschen, wenn er weiterhin auf Sie projiziert, verabschieden.«

»So einfach ist das?«

»Möglicherweise! Es sei denn, eine Schnur hält die Anhaftung aufrecht. In diesem Fall müssen Sie die Verbindung mit Hilfe der Technik trennen, die ich Ihnen letzte Woche beigebracht habe.«

Avril und Dieter sahen sich an und lächelten – keiner von beiden sah jedoch sonderlich erfreut aus.

»Das Letzte, das wir uns heute anschauen, ist nicht wirklich ein Kunstgriff. Aber es ist wichtig, denn es kann einen Menschen davon abhalten, authentisch zu sein, und es kann sich in Ihre intime Beziehung einmischen. Ich meine den Mangel an Verpflichtung gegenüber dem authentischen Selbst.«

»Aber das ist der typische Zustand des Menschen«, wandte Avril ein.

»Sie haben Recht. Aber weder karmischer Ballast noch Projektionen an sich sind stark genug, um einen Menschen davon abzuhalten, Intimität zu erlangen. Was karmischen Ballast und Projektionen so störend macht, ist die Anhaftung des Menschen daran. Menschen entscheiden sich dafür, ihre Einstellungen, Überzeugungen, Emotionen und Gefühle, die aus karmischem Ballast und Projektionen auftauchen, zu unterstützen und sogar zu verteidigen.«

»Sie meinen, sie verteidigen ihre persönlichen Überzeugungen?«

»Das ist richtig.«

Dieter sprach als Nächster: »Als Coach weiß ich, wie schwierig es ist, Menschen dazu zu bewegen, etwas aufzugeben, an dem sie festhalten – selbst wenn es nicht gut für sie ist.«

»Sie haben Recht, das ist nicht leicht. Aber wenn ein Mensch erst mal eine direkte Erfahrung des authentischen Verstandes hat, ist es nur eine Frage der Zeit, bis er erkennt, wie er von den Gefühlen, Emotionen, Einstellungen und Überzeugungen betrogen wurde, die aus karmischem Ballast und aus Projektionen auftauchen. Dann wird die Anhaftung an den individuellen Verstand und das Ego aufgegeben. Es spielt keine Rolle, wie lange man daran angehaftet war oder wie vehement man Intimität in seiner Vergangenheit abgelehnt hat – wenn das Vertrauen in das Unauthentische erst einmal erschüttert worden ist, ist es nur eine Frage der Zeit, bis man sich seinem authentischen Verstand verpflichtet.«

»Also ist es unmöglich, zwei Meistern zu dienen.«

»Ganz genau.« Truman lehnte sich in seinem Sitz zurück und lächelte Dieter zufrieden an. Dann sah er auf seine Uhr. »Wir haben alles, was ich heute besprechen wollte, geschafft, und wir haben immer noch Zeit für eine Übung. Sie wird auf dem aufbauen, was Sie bereits wissen, und Sie in die Lage versetzen, auf mehr Dimensionen intim zu werden. Wie gewöhnlich werden Sie mit der Standardmethode beginnen. Dann werden Sie die Rückseite Ihres Herzchakras aktivieren und sich darin zentrieren. Sobald Sie zentriert sind, werden Sie die übrigen zehn Chakren im persönlichen Körperraum aktivieren und die vier Energiezentren in Ihren Händen und Füßen.«

»Das klingt nach schrecklich viel.«

Truman musste Avril beipflichten: »Ich weiß, das tut es. Aber in je mehr authentischen Feldern Sie zentriert sind, desto leichter wird es sein, Intimität aufrechtzuerhalten – besonders wenn sich karmischer Ballast und Projektionen dazu in Opposition befinden.«

Truman ging zu seinem Schreibtisch hinüber und legte ein Band in den Kassettenrekorder. Es begann mit dem Klang von fließendem Wasser.

Aktivieren der Chakren und der kleinen Energiezentren

Dann führte es Avril und Dieter durch die Standardmethode. Nachdem sie sich entspannt hatten, aktivierten und zentrierten sie sich in ihren Herzchakren. Dann wies Truman sie an, ihre übrigen traditionellen Chakren zu aktivieren. Als Nächstes aktivierten sie die beiden ätherischen Chakren und danach die beiden physischen Chakren. Dann ließ Truman sie ihre Energiezentren in den Händen und Füßen aktivieren.

Als die kleinen Energiezentren aktiviert waren, konnten Avril und Dieter fühlen, wie Energie durch ihre Energiefelder strömte. Um die Auswirkungen noch zu verstärken, wies Truman sie an zu bekräftigen: »Es ist meine Absicht, auf der Ebene meiner elf Chakren im persönlichen Körperraum gegenwärtig zu werden.« Avril und Dieter wiederholten die Affirmation, und in den folgenden 15 Minuten genossen sie die Auswirkungen, die sie erfuhren. Danach zählten sie von eins bis fünf und öffneten ihre Augen. Truman fragte sie: »Wie ist es gelaufen?«

Dieter sprach als erster: »Ich fühle mich großartig – viel authentischer und gegenwärtiger.«

Dann wandte Truman sich an Avril: »Wie ist es mit Ihnen?«

»Ich fühle mehr Energie – aber das ist alles.«

»Vielleicht haben Sie sich schon daran gewöhnt, authentisch zu sein.«

»Ja, vielleicht.«, sagte Avril zufrieden.

»Irgendwelche Fragen?«

Avril schüttelte ihren Kopf.

»Ich habe auch keine«, gab Dieter zu.

»OK – das ist dann alles für heute. Ich sehe Sie beide nächste Woche.«

Als sie an der Tür waren, überreichte Truman Dieter einen großen Umschlag. »Der ist für Sie beide.«

Als Avril und Dieter nach Hause kamen, öffnete Dieter den Umschlag. Dann sagte er: »Warum liest du es heute nicht mal vor?«

Avril lächelte. Dann setzten sie sich hin und Avril begann den Text laut zu lesen.

Das Zeitalter der Angst

Die Epoche, in der wir leben, ist als Kali Yuga bekannt. Das Sanskritwort Kali bedeutet Zwist oder Streit. Im Kali Yuga wurde das kollektive Feld der Maya dichter und intrusiver als jemals zuvor. Im Srimad Bhagavatam, einem alten yogischen Text, kann man lesen: ›Die Menschen dieser Welt sind im Zeitalter der Kali voller Ängste. Jeder ist von irgendeiner Art von Krankheit befallen. … Es gibt Leiden wegen Erkrankungen im Innern, Trennung von Nahestehenden und Geliebten und Ängste vor Veränderungen des Bestehenden. Dies sind einige der wichtigen Faktoren, die die Menschen dieses Zeitalters unglücklich machen.‹

Das Kali Yuga begleitet uns seit langer Zeit. Seine Auswirkungen sind im Westen jedoch seit dem 17. Jahrhundert noch grundlegender geworden. Denn seit dieser Zeit werden das Denken und das Streben nach Wissen von kartesianischem Gedankengut dominiert. Die Methoden, die Descartes bevorzugte, waren analytisch und basieren ausschließlich auf Konzepten, die vom individuellen Verstand und vom Ego ausgearbeitet werden – Phänomene wurden in eine logische Reihenfolge eingeordnet, so dass sie außerhalb des Kontexts einer Beziehung analysiert werden können.

Die kartesianische Perspektive, die die Funktionen des individuellen Verstandes und des Egos über die des authentischen Verstandes stellt, ist zu einem großen Teil für die Entwicklung der wissenschaftlichen Methodik verantwortlich, die – wie wir alle wissen – eine weltweite technologische Explosion in den letzten beiden Jahrhunderten zur Folge hatte.

Dennoch können wir jetzt erkennen, dass die Wahrnehmungsweise, die von Descartes favorisiert wurde, katastrophale Folgen für die Menschen hatte, denn es hat sie gelehrt, an den individuellen Verstand und das Ego zu glauben statt an den authentischen Verstand, der alles im Kontext von Beziehungen erkennt und sich Wissen durch Beobachtung, Einsicht und Intuition aneignet.

Der Triumph des individuellen Verstandes und des Egos im Kali Yuga hat zur Folge, dass Generationen von Menschen (besonders im Westen) vom universellen Bewusstsein, ihrem Energiefeld und von anderen Menschen entfremdet aufwachsen.

Muster, die Intimität und Beziehungen beeinträchtigen

Es gibt verschiedene Muster, die es schwierig machen, Intimität und Beziehung zu erlangen, und noch schwieriger, sie aufrechtzuerhalten. Sie werden von westlichen Institutionen, der Kunst und den Medien bereitwillig übernommen. Dazu gehören die Beschuldigung von Opfern, die Romantisierung der Egokultur, die Unterdrückung von Frauen, das Aufgeben der eigenen Verantwortlichkeit und das Schikanieren von Unschuldigen.

Das Beschuldigen von Opfern: Menschen sind göttliche Wesen und Schuld ist kein Bestandteil ihrer grundlegenden Natur. Diejenigen, die Intimität mit dem universellen Bewusstsein erfahren und authentisch bleiben, beschuldigen keine anderen Menschen. Sie sehen sie vielmehr als Götter und Göttinnen, die lediglich durch die Entscheidungen, die sie getroffen haben, eingeschränkt sind. Einen Menschen, der im Grunde genommen göttlich ist, nur aufgrund seiner Eingeschränktheit – die aus karmischem Ballast und Projektionen auftaucht – zu beschuldigen, ist nur möglich, wenn man mit dem individuellen Verstand und dem Ego identifiziert ist.

Derjenige, der beschuldigt, muss erkennen, dass es sinnlos ist, einen anderen Menschen für die karmischen Anhaftungen, die ihn einschränken, zu beschuldigen, und dass es in jedem Fall unangemessen ist.

Die Romantisierung der Egokultur: Von allen westlichen Institutionen, Kulturen und Medien werden Gewalt, Kontrolle und Manipulation genauso wie Befriedigung der eigenen Bedürfnisse auf Kosten anderer verherrlicht. Diese kulturellen Merkmale verdeutlichen die Auswirkungen des Kali Yugas auf die Institutionen der Gesellschaft und die Individuen, die sie unterstützen.

Menschen, die im authentischen Verstand zentriert sind, können diese Dinge nicht begrüßen, da sie Disharmonie erschaffen, den Pranafluss stören und die Erfahrung von Vergnügen, Liebe, Intimität und Freude beeinträchtigen.

Die Unterdrückung von Frauen: Es ist die Anhaftung an den individuellen Verstand und das Ego und an die Überzeugungen, die daraus auftauchen, die Individuen und Institutionen die Möglichkeit einräumt, Frauen zu unterdrücken. Die Unterdrückung von Frauen und das Hemmen von Prana gehen Hand in Hand und sind nie angemessen, da sie die Funktionen des menschlichen Energiefeldes beeinträchtigen und Menschen davon abhalten, Vergnügen, Liebe, Intimität und Freude zu erfahren.

Das Aufgeben der eigenen Verantwortlichkeit: Es ist niemals angemessen, die eigenen Verantwortlichkeit auf eine äußere Autorität zu übertragen. Ein Mensch, der bewusst oder unbewusst seine Verantwortlichkeit aufgibt, wird die Kontrolle über sein Energiefeld verlieren und es sehr schwer haben, authentisch zu bleiben und Intimität zu erfahren.

Daher ist es unabdingbar, sich die Autorität wieder anzueignen, sofern sie verloren gegangen ist. Um das zu tun, muss der Mensch ja zu dem sagen, was angemessen ist und den Pranafluss erhöht, und nein zu dem, was unangemessen ist und den Pranafluss stört.

Das Schikanieren der Unschuldigen und Bedürftigen: Zu den Unschuldigen und Bedürftigen gehören Kinder, Tiere, und die, die zu schwach oder zu arm sind, um sich ohne äußere Hilfe versorgen zu können. Obwohl diese Menschen die Folgen ihrer vergangenen Taten erfahren, verdeutlicht ihre Position in der Gesellschaft und wie sie von anderen Menschen behandelt werden, in welchem Ausmaß dichte, karmische Energie eine Kultur durchdrungen hat.

In Gesellschaften, in denen Werte aus einer Unmenge dichter, karmischer Energie herrühren, die sie tief durchdrungen hat, werden Unschuldige und Bedürftige – aufgrund ihrer Klasse, ihres Geschlechts, ihrer Rasse, Nationalität und Kultur – durch offenen oder versteckten Missbrauch schikaniert, vernachlässigt und unterdrückt.

Die, die Intimität suchen, müssen erkennen, dass alle Lebewesen aus dem universellen Bewusstsein auftauchen; daher muss man ihnen die Würde zuteil werden lassen, die ihnen zusteht.

Tatsächlich sind alle Handlungen, die ein anderes Wesen herabsetzen, unangemessen und müssen durch angemessene Handlungen ersetzt werden.

KAPITEL 12

Avril saß in Dieters Auto, die Hände in die Taschen gesteckt, und zitterte. Sie trug offene Schuhe, und obwohl die Luft mild war und sich überall erste Frühlingsboten zeigten, hatte sie diesen Entschluss bereits bereut. »Kannst du nicht die Heizung in Ordnung bringen? Sie funktioniert schon seit Tagen nicht richtig.« Aber das hatte Dieter, da es inzwischen so mild geworden war, eigentlich auf später verschoben.

»Außerdem denke ich, wir sollten Truman nicht mit zu vielen Fragen bombardieren.«

»Wie soll ich denn alles aufholen, wenn ich keine Fragen stelle?«

»Dieter, deine Liste ist zwei Seiten lang. Hast du eine Vorstellung, wie lange Truman brauchen würde, um die alle zu …« Avril verstummte, ohne ihren Satz zu beenden.

»Vielleicht fange ich einfach an, und wenn er sie nicht alle beantworten will – c'est la vie.«

»Du bist unverbesserlich.« Avril machte einen Schmollmund und sah Dieter sauer an. Dann öffnete sie die Wagentür und stieg aus dem Auto. Dieter folgte ihr, und gemeinsam eilten sie über die geschäftige Straße. Im Fahrstuhl fügte Dieter hinzu: »Ich werde ihn wegen der Übung fragen.«

»Frag ihn, wenn du willst«, antwortete Avril atemlos.

Die ganze Woche lang hatten sie die Übung, die sie von Truman erhalten hatten, praktiziert – und dadurch ein größeres Einfühlungsvermögen erfahren, das ihr Vertrauen ineinander und in den Prozess verstärkt hatte. Sie erreichten Trumans Tür, gerade als dieser sie öffnete. Obwohl Avril beinahe mit ihm zusammenstieß, war Trumans Outfit die wirkliche Überraschung. Er trug Sandalen, ein Jeanshemd über beigefarbenen Jeans und eine formlose Leinenjacke. Er schien genauso schlampig geworden zu sein wie Dieter. Avril fand es fürchterlich und musste sich ganz schön zusammenreißen, um nichts Unkluges zu sagen. Nachdem sie sich begrüßt hatten, hingen Avril und Dieter ihre Mäntel auf und setzten sich hin. Truman sprach als Erster: »Sie beide sehen entspannt aus. Ich vermute, Ihre Übungen laufen gut.«

»Es läuft äußerst gut.« Dieter grinste. Dann nahm er Avrils Hand und drückte sie. »Aber der Erfolg hat uns nicht selbstgefällig werden lassen. Wir haben eine Liste mit Fragen mitgebracht.«

»Du hast eine Liste mit Fragen mitgebracht«, sagte Avril aufsässig.

»Wenn es Ihnen nichts ausmacht, lassen Sie uns die Fragen für einen Moment aufheben. Wir haben viel zu behandeln, und ich möchte sichergehen, dass wir alles schaffen. Dieters Augen blieben weiterhin auf Avril fixiert, die ihr Bestes tat, um ihn zu ignorieren.

»Wie dem auch sei«, sagte Truman und sah Avril an, die begonnen hatte, mit einem Knäuel verfilzter Haare herumzuspielen.

»Jetzt, wo Sie schon eine Weile gemeinsam die Arbeit machen, möchte ich über die zwei Arten von Beziehungen reden, die für Paare in Frage kommen. Bis zu dieser Woche haben wir angenommen, dass alle intimen Beziehungen gleich sind – aber die Wahrheit ist ein bisschen komplizierter. Es ist eine Tatsache, dass es zwei Arten von intimen Beziehungen gibt. Welche Ihnen zufällt, hängt vom Ziel Ihrer Beziehung ab und davon, ob Ihre Handlungen Ihr Ziel unterstützen.«

Avril fühlte sich töricht, entschied sich aber dennoch, Truman zu unterbrechen.

»Nur zu«, sagte Truman, der ihre Frage erwartete.

Avril sah Dieter verstohlen an. Er bereitete sich jedoch gerade eine Tasse Kaffee zu und bemerkte es nicht.

»Möchtest du eine Tasse?«

Avril nickte, dann drehte sie sich zu Truman und sagte: »Wie kann es zwei Arten einer intimen Beziehung geben?«

»Erinnern Sie sich? Wir haben über Sich-Begegnen und Sich-Beziehen gesprochen.«

Avril nickte, aber Dieter sah nervös aus und hob seine Hand. »Ich habe alles gelesen, was Sie Avril gegeben haben, aber da stand nichts über Sich-Begegnen und Sich-Beziehen.«

»… und erzählt habe ich es ihm auch nicht.«

»In Ordnung, dann gebe ich Ihnen eine Zusammenfassung von dem, worüber wir geredet haben. Interaktionen zwischen Menschen durchlaufen drei Phasen – sich begegnen, sich beziehen und Beziehung. In jeder Phase haben Menschen die Möglichkeit, authentischer zu werden, indem sie mehr und mehr das tun, was angemessen ist. Eine Begegnung ist die oberflächlichste Form der Interaktion. Wenn sich Menschen begegnen, agieren sie für gewöhnlich durch ihren individuellen Verstand und ihr Ego – somit sind ihre Handlungen meistens unangemessen. Je mehr die Menschen dazu in der Lage sind, während ihrer anfänglichen Begegnung authentisch zu sein, desto mehr Vergnügen werden sie erfahren und desto wahrscheinlicher ist es, dass ihre künftigen Interaktionen die nächste Phase erreichen – sich aufeinander beziehen. Wenn sich Menschen aufeinander beziehen, sind sie weitaus öfter authentisch – das Vergnügen wird zunehmen, genauso wie der authentische Kontakt. Um über das Sich-aufeinander-Beziehen zur dritten Phase zu gelangen – Beziehung – müssen unangemessene Handlungen durchweg durch angemessene ersetzt werden. Wenn Partner den Wechsel in die Beziehung geschafft haben, wird ihre Verpflichtung gegenüber dem angemessenen Handeln dafür sorgen, dass sie in ihrem authentischen Verstand zentriert bleiben, und es ihnen ermöglichen, Vergnügen, Liebe, Intimität und Freude miteinander zu teilen.«

»Dass ich das richtig verstehe …«

Truman und Dieter wandten sich Avril zu.

»… wenn es zwei Arten von intimen Beziehungen gibt und ein Paar den Wechsel von Sich-Begegnen zu Sich-Beziehen geschafft hat, dann müssen sie noch zusätzlich eine Entscheidung fällen – und zwar, welche Art von intimer Beziehung sie führen wollen.«

»Das ist richtig. Partner können sich für eine traditionelle oder eine transzendente Beziehung entscheiden. Der Zweck einer traditionellen Beziehung ist die Unterstützung der familiären Einheit. Das wird ihr höchstes Ziel sein, und Intimität wird dazu benutzt, um dieses Ziel zu erreichen. Eine traditionelle Beziehung unterstützt zwar die Intimität mit dem Partner, aber nicht die Intimität mit dem Selbst oder dem universellen Bewusstsein. Es handelt sich zwar um eine intime Beziehung, aber sie ist begrenzt. Der Zweck einer transzendenten Beziehung ist Intimität mit dem Selbst und mit dem universellen Bewusstsein. Sie müssen sich entscheiden, welche Art von Beziehung Sie wollen, und Sie müssen sich klar machen, dass Sie, egal welche Sie erreichen wollen, ja zu Handlungen sagen müssen, die ihr Ziel unterstützen, und nein zu Handlungen, die das nicht tun.«

»Also kann man nicht beides haben.«

Truman wandte sich an Dieter und sagte: »Das stimmt nicht ganz. Eine traditionelle Beziehung setzt Begrenzungen – eine transzendente tut das nicht. In einer transzendenten Beziehung gibt es Raum für eine Intimität mit dem Partner, denn aus beiden Partnern strahlt Prana – wie Licht von der Sonne ausstrahlt.«

»Es ist also nicht notwendig, Intimität mit dem Partner aufzugeben, um Intimität mit dem Selbst und dem universellen Bewusstsein zu erlangen?«

»Absolut nicht. Sie müssen nur die Intimität mit dem Selbst und mit dem universellen Bewusstsein zu Ihrer höchsten Priorität machen – das ist alles. Wie dem auch sei – jetzt, wo wir über Partnerschaft in traditionellen und transzendenten Beziehungen reden, möchte ich, dass Sie wissen, dass diese zwei Arten von Beziehungen von Außen betrachtet geradezu gleich aussehen. Die Partner leben wahrscheinlich zusammen, haben Kinder usw., aber von Innen betrachtet gibt es deutliche Unterschiede. Eine transzendente Beziehung wird zu andauernder Intimität mit dem universellen Bewusstsein, dem Selbst und – falls es angemessen ist – mit einem anderen Menschen führen. Eine traditionelle Beziehung hingegen wird zur Intimität mit dem geliebten Partner führen, darüber jedoch nicht hinausgehen, denn die Ansprüche, die ein Familienleben mit sich bringt, werden die Motivation in den Hintergrund drängen, authentisch zu leben und eine transzendente Beziehung einzugehen. Mit einer traditionellen Beziehung sind Sie bereits vertraut. Sie ist eine Institution, die sich um die Notwendigkeit, Kinder großzuziehen, entwickelt hat, und um sich den ökonomischen Gegebenheiten einer vorindustriellen Gesellschaft anzupassen. Ich nenne sie traditionelle Beziehung, da es die Art von Beziehung ist, an die sich die Menschen der westlichen Kulturen gewöhnt haben und seit hunderten von Jahren als normal ansehen. Obwohl auch hier eine Entwicklung stattfindet und jede Generation ihre eigene Sichtweise entwickelt, dominiert die traditionelle Beziehung in beinahe allen Kreisen der Gesellschaft.

Eine transzendente Beziehung ist viel schwieriger zu beschreiben. Menschen, die sich für sie entscheiden, reden selten öffentlich darüber. Daher werden göttliche Paare als Metaphern benutzt, um dies zu veranschaulichen und um andere Paare zu inspirieren, den Wechsel in eine transzendente Beziehung zu wagen. Shiva und Shakti aus der Hindu-Mythologie sind ein solches Paar. Als Metapher repräsentiert Shiva das universelle Bewusstsein und Shakti eigenschaftslose Energie. Shiva und Shakti befinden sich – so wird uns gesagt – in ewiger Umarmung. Ihre Umarmung symbolisiert die Einheit von Bewusstsein und Energie. Ihre Verpflichtung der Intimität gegenüber spiegelt den ewig schöpferischen Moment – auch bekannt als orgasmische Glückseligkeit –, den Paare erfahren, wenn sie Intimität mit dem Selbst und dem universellen Bewusstsein erlangt haben.

Nun, bevor ich zu den energetischen Unterschieden zwischen einer traditionellen und einer transzendenten Beziehung komme – gibt es irgendwelche Fragen zu dem, was ich Ihnen bisher erzählt habe?«

Avril und Dieter starrten Truman an, aber keiner sagte etwas.

»In Ordnung, dann lassen Sie uns weitermachen. Um zu verstehen, wie sich diese beiden Beziehungstypen energetisch voneinander unterscheiden, müssen Sie wissen, wie sich das Prinzip der Polarität auf Feldinteraktionen auswirkt.«

»Warum das?«, fragte Dieter und seine Augen wurden groß vor Begeisterung.

»Weil Ihre Beziehung zur Polarität mehr als alles andere bestimmt, welche Art von intimer Beziehung Ihr Energiesystem unterstützen wird.«

»Ich erinnere mich, dass in dem Buch, das Sie Avril gegeben haben, stand, dass es drei Arten von Polarität gibt.«

»Das ist richtig. Wenn es um die Unterscheide zwischen einer traditionellen und einer transzendenten Beziehung geht, haben wir es in erster Linie mit einer Hoch-Runter-Polarität zu tun. Aber es ist keine schlechte Idee, sich alle drei noch einmal anzusehen, da das Buch nicht alles behandelt, und auch die Links-Rechts- und die Hinten-Vorn-Polarität haben einen Einfluss auf intime Beziehungen. Wir fangen mit der Hinten-Vorn-Polarität an. Sie gilt für Männer und Frauen, denn beide sind auf der Rückseite männlich und auf der Vorderseite weiblich. Das ist leicht zu merken, denn die Rückseite ist hart, während die Vorderseite weich ist.«

»Bedeutet das auch, dass Energie hauptsächlich am Rücken hochfließt?«

Truman sah Dieter aufmerksam an und nickte dann. »Energie bewegt sich durch die Meridiane in alle Richtungen. Aber die Hauptbewegung findet am Rücken hoch und an der Vorderseite hinab statt.

Auch die Links-Rechts-Polarität ist bei Männern und Frauen gleich. Rechtshänder sind auf der rechten Seite ihres Energiesystems männlich polarisiert und auf ihrer linken weiblich. Sie tendieren dazu, Energie durch die kleinen Energiezentren in ihrer rechten Handfläche, im rechten Fuß und durch ihr rechtes Auge abzugeben – sie empfangen Energie hingegen auf ihrer linken Seite durch die kleinen Energiezentren in ihrer linken Handfläche, ihrem linken Fuß und durch ihr linkes Auge.

Im Gegensatz dazu sind Linkshänder auf ihrer linken Seite männlich und geben Energie mit den kleinen Energiezentren in ihrer linken Handfläche, im linken Fuß und durch das linke Auge ab. Auf der rechten Seite sind sie weiblich polarisiert und empfangen daher Energie durch die kleinen Energiezentren in ihrer rechten Handfläche, im rechten Fuß und durch das rechte Auge.

Die dritte Art von Polarität, über die wir noch nicht gesprochen haben, ist die Hoch-Runter-Polarität. Sie bestimmt mehr als alles andere, ob Ihre Beziehung traditionell ist oder transzendent.«

Dieter saß kerzengerade da und sah Truman mit einem entschlossenen Ausdruck im Gesicht an. »Ich weiß, Sie werden uns fragen, welche Art von Beziehung wir wollen.«

Truman faltete seine Hände und wartete ab, was Dieter zu sagen hatte.

»Nun, ich werde uns Zeit ersparen und Ihnen hiermit mitteilen, dass ich eine transzendente Beziehung will – eine traditionelle Beziehung interessiert mich kein bisschen.«

Avril war überrascht, dass Dieter Truman unterbrochen hatte und mit solch einer Überzeugung sprach.

»Alles, was ich bisher getan habe – von der Entscheidung für meine Karriere bis hin zur Wahl meiner Partnerin, war beeinflusst von meinem Verlangen, meine persönlichen Begrenzungen und die, die mir durch meine Familie und Kultur auferlegt wurden, zu transzendieren.«

Avril schaute Dieter an und sah, dass sein gewöhnlicher Zynismus verschwunden war – selbst seine Stimme klang anders. Truman strich sich über das Kinn, während er zuhörte. Dann drehten sich sowohl Truman als auch Dieter instinktiv zu Avril. Nachdem sie einen Moment gezögert hatte, nahm sie all ihren Mut zusammen und sagte: »Nur damit ihr es wisst: Ich will die Wahrheit, und ich will, dass die Wahrheit mich zu dem führt, was wirklich ist – und wenn ich da angelangt bin, werde ich meine Chancen ergreifen.«

»Und was ist mit mir?« Dieter hatte einen aufrichtig betroffenen Ausdruck im Gesicht.

»Ich habe nicht gesagt, dass ich dort allein hin will, oder?«

Dieter lächelte erleichtert. »In Ordnung, dann sind wir beide dabei.«

Avril nahm Dieters Hand und fügte hinzu: »Wir wollen eine transzendente Beziehung, und wir wollen sie miteinander.«

Dieter grinste breit und fügte hinzu: »Ich finde, das klingt großartig.«

»In Ordnung. Da Sie sich nun einig sind, lassen Sie uns auf die Hoch-Runter-Polarität zurückkommen, denn sie bestimmt die polare Beziehung des Menschen zu seinem Partner in einer traditionellen Beziehung. Danach werden wir uns anschauen, wie sich die Polarität in einer transzendenten Beziehung davon unterscheidet. In einer traditionellen Beziehung sind Männer im Vergleich zu Frauen im zweiten Chakra männlich und im vierten weiblich. Im Vergleich zu Männern sind Frauen im zweiten Chakra weiblich und im vierten männlich. Aufgrund der Funktion ihrer polaren Beziehung tendieren Männer dazu, Energie mit ihrem zweiten Chakra abzugeben und durch ihr viertes Chakra Energie zu empfangen – während Frauen dazu tendieren, Energie mit ihrem vierten Chakra abzugeben und sie mit dem zweiten Chakra zu empfangen.« Truman stand auf und hielt seine Handfläche hoch. Dann ging er zu seinem Schreibtisch und nahm ein Buch auf. Nachdem er sich wieder gesetzt hatte, schlug er eine Abbildung auf, die einen Mann und eine Frau darstellte, die sich gegenüberstehen. Er drehte das Buch, so dass Avril die Abbildung sehen konnte (vgl. S. 204–205). »Kommt Ihnen das bekannt vor?«

»Es sieht wie die Abbildung aus, die Sie mir gezeigt haben, als wir über Emotionen gesprochen haben.«

»Sie ist sehr ähnlich, aber diese Abbildung ist detaillierter und zeigt die polare Beziehung, die von einer traditionellen Beziehung verursacht wird.«

Die Abbildung stellte zwei Figuren dar, die Organe des Energiesystems waren deutlich zu erkennen. Anhand von Pfeilen war die Bewegung der eigenschaftslosen Energie zwischen den Figuren dargestellt. Nachdem Avril und Dieter die Abbildung einige Momente lang studiert hatten, sah Dieter auf: »Also das, was wir hier sehen, ist Hoch-Runter-Polarität.«

»Das ist richtig.« Mit dem Zeigefinger deutete Truman auf die Bewegung der Energie. »Ist ein Mann durch eine Frau stimuliert, reagiert er, indem Energie von seinem zweiten Chakra aus nach vorn fließt. Wenn die Chemie stimmt, wird die Frau bei ihrem zweiten Chakra empfänglich und reagiert, indem sie die Energie hineinzieht. Der verstärkte, nach Innen gerichtete Pranafluss wird ihr Chakra aktivieren. Ist ihr Chakra erst einmal aktiv, wird mehr Prana nach unten durch den Konzeptualmeridian fließen. Wenn der verstärkte Pranafluss das Zentrum des ersten Chakras der Frau erreicht hat, wird die Polarität umgekehrt und männlich werden.«

Dieter dachte über Trumans Worte nach und fragte dann: »Weil sie in die Rückseite des persönlichen Körperraums eingetreten ist?«

»Das ist richtig.«

Avril sah als Nächste von der Abbildung auf. »Sie haben mir einmal erklärt, dass die Rückseite der traditionellen sieben Chakren im hauptmännlichen Meridian verankert ist – bedeutet das, dass die Vorderseite der Chakren im hauptweiblichen Meridian verankert ist?«

»Das ist eine gute Frage. Sie können aus der Abbildung ersehen, dass die Rückseite der Chakren im Gouverneur-Meridian verankert ist und die Vorderseite der Chakren im Konzeptual-Meridian. Das erzeugt zwischen Mann und Frau einen Kreislauf, der dafür sorgt, dass bei der Frau Energie vom zweiten Chakra zum ersten hinunterfließt und dann durch den Gouverneur-Meridian nach oben bis zum Herzchakra, das bei einer Frau – im Vergleich zu ihrem männlichen Partner – männlich polarisiert ist. Wenn die Energie ihr Herzchakra erreicht hat, wird das Chakra aktiv und mehr Energie fließt hindurch.«

»Erklärt das, warum Männer so sehr an der Brust einer Frau interessiert sind?« Avril sah gespannt erst Dieter und dann Truman an, um festzustellen, ob ihre Frage den gewünschten Effekt zur Folge hatte. Dieter wurde rot. Truman schüttelte lediglich seinen Kopf und fuhr fort: »Menschen sind an Prana interessiert. Wenn eine Frau über ihr Herzchakra Prana ausstrahlt, wird das einen Mann interessieren. Aber auch ein Mangel an Prana kann die Aufmerksamkeit eines Mannes fesseln. Also, ich bin nicht sicher, ob ich Ihnen dafür eine zufriedenstellende Antwort liefern kann. Auf jeden Fall wird ein Mann, der auf die verstärkte Polarität einer Frau reagiert, im Herzchakra, wo er weiblich polarisiert ist, zunehmend empfänglicher.«

»Bedeutet das, dass Männer die wahren Romantiker sind?«

»Energetisch gesehen könnte man das annehmen.«

Dieter schüttelte seinen Kopf, doch bevor er etwas sagen konnte, fügte Avril hinzu: »Das beweist nur, was ich schon immer gedacht habe.«

»Und das wäre?«

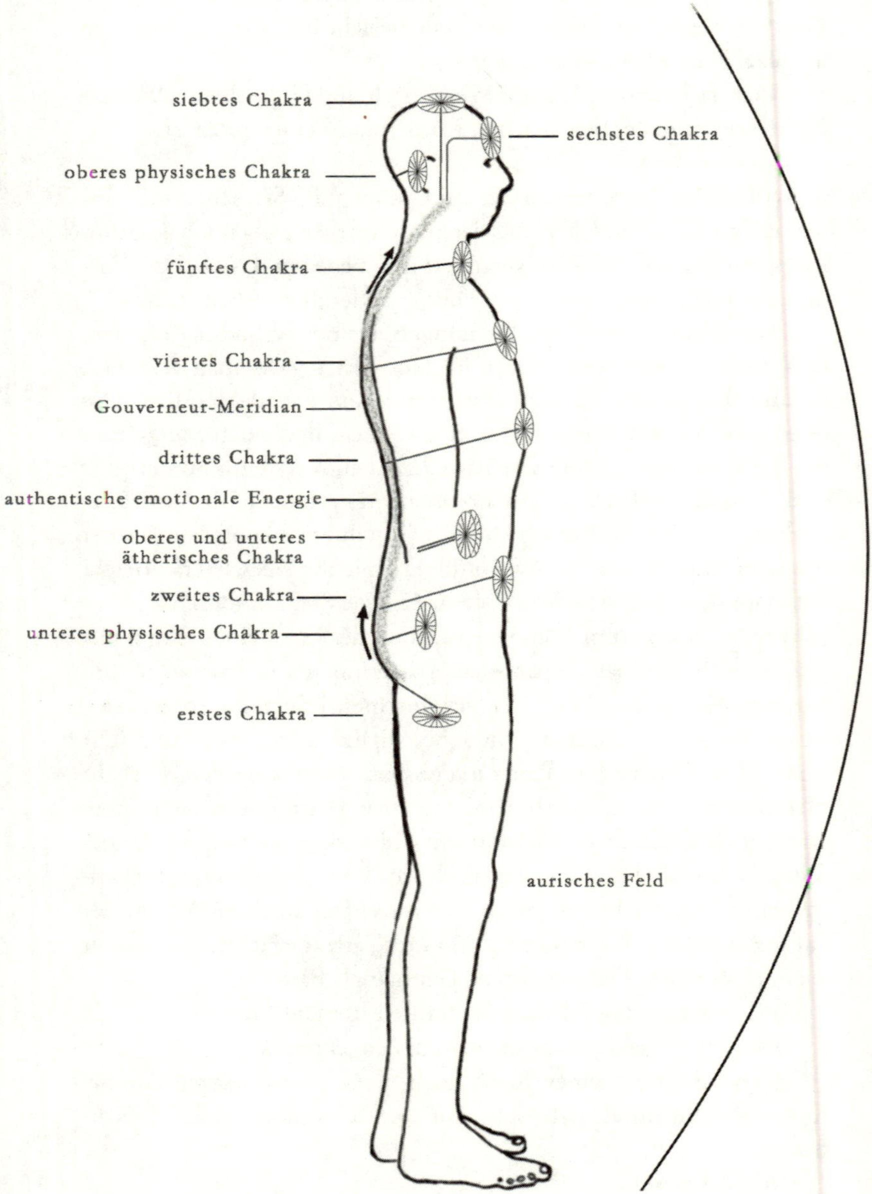
siebtes Chakra
sechstes Chakra
oberes physisches Chakra
fünftes Chakra
viertes Chakra
Gouverneur-Meridian
drittes Chakra
authentische emotionale Energie
oberes und unteres
ätherisches Chakra
zweites Chakra
unteres physisches Chakra
erstes Chakra
aurisches Feld

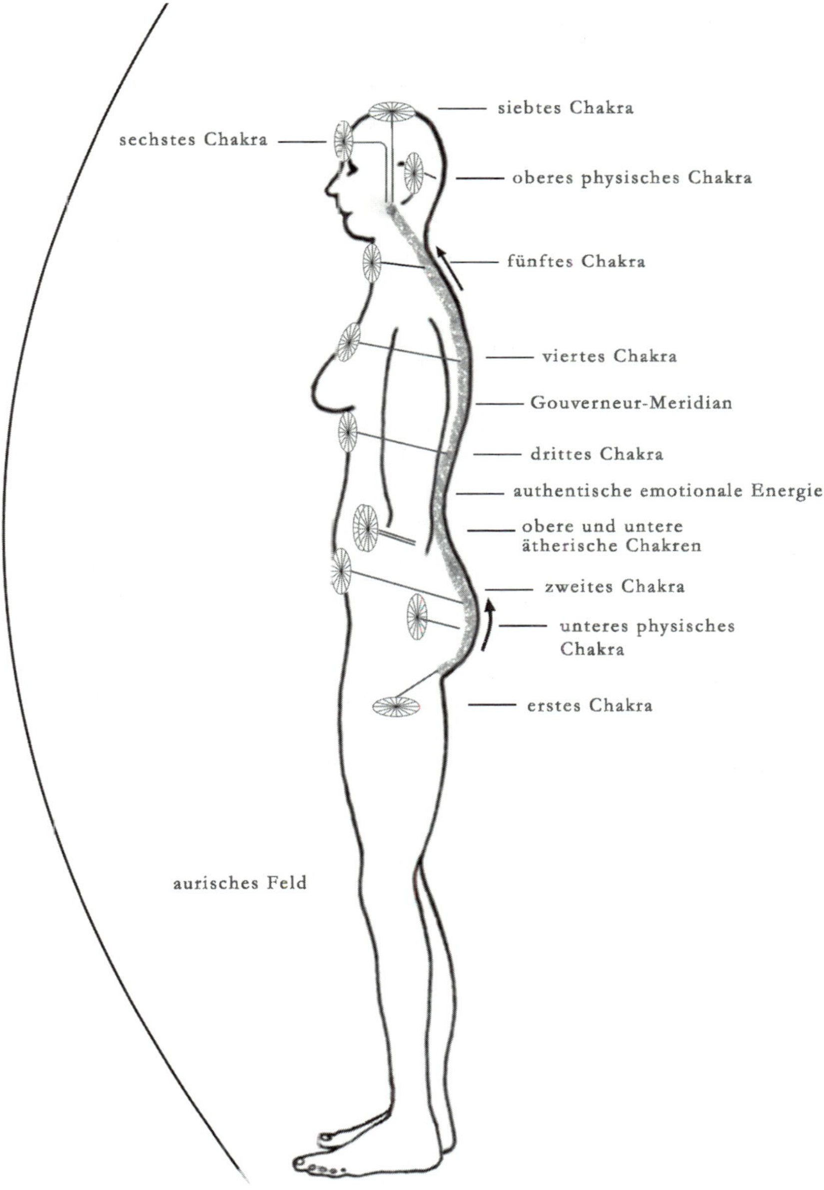
siebtes Chakra
sechstes Chakra
oberes physisches Chakra
fünftes Chakra
viertes Chakra
Gouverneur-Meridian
drittes Chakra
authentische emotionale Energie
obere und untere
ätherische Chakren
zweites Chakra
unteres physisches
Chakra
erstes Chakra
aurisches Feld

»Männer brauchen Frauen mehr als umgekehrt.«

»Ich glaube nicht, dass das Prinzip der Polarität auf diese Weise anwendbar ist«, erwiderte Truman. »Aber was ich Ihnen sagen kann, ist – wenn das Herzchakra eines Mannes erst einmal aktiviert ist, wird die Energie durch seinen hauptweiblichen Meridian nach unten fließen. Wenn es dort keine Blockaden in Form von karmischem Ballast oder Projektionen gibt, die den Fluss der Energie beeinträchtigen, wird sie die Vorderseite seines zweiten Chakras erreichen und den Energiekreislauf vollenden, der durch die sich einander ergänzende Polarität der Partner geschaffen wird. Im besten Fall ermöglicht eine traditionelle Beziehung, dass die Partner Intimität erlangen. Das wird zu einer starken Bindung führen, die die Partner zusammenhält und sicherstellt, dass die Familieneinheit intakt bleibt. Eine solche Beziehung kann allerdings nicht gewährleisten, dass die Intimität unter allen Umständen andauert.«

Sowohl Avril als auch Dieter lehnten sich in ihren Stühlen nach vorn und betrachteten, wie die Energie zwischen Partnern in einer traditionellen Beziehung fließt. Nachdem sie genug gesehen hatten, blickten sie beide auf.

»In Ordnung, bevor ich jetzt zur transzendenten Beziehung komme, möchte ich, dass Sie wissen, dass die Unterschiede in der Hoch-Runter-Polarität dafür verantwortlich sind, dass Männer und Frauen in einer traditionellen Beziehung unterschiedliche Bedürfnisse haben und Liebe, Intimität und Verpflichtung auch unterschiedlich ausdrücken. Das kann man daran erkennen, auf welche Weise Männer und Frauen in traditionellen Beziehungen energetisch miteinander interagieren.« Truman deutete erneut auf die Abbildung. »Wenn Sie sich das hier anschauen, können Sie erkennen, dass sowohl die Vorder- als auch die Rückseite des Energiesystems der Frau vom ersten bis zum vierten Chakra involviert sind, während beim Mann nur die Vorderseite des Energiesystems vom zweiten bis zum vierten Chakra involviert ist. Es ist nicht so, dass eine Frau der Liebe und Intimität verpflichteter ist als ein Mann, aber die unterschiedliche Weise, wie Energie behandelt wird, zeigt an, dass Männer und Frauen in einer traditionellen Beziehung verschiedene Bedürfnisse, Erwartungen und Ziele haben.« Avril nickte vielsagend mit dem Kopf.

»Frauen werden gestärkt und erhalten mehr Selbstbewusstsein, wenn Intimität zu einem festen Bestandteil ihrer traditionellen Beziehung geworden ist, aber sie sehnen sich auch danach, von einer traditionellen Beziehung ganz erfüllt zu werden.«

»... wegen der Hoch-Runter-Polarität.«

»Ganz genau.«

»Und wenn sie nicht erfüllt werden, sind sie enttäuscht«, fügte Avril bei.

Truman lächelte zustimmend. »Auch Männer sind von einer traditionellen Beziehung tief berührt. Eine traditionelle Beziehung macht einen Mann einfühlsamer und sanfter. Aber selbst wenn sie ihrer Partnerin ganz verpflichtet sind, haben Männer ein tiefes Bedürfnis, ihre Individualität zu bewahren, da sich die Rückseite ihres Energiefeldes außerhalb der polaren Beziehung befindet, die von der Hoch-Runter-Polarität geschaffen wird. Wichtig ist, sich klar zu machen, dass Feldinteraktionen, die auf der traditionellen Polarität basieren, einen gesunden Energiefluss zwischen den Partnern fördern – selbst wenn Energie von Männern und Frauen in traditionellen Beziehungen unterschiedlich genutzt wird. Das schafft Raum für Vergnügen, Liebe und Intimität. Aber selbst im besten Fall gibt es da immer noch ein Ziehen und Drücken, das von polaren Feldinteraktionen verursacht wird. Das macht es für beide Partner schwierig, Freude zu erfahren oder mit dem Selbst und dem universellen Bewusstsein Intimität zu erlangen.« Truman ging zu einer zweiten Abbildung über (vgl. S. 208–209). Sie stellte wieder einen Mann und eine Frau dar, die sich gegenüberstanden. Dieses Mal zeigten die Pfeile allerdings einen anderen Pranafluss an.

»Jetzt werden wir uns die transzendente Beziehung ansehen – dafür haben Sie sich beide entschieden. In einer transzendenten Beziehung sind traditionelle Familienbedürfnisse zweitrangig. Partner in einer solchen Beziehung sind angemessenen Handlungen verpflichtet. Es wird zu keinem Ziehen und Drücken mehr kommen, da sie nicht mehr länger unter dem Zwang stehen, sich aufgrund von unauthentischen Verlangen, Emotionen und karmischen Mustern unangemessen zu verhalten.« Truman deutete auf die Abbildung: »Sie können sehen, dass die polare Situation in einer transzendenten Beziehung ganz anders ist. Genau genommen ist die Hoch-Runter-Polarität bei Feldinteraktionen hier vollständig ausgeklammert. Dieser Umstand ermöglicht dem Prana, das aus dem ersten Chakra auftaucht, ohne Unterbrechung durch den Gouverneur bis hoch zum Kronenchakra

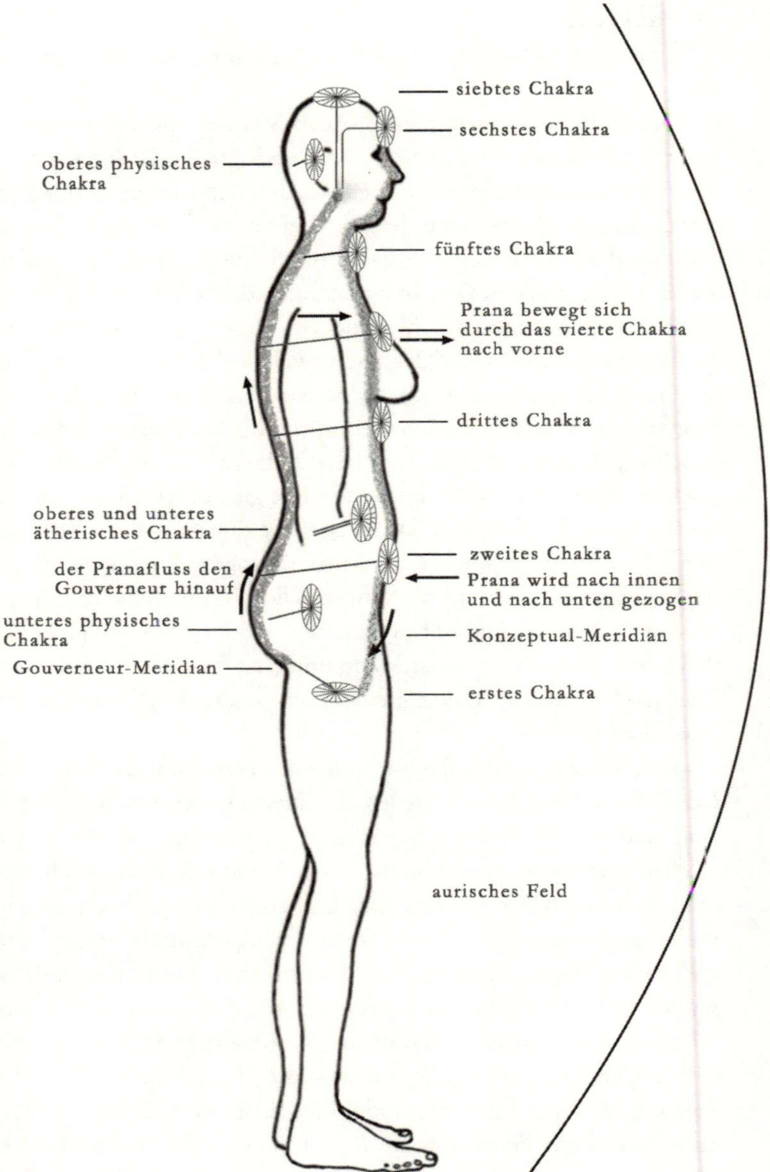

siebtes Chakra
sechstes Chakra
oberes physisches Chakra
fünftes Chakra
Prana bewegt sich durch das vierte Chakra nach vorne
drittes Chakra
oberes und unteres ätherisches Chakra
zweites Chakra
der Pranafluss den Gouverneur hinauf
Prana wird nach innen und nach unten gezogen
unteres physisches Chakra
Konzeptual-Meridian
Gouverneur-Meridian
erstes Chakra
aurisches Feld

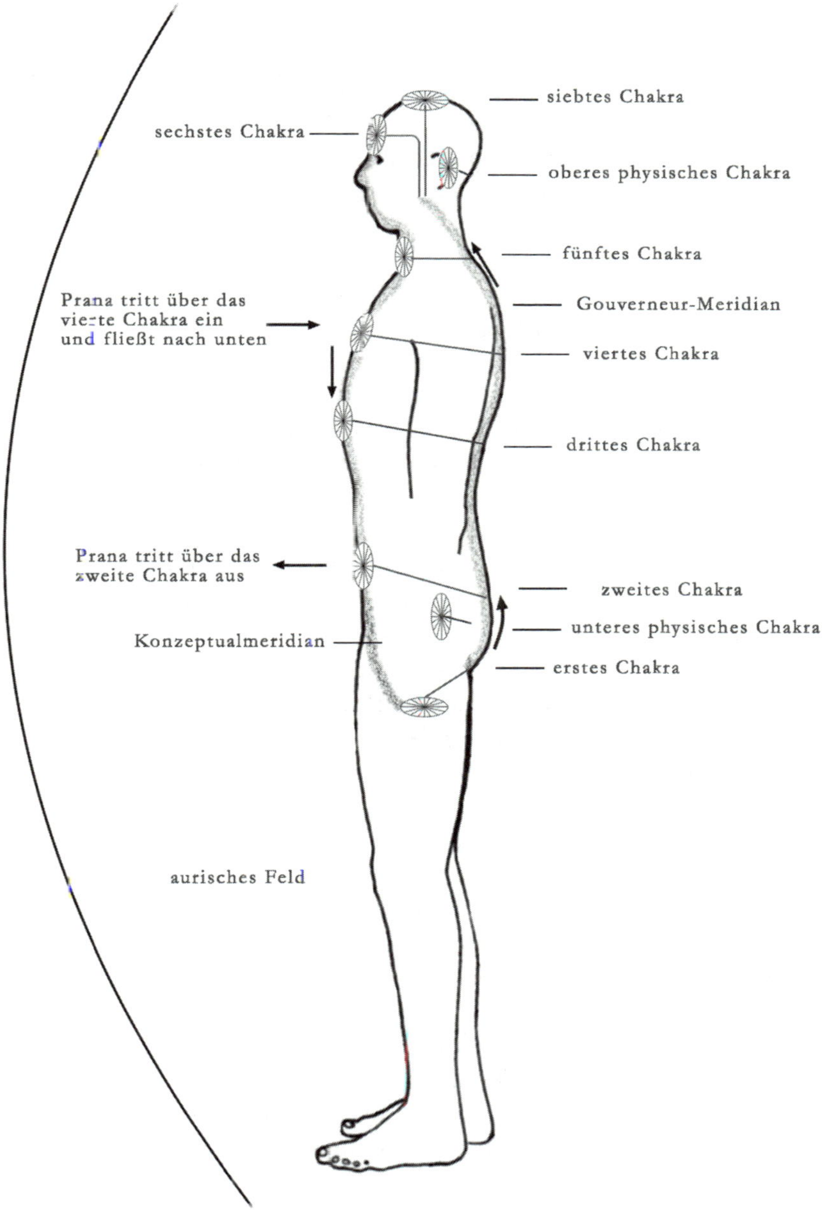
siebtes Chakra
sechstes Chakra
oberes physisches Chakra
fünftes Chakra
Gouverneur-Meridian
Prana tritt über das
vierte Chakra ein
und fließt nach unten
viertes Chakra
drittes Chakra
Prana tritt über das
zweite Chakra aus
zweites Chakra
unteres physisches Chakra
Konzeptualmeridian
erstes Chakra
aurisches Feld

aufzusteigen. Wenn Prana im Gouverneur nach oben fließt, werden die Partner auf mehr Dimensionen gegenwärtig, ihre Chakren werden aktiv, und sie werden – wie die Sonne Licht – Prana ausstrahlen. Wenn beide Partner auf diese Weise Prana ausstrahlen, werden sie die Vorteile einer intimen Beziehung erfahren, ohne sich selbst dafür opfern oder Kompromisse bezüglich ihrer persönlichen Integrität eingehen zu müssen. Dann erkennen sie, dass Freude ihr natürlicher Zustand ist und dass sie kein äußeres Objekt oder einen Partner benötigen, um Intimität zu erfahren. Und es ist diese Erkenntnis, die zur Intimität mit dem Selbst und eventuell auch zur Intimität mit dem universellen Bewusstsein führt.«

»Aber was ist, wenn es da Blockaden gibt – kann sich Prana dennoch zur Krone hinauf bewegen?«

»Das hängt von verschiedenen Dingen ab, z.B. davon, wie stark diese Blockaden sind, wie sehr der Mensch an sie angehaftet ist, ob er das Sehnen nach Freiheit, Wahrheit oder bedingungsloser Liebe hat und ob er einer traditionellen oder transzendenten Beziehung verpflichtet ist.«

Ein betroffener Ausdruck fegte die Erregung aus Avrils Gesichtszügen. »Ich weiß, dass Dieter gesagt hat, er möchte eine transzendente Beziehung, aber wir haben nie getestet, ob er das Sehnen hat.«

»Ein wichtiger Punkt.«

Der betroffene Ausdruck auf Avrils Gesicht ging jetzt auch auf Dieter über. Er lehnte sich nach vorn und sagte: »Würde es Ihnen etwas ausmachen, mir zu verraten, worüber Sie reden?«

»Sie redet von dem Sehnen des dritten Herzens nach Wahrheit, Freiheit und bedingungsloser Liebe.«

»Du hast mir nie gesagt, dass ich das Sehnen nach irgendetwas haben muss.«

»Es gab so viel anderes zu berichten, und ich konnte dir nicht alles auf einmal erzählen. Ich meine, es ist nicht einmal ein Monat her, dass du mit der Arbeit begonnen hast.«

Dieter runzelte die Stirn. Dann lehnte er sich zurück und verschränkte seine Arme. Er war sich nicht sicher, was er jetzt sagen sollte, also wartete er, dass irgendjemand anders es tat. Es war Avril, die als Erste sprach: »Könnten wir es nicht einfach überprüfen?«

»… ob er das Sehnen hat? Sicher, warum nicht. Er kann dieselbe Technik benutzen wie Sie.«

»Wenn das, worüber Sie gerade reden, so wichtig ist, dann sagen Sie mir einfach, was ich tun muss.«

»In Ordnung. Sie beginnen mit der Standardmethode. Dann werden Sie Ihr Herzchakra aktivieren und sich darin zentrieren. Wenn Sie in Ihrem Herzchakra zentriert sind, bekräftigen Sie: ›Es ist meine Absicht, gegenwärtig zu werden und das Sehnen meines dritten Herzens zu erfahren.‹ Wenn es ein Sehnen gibt, wird es in Ihrer bewussten Wahrnehmung auftauchen. Dann sollten Sie in der Lage sein wahrzunehmen, ob Sie das Sehnen nach Wahrheit, Freiheit oder bedingungsloser Liebe haben.«

Dieter setzte sich aufrecht hin und sprach dann direkt zu Truman: »Ich bin so weit – lassen Sie's uns tun.«

Truman stand auf und legte ein Band in den Kassettenrekorder. Es führte Dieter durch die Standardmethode. Dann wies es ihn an, die Rückseite seines Herzchakras zu aktivieren und sich darin zu zentrieren. Einen Moment später wurde er angewiesen zu bekräftigen: ›Es ist meine Absicht, auf der Ebene meines Herzchakras gegenwärtig zu werden und das Sehnen meines dritten Herzens zu erfahren.‹ Zunächst passierte gar nichts. Dann fühlte Dieter so etwas wie Blasen, die auf der rechten Seite seiner Brust auftauchten. Sie tauchten vereinzelt und in Gruppen auf. Einige der Gruppen waren ziemlich groß, und Dieters Muskeln zitterten, als sie auftauchten. Danach folgte ein Druck auf der Brust, der seine Muskeln Schicht für Schicht glättete. Als der Druck nachließ, erfuhr Dieter das Sehnen genau dort, wo es sein sollte – beim dritten Herzen. Er war nicht überrascht, als ihm klar wurde, dass er das Sehnen nach Freiheit hatte – genau genommen war es eine Erleichterung. Nachdem er von eins bis fünf gezählt hatte, öffnete er seine Augen und sah, dass Avril und Truman ihn besorgt anstarrten.

»Ihr braucht euch keine Sorgen zu machen – ich habe das Sehnen!«

Avril ließ einen lauten Seufzer der Erleichterung los.

»Nun – erzähl es uns.«

»Es war, was ich erwartet hatte. Ich habe das Sehnen nach Freiheit, aber es scheint unter viel karmischem Ballast begraben zu sein.«

»Das ist nicht ungewöhnlich«, warf Truman ein. »Wichtig ist, dass Sie das Sehnen gefunden haben. Jetzt, wo das geschehen ist, können Sie über eine traditionelle Beziehung hinausgehen. Der erste Schritt dabei ist die Aktivierung des zweiten, vierten und sechsten Chakras. Das stärkt Ihren Willen zu lieben, was Ihnen Vergnügen bereitet.«

Dieters Lächeln verwandelte sich in Besorgnis. »Könnten Sie erklären, warum das zweite, vierte und sechste Chakra so wichtig sind?«

»Sicher! Das sechste Chakra regelt den Willen, das vierte Chakra die Liebe und das zweite Vergnügen. Wenn Sie also diese drei Chakren aktivieren, werden Sie die Beschränkungen durchbrechen, die Ihnen durch eine traditionelle Beziehung auferlegt sind – und das wird Sie einen Schritt näher zur Erfahrung von Intimität mit dem Selbst bringen.«

»Bei Ihnen klingt das so einfach.«

Truman sah Dieter eindringlich an, bevor er antwortete: »Es ist nicht kompliziert, aber es ist nur der erste Teil der Übung. Im zweiten Teil werden Sie und Avril das Prana miteinander teilen, das aus diesen Chakren hervorstrahlt. Das wird Ihre Fähigkeit, Intimität miteinander zu teilen, vergrößern.«

Avril lächelte. »Ich glaube, ich verstehe es.«

»Gut, dann lassen Sie uns beginnen.«

»Aber ich bin nicht sicher, ob ich es verstehe«, platzte Dieter hervor.

»Es ist überhaupt nichts Komplexes daran – die Übung ist so beschaffen, dass sie alle Formen von Intimität verstärkt. Dazu gehört auch die Intimität mit dem Partner. In der Übung werden Sie einander zugewandt zwei Meter entfernt sitzen. Dann werden Sie die Standardmethode benutzen, um sich zu entspannen. Wenn Sie entspannt sind, werden Sie Ihre Herzchakren aktivieren und sich darin zentrieren. Dann werden Sie Ihr zweites und sechstes Chakra aktivieren und auf allen drei Ebenen gegenwärtig werden. Wenn Sie gegenwärtig geworden sind, werden Sie Ihre Absicht benutzen, um von diesen drei Chakren aus Prana aufeinander auszustrahlen. Wenn sich das Prana trifft, wird es Pranakanäle erschaffen. Das hält eigenschaftsbehaftete Energie davon ab, sich in Ihre Interaktion einzumischen. Dadurch, dass Sie Prana von Dimensionen ausstrahlen, die normalerweise an der Hoch-Runter-Polarität beteiligt sind, werden Sie über eine traditionelle Beziehung hinausgehen, indem Sie sich entscheiden zu lieben, was Ihnen Vergnügen bereitet.«

»Das sollten wir hinkriegen«, rief Avril freiwillig aus. Sie lehnte sich nach vorn und klatschte Dieter auf den Schenkel. »Was meinst du?«

»Klingt machbar.«

»Nun dann, lassen Sie uns die Stühle auseinander rücken, so dass Sie sich beide anschauen. Dann können wir anfangen.«

Avril und Dieter rückten die Stühle auseinander, setzten sich dann wieder hin und schlossen ihre Augen. Truman ging zum Schreibtisch hinüber und legte ein neues Band in den Kassettenrekorder.

Intim werden

Das Band begann mit dem Klang von fließendem Wasser. Dann führte es Avril und Dieter durch die Standardmethode. Als sie entspannt waren, wies Truman sie an, ihre Herzchakren zu aktivieren und sich darin zu zentrieren. Dann sagte er: »Sie werden jetzt ihr zweites Chakra aktivieren, indem Sie bekräftigen: ›Es ist meine Absicht, mein zweites Chakra zu aktivieren.‹«

Nachdem ihnen auch das gelungen war, wies er sie an, ihr sechstes Chakra zu aktivieren. Dann sagte er: »Ich möchte, dass Sie beide bekräftigen: ›Es ist meine Absicht, auf den Ebenen des zweiten, vierten und sechsten Chakras gegenwärtig zu werden.‹« Nach einer kurzen Pause fuhr Truman fort: »Jetzt, wo Sie auf den Ebenen des zweiten, vierten und sechsten Chakras gegenwärtig sind, möchte ich, dass Sie bekräftigen: ›Es ist meine Absicht, Prana, das aus meinem zweiten, vierten und sechsten Chakra auftaucht, direkt auf meinen Partner auszustrahlen.‹«

Avril und Dieter folgten Trumans Instruktionen und fühlten sofort einen Wandel, als ihr Prana miteinander verschmolz und das Gefühl des Getrennt-Seins verschwand. Es war eine bemerkenswerte Erfahrung – nicht nur, weil es sie in intimen Kontakt brachte; sie erkannten auch, dass sie diese Übung anwenden konnten, um, wann immer sie es wollen, miteinander intim zu werden. Nach zehn Minuten führte Truman sie aus der Übung hinaus.

»Wow!«, war alles, was Avril sagen konnte, als sie ihre Augen öffnete. Dieter lächelte sanft. Es gelang ihm, ein paar unverständliche Worte hervorzubringen, bevor ihm die Stimme versagte. Truman ging zu seinem Schreibtisch hinüber und nahm einen großen Umschlag. »Jetzt, wo Sie sich für eine transzendente Beziehung entschieden haben und durch das Anwenden einer leichten und zuverlässigen Methode miteinander intim werden können, ist alles, was Sie noch tun müssen, dem Prozess verpflichtet zu bleiben.«

Truman übergab Dieter den Umschlag. »Das ist für Sie und Avril – es ist Lesestoff, die Kassette mit der Übung dieser Woche und eine Überraschung.«

»Ich liebe Überraschungen«, gurrte Avril.

»Die Überraschung wird Ihnen dabei helfen, eine transzendente Beziehung zu erreichen. Hat einer von Ihnen noch irgendwelche Fragen, bevor wir die heutige Sitzung beenden?«

Dieter und Avril sahen sich an, dann schüttelten beide mit dem Kopf.

»In Ordnung, dann genießen Sie die Überraschung, und ich sehe Sie nächste Woche.« Truman begleitete die beiden zur Tür und Avril und Dieter gingen. Als sie kurze Zeit später zu Hause ankamen, öffnete Dieter den Umschlag und übergab Avril den Inhalt. Sie war überrascht, als sie eine große Reproduktion des Sri Yantras erblickte. »Es ist genau so ein Diagramm, wie Truman es hinter seinem Schreibtisch zu hängen hat.«

»Ich weiß.«

»Während meiner ersten beiden Sitzungen konnte ich meine Augen nicht davon abwenden.« Avril zeigte Dieter das Sri Yantra, dann setzte sie sich hin. Dieter setzte sich neben sie und Avril begann, den Lesestoff laut vorzulesen.

Das Band der Intimität

Damit Partner eine transzendente Beziehung erreichen und die Hindernisse überwinden können, die ihnen vom individuellen Verstand und Ego und dem Feld der Maya in den Weg gelegt werden, müssen sie den Willen aufbringen, zu lieben, was ihnen Vergnügen bereitet. Ohne diesen Willen werden karmischer Ballast und Projektionen die Funktionen des authentischen Verstandes an sich reißen und eine andauernde Intimität unmöglich machen.

Es ist das zweite Chakra, das den Zugang des Menschen zu Vergnügen, sexueller Energie, Vitalität und Kreativität regelt. Das vierte Chakra wandelt menschliche Liebe in Intimität um und regelt die Rechte des Menschen – Das sechste Chakra regelt die Wahrnehmung, den persönlichen Willen und die ableitenden und herleitenden Funktionen des Verstandes. Zusammengefasst könnte man sagen, dass der Wille, zu lieben, was einem Vergnügen bereitet, unabdingbar ist, wenn Partner eine transzendente Beziehung anstreben, die wachsen und gedeihen soll. Außerdem müssen beide Partner in der Lage sein, ihre Beziehung zu verteidigen, indem sie nein sagen zum individuellen Verstand und zum Ego und auch zu den Projektionen, die eine intime Beziehung beeinträchtigen. Intimität zu verteidigen ist genauso wichtig, wie einen liebenden Partner zu haben und sich für eine transzendente Beziehung zu entscheiden, denn das kollektive Feld der Maya und die Felder aus eigenschaftsbehafteter Energie, die daraus auftauchen, befinden sich in Opposition zu Beziehung – ganz besonders, wenn es sich um transzendente Beziehungen handelt.

Tatsächlich kann Intimität nur gedeihen, wenn die Partner gegenwärtig werden, wenn sie sich auf so vielen Dimensionen des authentischen Verstandes wie nur möglich begegnen und wenn sie Prana miteinander teilen, ohne Angst zu haben oder zu verurteilen.

Das menschliche Energiefeld

Das menschliche Energiefeld ist Vehikel für Intimität und eine transzendente Beziehung. Jeder Mensch kann diese Wahrheit selbst bestätigen, wenn er die Form des menschlichen Energiefeldes beobachtet. Zahllose Menschen haben ihre Wahrnehmungsorgane nach Innen gerichtet und beobachtet, dass ihr Energiefeld aus Energiekörpern und dem Energiesystem, dass diese Körper unterstützt, zusammengesetzt ist. Diese Körper und die Organe des Energiesystems wurden geschaffen, um nur zwei Dinge perfekt zu tun – Intimität zu erfahren und als Vehikel zu dienen, durch das sich das universelle Bewusstsein im Universum der Erscheinungen manifestieren kann – als Wahrheit, Freiheit und bedingungslose Liebe.

Bis zu dieser Woche haben wir uns auf die Intimität mit einem Partner fokussiert. Deshalb habe ich damit gewartet, das Sri Yantra anzusprechen. Jetzt allerdings, wo Sie sich für eine transzendente Beziehung entschieden haben, ist es an der Zeit, dass Sie das Sri Yantra als Mittel benutzen, um eine transzendente Beziehung zu erreichen.

Der Aufbau des Sri Yantras

Das Sri Yantra ist aus neun sich überschneidenden Dreiecken konstruiert, die die verschiedenen Aspekte von Shakti und ihrem Gemahl Shiva repräsentieren. Vier der Dreiecke zeigen mit der Spitze nach oben und fünf nach unten. Die vier aufwärts gerichteten werden mit Shiva assoziiert, der das Bewusstsein repräsentiert und bewegungslos ist. Die fünf nach unten gerichteten entsprechen Shakti, die dynamisch ist und eigenschaftslose Energie repräsentiert. Das Zusammenspiel dieser Dreiecke kreiert ein Ungleichgewicht, welches das Sri Yantra zum dynamischsten und mächtigsten aller Yantras macht. Es zentriert den Menschen in seinem authentischen Verstand, indem es den Pranafluss durch die Chakren und zwischen Partnern in einer transzendenten Beziehung erhöht. Mit einem erhöhten Pranafluss wird der authentische Verstand den individuellen Verstand und das Ego – zumindest zeitweise – überwinden, so dass Wahrheit, Freiheit und göttliche Liebe erfahren werden können, die Manifestationen einer transzendenten Beziehung sind.

Ein wichtiger Aspekt des Sri Yantras ist, dass die Singularität, die das universelle Bewusstsein repräsentiert, nicht symbolisch dargestellt ist. Sie kann auch nicht dargestellt werden, da sie keine Eigenschaften besitzt und kein Gegenstand des Wissens ist. Sie wird durch den Bindu repräsentiert – den winzigen Punkt im Zentrum des Yantras. Der Bindu führt einen Menschen nach Innen zum universellen Bewusstsein – der Quelle von Vergnügen, Liebe, Intimität und Freude.

Um das Sri Yantra zu benutzen, beginnen Sie mit dem äußeren Kreis und bewegen sich dann nach Innen. Diese Annäherung ist als Prozess der Zerstörung bekannt. Bei dieser Annäherung weichen komplexe Formen den zunehmend einfacheren und die komplexen Eigenschaften, die mit dem Universum der Erscheinungen assoziiert werden, weichen einer ultimativen Simplizität, die durch das universelle Bewusstsein repräsentiert wird.

Meditieren mit dem Sri Yantra

Um mit der Sri-Yantra-Meditation zu beginnen, platzieren Sie es vor sich in einer angenehmen Entfernung. Dann benutzen Sie die Standardmethode, um sich zu entspannen. Wenn Sie entspannt sind, aktivieren Sie Ihr Herzchakra und zentrieren sich darin. Dann fokussieren Sie Ihre Augen auf die äußeren Ecken des Sri Yantras. Widerstehen Sie der Versuchung, den Verstand durch Visualisierungen und Imagination zu beschäftigen. Lassen Sie zu, das Sri Yantra direkt zu erfahren, während Sie sich vom ›Film Ihres Verstandes‹ loslösen. Lassen Sie sich von den sich überschneidenden Dreiecken von Außen nach Innen füh-

ren – immer näher an den Bindu im Zentrum heran. Wenn Sie beim Bindu angelangt sind, lassen Sie Ihren Verstand noch tiefer gehen, bis er beim universellen Bewusstsein im Zentrum Ihres Wesens angelangt ist.

Zu Beginn können Sie diese Meditation zwanzig Minuten täglich praktizieren. Wenn Sie sich damit wohl fühlen, können Sie sie auch beliebig verlängern. Auf jeden Fall wird das Sri Yantra zu einem bewährten und kostbaren Werkzeug werden, das Sie befähigen wird, auf tiefere und gesündere Verstandesebenen zu gelangen.

Dieter sah erst das Sri Yantra und dann Avril an. Beide fühlten ein starkes Anwachsen der Freude. Dann nahm Dieter das Yantra und platzierte es an einer Stelle, wo sie es beide deutlich sehen konnten.

»Warum versuchen wir es nicht einfach«, verkündete Dieter. Avril nickte zustimmend. Dann schlossen sie ihre Augen und begaben sich gemeinsam auf ihre Reise zur Transzendenz.

REGISTER

Die Seitenangaben verweisen auf die Stellen, an denen wichtige Begriffe genauer erklärt werden.